랑랑히
읽으라 !

신 장 석

# 두 번은 경험하고 싶지 않은 나라

## 지은이 신장식

변호사, 정치인, 그리고 대한민국 대표 시사 프로그램 진행자. 충청북도 청주에서 태어나 서울대학교 정치학과를 졸업했다. 충북대학교 법학전문대학원을 졸업한 뒤 2013년에 변호사가 되었다. 정의당 사무총장을 지냈고 노회찬재단 이사, 법무법인 위공의 변호사로 활동하고 있다. 지은 책으로 《함께, 노회찬》《지방자치의 법과 과제》(공저) 등이 있다.

TBS에서 〈신장식의 신장개업〉(2021년 8월~2022년 12월)을 진행했고, MBC라디오에서 〈신장식의 뉴스 하이킥〉(2023년 1월~현재)을 진행하고 있다. 특히 〈신장식의 뉴스 하이킥〉은 2023년 청취율 조사에서 2차례 연속 1위에 올랐다. 저자는 〈신장식의 신장개업〉을 진행할 때부터 그날의 최고 이슈를 소재로 촌철살인 단평 '신장식의 오늘'을 직접 작성해 방송으로 내보냈다. 이 책은 제20대 대통령 당선일이자 검찰 공화국, MB 시즌 2, 각자도생 사회가 시작된 2022년 3월 10일부터 현재까지 작성한 단평들 중에서 엄선해 한 권으로 엮은 것이다.

## 두 번은 경험하고 싶지 않은 나라

ⓒ 신장식, 2023

**초판 1쇄 인쇄** 2023년 10월 23일
**초판 1쇄 발행** 2023년 10월 31일

**지은이** 신장식
**펴낸이** 이상훈
**인문사회팀** 최진우 김경훈 **마케팅** 김한성 조재성 박신영 김효진 김애린 오민정

**펴낸곳** ㈜한겨레엔 www.hanibook.co.kr
**등록** 2006년 1월 4일 제313-2006-00003호
**주소** 서울시 마포구 창전로 70(신수동) 화수목빌딩 5층
**전화** 02-6383-1602~3 **팩스** 02-6383-1610 **대표메일** book@hanien.co.kr

ISBN 979-11-6040-592-7 03300

윤석열 정부 600일,
각자도생 대한민국

두 번은
경험하고
싶지
않은
나라

신장식 지음

한겨레출판

· 추천사 ·

최근 라디오 방송 청취율 1위를 이어 가고 있는 MBC라디오 〈신장식의 뉴스 하이킥〉의 진행자 신장식 변호사가 《두 번은 경험하고 싶지 않은 나라》라는 책을 냈다. 〈뉴스 하이킥〉에서 방송되는 '신장식의 오늘'이라는 단평은 국가 장래나 민생과 관련하여 그날그날 가장 핫한 이슈에 대해 신 변호사가 직접 쓰고 쏟아 낸 말들인데, 이걸 묶어서 책으로 펴낸 것이다.

'말 잘하는 변호사'라는 속담이 있지만 신장식 변호사는 정말 말을 잘한다. 청산유수靑山流水로 흘러가면서도 도처에 언중유골言中有骨이고 촌철살인寸鐵殺人의 표현이 번득인다. 곧 정치의 계절이 다가온다. 후진국과 달리 선진국의 정치는 돈이 아니라 말로 하는 법이다. 유권자들의 표심을 잡기 위해 유세를 해야 하는 사람들은 이 책을 숙독해 두는 것이 좋겠다. 대학 입시에서 논술 고사를 준비하는 학생들도 이 책을 읽고 나면, 짧은 시간과 지면에 자기가 해야 할 이야기를 압축적으로 표현할 줄 아는 스킬Skill을 익히게 될 것이다.

_정세현, 제29·30대 통일부장관

꾸준함이 비범함을 만든다. '신장식의 오늘'이 쌓여 책으로 탄생했다. 《두 번은 경험하고 싶지 않은 나라》는 윤석열 정부의 600일을 되돌아보는 데 유용한 책이다. 저자는 날카로운 시선과 통찰력을 바탕으로 하루하루 윤석열 정부의 정책과 행보를 비판하고, 그로 인한 대한민국의 변화를 책으로 엮었다. 대한민국의 정치와 사회에 관심이 있는 독자라면 반드시 읽어 볼 가치가 있다.

책의 제목 《두 번은 경험하고 싶지 않은 나라》는 윤석열 정부의 600일이 얼마나 참담했는지를 단적으로 보여 준다. 책은 아프고 불편한 기억을 들추어낸다. 그렇다 해도 절망하고 있을 수만은 없다. 특히 정치가 절망에 빠져 세상을 바꾸는 일을 체념하는 순간 기득권이 없는 대부분의 사람들은 정글과 같은 세상에 무방비로 노출된다. 진보는 희망의 정치를 이어 가야 한다, 어떤 경우에라도.

앞으로도 '신장식의 오늘'이 쌓여 갈 것이다. 다음 방송은, 그리고 다음 책은 더 밝고 희망찬 뉴스로 채워지기를 바란다.

_이탄희, 제21대 국회의원

그는 주로 자신의 주장을 전하기보다 다른 이의 목소리를 듣고 정리해 준다. 그런 그가 유일하게 자신의 시각에서 말하는 코너가 바로 '신장식의 오늘'이다. 3분 남짓 되는 시간 동안 흘러나오던 '신장식의 오늘'은 가장 인기가 많은 코너다. 사상 초유의 대통령 거부권 남발과 시행령 꼼수로 삼권 분립이 무너지는 지금, '신장식의 오늘'은 더욱 귀하다. '누구의 시선에서 법과 제도를 바라보는가'가 왜 중요한지를 보여 주고 있기 때문이다. 그렇기에 '신장식의 오늘'은 편법주의를 드러내는 날카로운 검이 되기도 하고, 여의도 정치에서 밀려난 약자들의 현실을 밝히는 따사로운 봄볕이 되기도 했다. 이 책엔 그렇게 그가 뚜벅뚜벅 걸어온 600여 일의 '오늘'이 담겼다.

《두 번은 경험하고 싶지 않은 나라》라는 제목을 곱씹는다. 윤석열 정부의 600일은 우리가 당연한 상식으로 여겨 왔던 것 역시 앞장서 지켜 내지 않으면 언제든 무너질 수 있음을 보여 준 시간들이었다. 그렇기에 민주 시민의 힘이 얼마나 중요한지를 반증하는 시간이기도 했다.

두 번 다시는 경험하고 싶지 않다는 진절머리를 넘어 역사상 가장 위대한 국가, 모두의 존엄을 지키는 대한민국을 만들어 가야 한다. 그 길에 이 책이 좋은 지침서가 되리라 믿는다.

_용혜인, 제21대 국회의원

신장식 변호사의 책이 출간된다는 소식을 들었을 때 '위험한 일을 하는구나' 하는 걱정스런 생각이 들었다. 그런데 내게 추천사를 부탁하다니…. 도망치고 싶었지만 집요함에 무릎을 꿇었다. 대한민국이 더 좋은 나라가 되길 바라는 마음이 담긴 책이니 도망갈 명분도 없었다. 어쩌다 추천사를 쓰는 일마저 용기가 필요한 시대가 되었을까? 우리 일상 가까이에 엄습해 있는 공포가 사라지는 데 이 책이 일조하길 기대해 본다. 또 많은 분들이 이 책을 구매할 용기, 읽을 용기를 내어 주시길 부탁드리고 싶다. 무엇보다 하루빨리 살기 좋은 나라가 되어 속편이 나오질 않길 바란다. 두 번은 경험하고 싶지 않은 추천사였다.

_최욱, 방송인, 〈매불쇼〉 진행자

2022년 3월 10일은 윤석열 후보가 대한민국 제20대 대통령으로 당선된 날입니다. 하지만 저는 이날을 이렇게 말하고 싶습니다. 검찰 공화국, 각자도생의 나라, MB 시즌 2가 시작된 날이라고.

2022년 3월 9일, TBS에서 자정 무렵까지 대통령 선거 개표 방송을 진행한 후 집으로 돌아오니 새벽 2시였습니다. 윤석열 후보의 당선이 확실해지는 시점이었지요. 피곤했지만 잠은 오지 않았습니다. 하지만 대한민국이 이토록 빠르게 전방위적으로 한심해지리라고는 상상하지 못했습니다. 윤석열 정부는 단 600여 일 만에 대한민국을 '두 번 다시 경험하고 싶지 않은 나라', '공동체의 기초와 품격이 실종된 나라'로 만들었습니다.

이 책은 〈신장식의 신장개업〉 첫 방송부터 지금까지 매일 직접 쓴 하루 논평 '신장식의 오늘' 중 2022년 3월 10일 이후 방송분을 추려 뽑아 만들었습니다. 출판사로부터 책으로 묶어 보자는 제안을 받고 책으로 낼 만한지 판단하기 위해 다시 읽어 본 '신장식의 오늘'은 '난중일기'나 마찬가지였습니다. 정치, 경제, 사회, 노동, 인권, 생명, 안전, 외교, 국방 등 전방위에서 대환장 지경을 만들고 있는 윤석열 정부의 나날을 기록한 '난중일기'. 원고를 다시 읽으며 생각해 봅니다. 이 난리 통의 끝은 어떤 모습일까? 그리고 지금 우리는 무엇을 해야 할까?

하로동선夏爐冬扇. 여름에는 난로를, 겨울에는 부채를 준비한다는 뜻입니다. 권력에는 끝이 있기 마련입니다. 그리고 그 끝은 멀지 않았습니다. 그래서 지금 우리가 할 일은 충분히 분노하되 그 분노에만 휩쓸리지 않는 것, 그리고 그다음을 준비하는 것입니다. 그 끝의 자리이자 새로운 시작의 자리에 서 있는 우리는 어떤 모습이어야 할까요? 저는 이 책을 통해 저와 함께 한 시대를 살아가는 동료 시민들에게 이 물음을 던지는 동시에, 그 답을 찾는 길을 가고자 합니다.

새로운 시작의 자리에 선 아름다운 우리들의 모습을 떠올리며, 당당히 앞으로!


이 책의 저자는 신장식이라고 인쇄되었지만, 이 책의 기획과 진행 전반을 감당한 한겨레출판 식구들은 함께 책을 쓴 사람으로 기록되어야 마땅합니다. 존립의 위기 앞에 선 TBS 직원들과 〈신장식의 신장개업〉 피디와 작가님들께 연대의 마음을, 혹시 꼬투리 잡힐 일이 생길까 오늘도 조마조마한 마음으로 진행자의 입을 바라보는 MBC라디오 〈신장식의 뉴스 하이킥〉 피디와 작가님들께 감사의 마음을 전합니다. 시절이 하 수상하여 혹시 아들에게 무슨 일이 생기는 건 아닐까 걱정하시는 부모님, 당신들께서 열심히 살아오신 덕에 두드려 맞고 감옥 갈 일은 없을 테니 걱정하지 마시라는 말씀을 전합니다.

_2023년 10월, 신장식

1장

·

# 검찰 공화국의 탄생

·

# 끝이 보입니다

•

유신 헌법을 기초해서 박정희 전 대통령의 총애를 받았고 그 딸인 박근혜 정부에서는 '왕실장'이라 불렸던 검찰총장 출신 비서실장은 사석에서 종종 이런 말을 했다고 전해집니다.

"못이 튀어나온 것은 망치질을 제대로 하지 못했기 때문이다."

'망치를 든 사람에게는 모든 문제가 못으로 보인다'는 에이브러햄 매슬로Abraham H. Maslow의 분석이 제대로 들어맞습니다. 망치를 든 사람은 보이지 않는 못도 굳이 찾아내야 하고, 생활의 편리를 위해 박아 놓은 못도 기어코 망치질해서 박아야 속이 시원합니다. 실력 없는 검사란 상관이, 권력이 '저기 못 있다'라고 찍어 주었는데도 망치질을 제대로 못 해서 삐죽 삐져나오게 하는 자들입니다.

수사권, 기소권이라는 칼과 망치를 모두 가지고 있는 대한민국 검사는 세상 사람들을 둘로 나눕니다. 기소할 사람과 그렇지 않은 사람으로. 기소할 사람을 구분하는 기준은 뭔가요? 별거 없습니다. '유능한' 검사들은 그냥 척 보면 딱 압니다. 검찰총장 출신 대통령은

"딱 사이즈가 건폭이네"라고 말했습니다. 건설 노조를 척 보니 '조폭 집단'이라고 딱 알 수 있다는 겁니다.

기소되지 않으면 죄가 없고, 기소한 피고인은 법원이 무죄 판결을 하더라도 죄인이어야 합니다. 판사들이 엉뚱한 판결을 하면 사찰해서 정신을 차리게 하면 됩니다. 노조, 시민 단체, 야당 대표와 정치인들은 모두 수사권, 기소권이라는 칼을 쥔 검사들에게는 척 보니 딱 사이즈가 나오는 죄인들입니다.

검사 대통령은 바야흐로 '5·16 군사 혁명'에 버금가는, 아니 그보다 더 근본적인 '검찰 혁명'의 열정에 사로잡힌 모습입니다. 백성들이 법과 정의의 화신인 검사를 두려워해야 사회 질서가 바로 설 수 있습니다. 범죄자들이 검사에게 원한을 갖는 것 따위는 괘념치 말아야 합니다. 대의를 실천하는 검사들에게 원한을 가진 자들은 수사와 기소의 대상일 뿐입니다. 검사는 공정과 정의, 법치의 현현인데 자꾸 딴지를 걸어서야 되겠습니까.

그러나 자신들만이 가장 똑똑하고 그래서 옳다는 '집단 사고의 함정'에 빠진 사람들은 상식을 벗어난 판단을 하면서도 무엇이 잘못되었는지를 결코 알지 못합니다. 검사들 역시 그러합니다. 반복되는 비상식적 언행과 행태에 국민들은 일견 두려움을 갖게 되지만 속내에는 경멸과 업신여김이 자리 잡게 마련입니다. 검사의 권력에 기생하거나 그 권력을 이용하는 사람들은 모른 척합니다. 한편 '검찰 캐비닛'이 두렵고, 한편 그들의 권력에 편승해 자신의 이익을 도모하기 위해서입니다.

문제는 전속력으로 뒤로 달리는 제도와 문화를 다시 복구하려면 긴 시간이 걸린다는 것, 그리고 그 기간 동안 겪을 국민들의 삶의 고통입니다. 그러나 두려움과 업신여김의 대상이 된 권력이 오래가지 못한다는 것은 자명합니다. 더구나 대한민국 대통령제는 5년 단임제입니다.

현재의 여당이 재집권하든, 야당이 정권을 탈환하든 '검찰 공화국'은 수명을 연장하기 어렵습니다. 무소불위 검사들의 칼질을 경험한 정치권이 그냥 놓아둘 리 없기 때문입니다. 결국 수사권은 경찰 등 다른 수사 기관에게 넘어가고, 검찰은 기소만 전담하는 기소청으로 축소될 가능성이 매우 높습니다. 누르는 힘이 있다면 딱 그만큼의 반발력이 생긴다는 것은 역사의 법칙이자 물리학의 법칙이기 때문입니다. 그때가 되면 우리는 미국처럼 지방검사장을 국민들이 직접 선출하는 검사장직선제 도입을 적극적으로 고려해야 할 것입니다.

이미 그 끝이 보입니다. 하여 지금 우리가 할 일은 검찰 공화국 그다음을 준비하는 일입니다.

모든 권력에는 끝이 있습니다. 그 끝이자 새로운 시작의 자리에
우리는 어떤 모습으로 서 있어야 할까요?

## 승자와 패자에게

| 2022년 3월 10일 |

　제20대 대통령 선거가 끝났습니다. 윤석열 후보님, 당선을 축하드립니다. 바라건대 적어도 두 가지 선전宣傳은 폐기하시기를 권합니다. '여성가족부 폐지'와 '무고죄 처벌 강화' 공약입니다. 지역 갈등이 준 상처만큼이나, 아니 어쩌면 그보다 더 많은 상처를 여성들에게 줄 것이기 때문입니다. 스물한 살 제 딸이 윤 당선자의 정치가 여성 혐오를 부추겨 표만 쫓는 저급한 권력 게임이라는 생각을 갖게 하고 싶지 않기 때문입니다.

　탄식과 비탄에 빠져 있을 이재명 후보와 심상정 후보, 그리고 그 지지자 여러분께 위로를 전합니다. 종종 탄식과 비탄은 비난과 복수의 맹세로 이어지기도 합니다. 하지만 유권자의 마음을 얻어야

16

하는 정치는 상대방에 대한 비난과 복수로 성공할 수 있는 종류의 사업이 아닙니다.

남 탓, 특히 같은 집안의 누군가, 가까운 이웃집의 누군가를 탓하고 싶기도 합니다. 하지만 가까운 사람 탓하기는 자기 파괴적입니다. 지금 필요한 것은 서로에 대한 인정과 위로입니다. 최선을 다한 동료와 이웃의 손을 꼭 잡아 주는 것이 우선입니다. 물론 손쉬운 위로, 성급한 낙관도 금물입니다. 정신 승리는 잠시 스스로를 속이는 마약이 될 뿐입니다.

지금은 어쩌면 치열하게 절망해야 할 시간, 실컷 울고 말개진 눈으로 그 절망을 정면으로 응시해야 하는 시간입니다. 절망과 응시의 시간을 지나 지도를 그리듯 꼼꼼하게 내 앞에 놓인 샛길과 낭떠러지를 파악하고, 동화 속 소년처럼 용감하게 다시 일어서서 길을 나서야 합니다.

지금은 3월, 밤은 짧아지고 낮은 길어졌습니다. 단단히 감고 있던 꽃눈을 조금씩 떠 보는 나무가 많습니다. 지난겨울의 노인들은 살아남아 하늘을 올려다보고, 제 딸은 새 학기를 맞았습니다. 깊게 갈고 넓게 씨를 뿌려야 하는 시간, 봄입니다.

(이 글의 마지막 문단은 고영민 시인의 시 〈봄의 정치〉를 참고하였습니다.)

●

# 정치적 정당성

| 2022년 3월 14일 |

　정치적 정당성. 막스 베버Max Weber 등에 따르면 정치적 정당성은 통치자의 통치에 대해 시민들이 권위를 인정하고 이를 따를 의무를 받아들이는 인식과 동의를 말합니다. 시민들은 선출되지 않은 권력이 대한민국을 통치하는 행위에 대해 정치적 정당성을 인정할 수 없었기 때문에 박근혜 씨를 대통령직에서 탄핵한 것입니다.

　정치적 정당성은 어떻게 성립할까요? 정치적 정당성은 국민의 동의가 있고 그 동의가 법치주의에 의해 보장되며, 동의의 절차는 공정하고 그 과정은 충분한 소통이 있을 때 성립합니다. 소통과 선출 과정이 공정하게 법적으로 잘 보장된 '선거'가 핵심이라는 말입니다.

　대한민국에는 대통령과 국회라는 두 개의 정치적 정당성을 가진 권력이 존재합니다. 영국처럼 국민이 선출하는 권력 기관이 의회 하나일 경우 정치적 정당성을 둘러싼 긴장과 갈등은 일어나지 않습니다. 하지만 대통령제 국가에서는 대통령과 의회가 모두 정치적 정당성을 가지고 있기 때문에 두 권력 기관은 긴장하고 갈등할 수밖에 없습니다. 좋은 말로는 견제와 균형, 부정적인 말로는 대통령의 폭주와 의회의 발목 잡기.

　윤석열 당선자는 대통령으로 선출되었습니다. 하지만 국회 다수당은 민주당입니다. 대통령이 자신의 행정 권력을 사용하듯 국회가 입법 권력을 행사하는 것 역시 당연합니다. 이를 두고 대통령 발목을 잡으면 되니 안 되니 하며 의회가 순응할 것을 요구하는 것은 제도를 이해하지 못한 무지한 발상입니다.

문제는 어떤 문제로 갈등하고 경쟁하느냐는 것입니다. 국민들이 바라는 것은 국민과의 소통 경쟁, 먹고사는 문제 해결을 위한 민생 경쟁입니다. 민주당의 혁신은 자신이 가진 입법 권력을 소통 경쟁, 민생 경쟁에 사용할 수 있느냐에 달려 있고, 새 대통령의 성공 여부 역시 거기에 달려 있습니다. 대통령과 국회, 싸우려면 제대로 싸워라.

●

## 검찰 공화국이 코앞이다

| 2022년 4월 13일 |

대선 당시 윤석열 후보는 문재인 정부에 대한 적극적 적폐 수사, 검찰 직접 수사 범위 확대, 예산 편성권 부여, 공수처법 제24조 폐지, 검찰총장에 대한 법무부장관의 수사 지휘권 폐지를 공약했습니다. 그리고 윤석열 후보의 당선. 검찰의 속도는 전광석화였습니다.

- 3월 25일, 3년 묵은 블랙리스트 사건 산업통상자원부 압수 수색.

- 4월 4일, 이재명 상임고문 부인의 법인 카드 사건 압수 수색.
- 4월 6일, 검·언 유착 의혹 수사를 받아 온 한동훈 검사장 무혐의 처분. 2년째 휴대폰 포렌식을 못 해 끌어왔다는 수사가 정권이 바뀌자마자 종결 처리. 한동훈 씨는 무혐의 처분 당일, 김어준, 최강욱, 친정권 검찰 간부, 법무부장관 추미애/박범계, 집권 세력, 사기꾼, KBS, MBC 등 특정 언론, 민언련 등 어용 단체, 불법 수사 관여자에게 반드시 책임을 묻겠다는 입장문을 발표했습니다. 적개심과 증오가 뚝뚝 묻어나는 사실상의 수사 지휘서로 읽히는 글입니다.
- 4월 7일, 민주당, 국회 법사위에서 의원 사·보임辭補任.
- 4월 8일, 검찰 집단행동 시작.
- 4월 12일, 민주당 의총, 검찰 수사권 삭제 당론 채택.

이 갈등을 중단시킬 수 있는 유일한 사람은 윤 당선자였습니다. 정치 보복하지 않겠다, 공약은 잠시 보류하고 현행 제도의 정착을 우선할 테니 검찰은 자중하고 야당은 새 정부와 민생을 위해 머리를 맞대자. 이렇게 했다면 민주당도 당론 채택, 못 했을 겁니다. 하지만 윤 당선자의 선택은 한동훈 법무부장관 지명, 참으로 선명한 메시지입니다. 끝까지 간다!

한 후보자의 일성은 법안 처리 시도는 반드시 저지하겠다는 것이었습니다. 어떻게요? 장관 후보자가 어떻게요?

검찰의 칼이 피 맛을 탐하며 드릉드릉 칼집을 나서는 소리가 들린다. 채비를 단단히 하시라. 검찰 공화국이 코앞이다. Winter is Coming!

●

## 검사는 공무원이 아닌가요?

| 2022년 4월 18일 |

4월 8일, 고등검사장 모임. 같은 날 인천, 수원, 의정부, 대구, 광주, 울산 지검에서 진행된 간부 또는 평검사 모임. 11일 오전 전국 검사장 회의. 오늘 열린 2차 고검장 모임. 내일 열리는 평검사 회의까지. 기소, 수사 분리 법안 발의에 반대하는 검사들의 신속 기동이 눈부십니다. 검찰총장은 사표를 냈고 검찰 내부망 '이프로스'에도 검사들의 기소·수사권 분리 반대 글과 연서명 취지의 댓글이 줄을 잇습니다. 조직적 공동 행동입니다.

그런데 국가공무원법 제66조는 공무원이 노동 운동이나 그 밖에 공무 외의 일을 위한 집단 행위를 해서는 안 된다고 규정하고 있습니다. 같은 법 제84조의2는 이를 위반할 경우 1년 이하의 징역 또는 1000만 원 이하의 벌금을 부과하도록 하고 있습니다.

국가 공무원 복무규정 제3조 근무 기강의 확립 제2항은 공무원은 집단·연명連名으로 또는 단체의 명의를 사용하여 국가의 정책을 반대하거나 국가 정책의 수립·집행을 방해해서는 아니 된다고 규정하고 있습니다.

이 규정들 때문에 성명서라도 발표한 공무원들 다수는 징계를 받고 해고당하고 감옥에 갔습니다. 그런데 검사들은요? 노무현 대통령 때부터 반복적으로 국가의 정책을 반대하거나 국가 정책 수립을 반대하면서 집단행동에 나선 검사들은요?

이들의 집단행동에 이 법이 적용된 적이 있나요? 없습니다. 검사는 공무원이 아닌가요? 양손에 수사·기소권을 다 가지고 있으니 오른손으로 왼손을 수사하고 왼손이 오른손을 기소하지 않은 것뿐입니다. 일반 사건 기소율 32.9%, 검사 기소율은 0.1%.

검찰청은 범인이 도망쳐도 권력이 미치지 않는 소도蘇塗(삼한 시대에 제사를 지내던 성지로, 죄인이 이곳으로 달아나면 잡아가지 못했다)인가요?

작금의 거침없는 신속 기동 집단행동이야말로 검사의 특권을 제한하고 박탈해야 할 이유다.

●

# 자식 키우는 부모는
| 2022년 5월 5일 |

베이식 40달러, 스탠더드 50달러, 프리미엄 105달러. 인터넷 매체 《뉴욕헤드라인스》의 기사 게재 가격표입니다.

65달러. 또 다른 인터넷 매체 《LA트리뷴》이 공지한 기사 게재 가격표입니다. 공지 사항에는 상세한 기사 출고 주의 사항도 있습니다. "회사는 직접 기사를 작성하지 않는다. 당신들이 스스로 기사를 작성해야 하며 기사는 전적으로 당신들의 책임이다. 사진은 두 장으로 제한하고 기사 제출 이후 수정하지 말고 제출 전에 꼼꼼히 더블 체크하라."

이 회사 공지 사항에 따르면, 한동훈 법무부장관 후보자의 딸을 인터뷰한 《LA트리뷴》 기사는 65달러를 낸 사람이 작성해서 제출한 것입니다. 한 후보자는 딸이 유학 컨설팅 학원에 등록한 적이 없다고 해명했습니다. 유학 컨설턴트의 도움도 받지 않았다면, 그럼 누가 이 기사를 작성하고 《LA트리뷴》에 65달러를 송금했을까요? 딸 본인인가요? 엄마? 아빠? 학교?

한 후보자님, 검사라는 직업적 윤리의 관점에서, 사실 관계를 확인하기 위해 누구부터 조사하고 어디부터 압수 수색을 해야 하나요?

저는 개인의 사생활을 침해하는 먼지떨이식 압수 수색에 반대합니다. 그 대상이 전 법무부장관의 딸이든, 법무부장관 후보자의 딸이든. 다만 저는 돌아가신 충청도 산골 무지렁이이신 저희 할머니의 말씀을, 조민 씨의 중학생 시절 일기장까지 압수 수색하던 그 시절의 한 검사장님께 전해드립니다.

"자식 키우는 부모는 사람한테 그렇게 모질게 하는 거 아녀. 그거 다 느그 자식들 빚이여, 빚. 지 자식 귀하믄 남의 자식 귀한 줄도 알아야지."

# 인생은 아름답고 역사는 발전한다

| 2022년 5월 9일 |

조금 전 6시, 문재인 대통령이 청와대에서 퇴근했습니다. 문 대통령은 퇴임 후 "자연으로 돌아가서 잊혀진 삶, 자유로운 삶을 살겠다"고 말했습니다. 문재인 정부의 지난 5년, 대한민국 국민이라면 모두 한 마디쯤 하고 싶은 말이 있을 것입니다. 한 달을 넘기고 있는 차별금지법 제정 촉구 단식, 파리바게뜨 노조 임종린 지회장의 단식 등 저 역시 하고 싶은 말이 있습니다. 하지만 오늘은 하지 않으려고 합니다.

그런데 권성동 국민의힘 원내대표는 4일 "문 대통령은 결코 자신의 꿈처럼 잊혀진 대통령이 될 수 없을 것"이라고 공언했습니다. 자신들의 정치적 필요에 따라 시시때때로 문 대통령을 소환하여 지지고 볶겠다는 뜻입니다.

이준석 대표는 오늘 문재인 대통령이 "잘한 점을 지금 평가하자고 하면 윤석열 대통령 당선인과 최재형 전 감사원장 같은 분들이 임명된 것"뿐이라고 했습니다. 노골적 조롱입니다. 다시 등장한 인수위 핵심 관계자는 문 대통령의 퇴임 행사를 '막장 쇼'라고 막말을 서슴지 않았습니다.

꼭 이래야 하나요? 오늘 하루, 지난 5년간의 그의 노고를 치하하고 그가 바라는 자유로운 삶을 기원하며 그의 뒷모습을 가만히 바라볼 수는 없는 건가요? 여당 당대표, 원내대표의 품이 딱 이만큼인가요?

지금은 5월, 봄꽃은 떨어지고 신록은 짙어집니다. 우렁우렁 잎들을 키우는 여름 나무들과 함께 역사는 전진과 후퇴를 반복하면서 결국 앞으로 나아갈 것입니다. 대한민국은 성공과 실패, 그 모두를 통해 더 깊고 성숙해질 것입니다. 이제 한 시대의 역사를 관통한 문재인 대통령께 그의 바람처럼 자연과 함께하는 자유로운 삶이 임하기를 기원합니다. 먼저 고인이 되신 전직 대통령 한 분의 말씀으로 그를 보냅니다.

인생은 아름답고 역사는 발전한다.

●

## 자유로운 세계 시민의 나라
| 2022년 5월 10일 |

오늘 대한민국 제20대 윤석열 대통령이 취임했습니다. 축하드립니다. 윤 대통령이 오늘 오전 4만여 명의 인파가 모인 서울 국회광장에서 16분쯤 말한 3303자의 취임사에는 '자유'라는 단어가 35회로 가장 많이 쓰였습니다. 국민과 함께 '세계 시민'을 호명한 것도 눈에 띕니다. 통합이나 소통, 상식은 단 한 차례도 언급하지 않았습니다. 키워드로 보자면 윤석열 대통령이 이끄는 대한민국은 '자유로운 세계 시민'의 나라가 되어야 마땅할 것입니다.

미류와 종걸. 두 사람도 오늘 국회광장 앞에 있었습니다. 차별금지법 제정을 촉구하는 단식 농성 30일째. 국회는 지난 단식 농성 30일간 공청회를 열겠다는 결정만 했을 뿐 날짜조차 잡지 못했고 제대로 된 입법 절차는 시작조차 하지 않았습니다.

'국민적 합의가 필요하다.' 지난 10여 년간 지겹도록 들었던 말입니다. 이제는 야당이 된 원내 다수당 민주당도, 여당이 된 국민의힘도 더 이상 이 말 뒤에 숨어서는 안 됩니다. 이미 한국갤럽과 국가인권위원회는 지난 6일과 8일 각각 응답자의 57%, 75.2%가 차별금지법 제정에 찬성한다는 여론 조사 결과를 내놓았기 때문입니다.

차별금지법은 평등을 지향하는 법이라고들 합니다. 하지만 진정한 평등은 자유를 위한 발판이고, 진정한 자유는 평등을 딛고 실현될 수밖에 없습니다. 지금 대한민국에서 가장 자유롭지 못한 사람들은 차별받는 소수자들입니다.

'자유로운 세계 시민'의 나라 대한민국. 그 '세계 시민'에 성소수자와 장애인, 여성, 차별받는 다수의 소수자들이 포함되는지, 윤석열 정부와 국회는 답해야 할 것입니다.

●

## 집단 사고의 실패

| 2022년 5월 19일 |

대통령실 총무비서관 윤재순, 부속실장 강의구, 인사기획관 복

두규는 검찰 수사관 출신입니다. 인사비서관 이원모, 법률비서관 주진우, 공직기강비서관 이시원은 검사 출신입니다. 검찰 육상시六常侍라는 말이 나옵니다.

법무부 한동훈, 통일부 권영세, 국토교통부 원희룡 장관, 법무부 차관 이노공, 법제처장 이완규, 보훈처장 박민식, 국정원 기조실장 조상준도 검사 출신입니다. '검수완판', 검사와 수사관이 완전히 장악한 판입니다. 능력과 도덕성 평가와 별론으로, 집단 사고의 실패가 사실 더 큰 걱정거리입니다.

집단 사고는 특정 집단이 지시하는 것을 좋아하는 리더를 중심으로 강하게 뭉쳐 있고, 외부 의견을 잘 받아들이지 않으며, 구성원 다수가 외부 위협에 대처할 수 있는 유일한 해결책이 리더를 따르는 방법밖에 없다고 생각할 때 발생합니다.

이런 상황에 놓인 집단은 자기 집단의 완전성에 대한 환상, 집단의 도덕성에 대한 절대적 믿음, 만장일치에 대한 환상, 외부 집단에 대한 틀에 박힌 시각을 갖게 되면서 리더의 비합리적인 의견조차도 적극적으로 옹호하고 강화하는 행동을 하게 됩니다. 그 결과 스스로는 가장 합리적이며 정의롭다고 자부하는 사람들로 구성된 집단이 가장 비합리적이고 비도덕적인 결정을 하는 집단 사고의 실패에 이르게 됩니다.

검수완판 대한민국 정부는 검찰 특수부 출신 대통령과 그 측근들이 검찰의 완전성과 도덕성에 대한 비합리적 믿음, 그리고 검찰 이외의 집단은 모두 무능·부패하다는 틀에 박힌 생각을 갖고 있기 때문에 출현한 것입니다. 전형적인 집단 사고의 실패입니다. 문제는 이들의 실패가 대한민국 국민들에게 후과를 미친다는 점입니다.

그러니 제발, 자신만 옳다고 하지 말고 다른 사람 말 좀 들으시라. 소통은 입이 아니라 귀와 발로 하는 것이 아니겠는가.

●

## 정부조직법 제32조

| 2022년 5월 25일 |

법무부는 어제 공직자 인사 검증 기능을 법무부장관으로 위임하는 동시에 검사를 포함한 인력을 증원하는 내용을 담은 '법무부와 그 소속 기관 직제 시행 규칙' 일부 개정령(안)을 입법 예고했습니다. 입법 예고 기간은 이틀, 통상 의견 수렴을 위한 입법 계고 기간은 40일 정도.

이제 하루 뒤면 시행될 시행 규칙 덕분에 한동훈 법무부장관은 공석인 사회부총리 겸 교육부장관 후보자, 보건복지부장관 후보자 인사 검증부터 담당하게 됩니다. 한덕수 국무총리의 후임 총리 인사 검증 역시 총리의 통할을 받는 법무부가 하게 됩니다. 이거 정말 이상하지 않나요? 뿐만 아닙니다. 장성들은 물론이고 삼권 분립의 한 축인 대법관 후보자들도 한 장관의 검증을 받게 됩니다. 왕장관, 아니 소통령이라 해도 과언이 아닙니다.

그런데 말입니다. 국가 행정 기관의 설치·조직과 직무 범위를 정하고 있는 정부조직법 제32조(법무부) 제1항이 규정한 법무부의 사무는 검찰, 행형, 인권 옹호, 출입국 관리, 그 밖에 법무에 관한 사무로 한정되어 있습니다.

공직자 인사 검증이 검찰, 행형, 인권 옹호, 출입국 관리는 아니고 또한 그 밖에 법무에 관한 사무라고 볼 수도 없습니다. 그렇다면 법에도 없는 권한을 시행 규칙으로 갖겠다면 이건 위법 아닌가요?

대통령과 장관이 제정할 수 있는 시행령, 시행 규칙을 앞세워 국회가 제정한 정부조직법을 무력화시키는 것, 적어도 윤석열 대통령이 전가의 보도로 휘두르시는 '헌법 정신과 법치주의'와는 사뭇 다 아니한다.

●

## 멋진 신세계

| 2022년 6월 7일 |

금융감독원장 이복현 전 부장검사, 공정거래위원장 강수진 전 검사.

검찰 공화국이라는 비판 따위는 신경 쓰지 않습니다. 대한민국 인재는 모두 검찰에 있다는 편견은 이제 신념의 경지로 보입니다.

금융감독기구의 설치 등에 관한 법률은 건전한 신용 질서와 공정한 금융 거래 관행을 확립하고 예금자 및 투자자 등 금융 수요자를 보호함으로써 국민 경제의 발전에 기여함을 목적으로 금융위원회와 금감원을 설치한다고 규정하고 있습니다. 이런 일을 검사가 한다고요? 1999년 금감원 출범 이후 14명의 금융감독원장 중 검사 출신 금감원장은 처음입니다.

공정거래법은 재벌 대기업의 지위 남용과 경제력 집중을 방지하고, 독·과점과 불공정거래행위를 규제하여 경쟁을 촉진함으로써 창의적인 기업 활동을 조성하고 소비자를 보호함과 아울러 국민 경제의 균형 있는 발전을 위해 공정거래위원회를 설치하도록 하고 있습니다. 이런 일을 검사가 한다고요? 1981년 공정거래위원회 설립 이래 검사, 아니 법조인 출신 원장도 임명된 전례가 없습니다.

검사 출신 금감원장이 금융 기관을, 검사 출신 공정거래위원장이 재벌, 대기업을 양손에 꽉 쥐고 펼치는 자유로운 시장 경제라고요? 바야흐로 관치 경제를 넘어선 검치 경제, 검치 금융이라고 보는 것이 정확하지 않을까요?

하여 알려드립니다. 대통령과 측근 검사들이 인사, 정보, 감독, 사정 기관 모두를 손아귀에 꽉 쥐고 운전하는 공정하고 자유로운 대한민국. 그 멋진 신세계에 탑승하신 국민 여러분, 안전띠부터 튼튼히 매시기 바랍니다. 관용 없이 엄정한 법과 원칙의 세계로 굴러떨어지지 않으시도록 말이죠.

깊게 갈고 넓게 씨를 뿌려야 하는 시간,

봄입니다.

# TBS 공화국

| 2022년 6월 8일 |

TBS 출신이 0.73%P 차로 대통령에 당선되었다고 가정합시다.

대통령실 인사기획관에 TBS 직원을,

대통령실 인사비서관에 TBS 기자를,

대통령실 총무비서관에 TBS 직원을,

대통령실 공직기강비서관에 TBS 기자를,

대통령실 부속실장에 TBS 직원을,

대통령실 법률비서관에 TBS 기자를,

법무부장관에 TBS 기자를,

법무부차관에 TBS 기자를,

통일부장관에 TBS 기자를,

국가보훈처장에 TBS 기자를,

법제처장에 TBS 기자를,

공정거래위원장에 TBS 기자를,

금융감독원장에 TBS 기자를,

국정원 기조실장에 TBS 기자를,

국무총리 비서실장에 TBS 기자를 임명해 놓고,

TBS 출신 대통령이 "인사 원칙은 적재적소에 유능한 인물을 쓰는 것"이라고 말한다면 이 말을 누가 믿겠는가? 이 상황을 'TBS 공화국'이 아니라면 도대체 뭐라고 불러야 할까.

●

# 대통령의 소통
| 2022년 6월 9일 |

"어제 제가 통화를 해서 '더 이상 검사 출신을 쓸 자원이 있습니까?' 이러니까 없다고 말씀하시더라고요. 그러니까 충분히 인사에 대해서 비판하는 것은 국민의 자유니까 저희들이 그 부분에 대해서는 잘 수용을 하겠습니다."

국민의힘 권성동 원내대표가 오늘 아침 방송에서 한 말입니다.

"다 (원래) 법률가들이 가야 하는 자리이고, 과거 정권에서도 전례에 따라 법률가들이 갈 만한 자리에 대해서만 (검사 출신을) 배치했고 필요하면 (추가 발탁을) 해야죠."

대통령의 오늘 아침 출근길 발언입니다. '짖을 테면 짖어라, 기차는 간다'는 말로 들립니다.

어르고 뺨 치고, 병 주고 약 주고, 다시 병 주고, 뭐 이런 건가요? 대통령과 '윤핵관'을 자처하는 여당 원내대표가 짜고 치는 거라면 국민들을 조롱하는 것이고, 대통령이 어제 여당 원내대표에게 한 말을 오늘 아침 뒤집은 것이라면 국민들을 혼란스럽게 하는 일입니다. 어느 장단에 맞춰 춤을 추라는 것인지 알 수 없습니다.

소통하겠다고 했습니다. 대통령의 소통은 야당의 비판을 수용하고 국민들의 희망을 수렴하며 주어진 권한을 행사하여 정책과 제도, 예산, 인사를 바꿔 나가는 것이 본질입니다. 이런 관점에서 보면 오늘 윤 대통령은 검찰 편중 인사라고 비판하는 국민과의 소통을 칼같이 거부한 것입니다.

기자들과 출근길에 몇 마디 주고받는 것이 소통이라는 생각부터 바꾸시라. 그래야 소통이라는 걸 시작이라도 할 수 있다.

●

## 북 치고 장구 치고 춤추고 노래하고

| 2022년 6월 14일 |

2021년 6월 9일 오후 4시 22분, 광주 동구 학동4구역 재개발 구역에서 5층 건물 해체 공사 중 부실한 현장 관리로 인해 사고 건물이 도로 쪽으로 무너졌습니다. 시민 9명이 사망하고 8명이 다쳤습니다.

1년이 지난 어제, 검찰의 구형이 있었습니다. 검찰은 현장소장 서 씨에게 징역 7년 6개월과 벌금 500만 원, 공무부장 노 씨와 안전부장에게는 각각 금고 5년, 현대산업개발 법인에는 벌금 3500만 원을 구형했습니다.

하지만 경영 책임자인 현대산업개발 권순호 대표이사·사장, 정몽규 회장은 기소조차 되지 않았습니다. 중대재해처벌법 시행 전 사건이기 때문입니다.

중대재해처벌법 시행 이후 건설 회사 등 중대재해법 적용 대상 기업들은 회장님을 보호하기 위해 대형 로펌의 도움을 받아 경영 책임자를 교체하고, 안전 책임자를 새로 선임하는 등 법의 허점을 파고들었습니다. 현장에서는 법의 실효성을 높이기 위한 법 개정 요구가 나왔습니다.

그런데 어제 현장의 요구를 정면으로 거스르는 중대재해법 개정안을 국민의힘 박대출 의원이 발의했습니다. 법무부장관이 중대 재해 예방 기준과 인증 기관을 고시하고, 사업주나 경영 책임자 등이 인증을 받으면 중대재해처벌법이 정한 형을 면제하거나 감경할 수 있도록 한 것입니다. 고용노동부장관도 아니고 법무부장관이 이 일을 다 한다는 겁니다.

대한민국에는 한동훈 법무부장관 말고는 일하는 장관이 없는 건가요? 인사 검증권부터 중대 재해 처벌 면제 인증권까지. 장관 한 사람이 북 치고 장구 치고 춤추고 노래까지… 이제 무얼 더 하고 싶으신가.

●

## 치안본부

| 2022년 6월 21일 |

"탁 치니 억! 하고 죽었다."

강민창 치안본부장이 1987년 1월 15일, 서울대 학생 박종철의 죽음에 대해 언론에 밝힌 내용입니다.

"사람이 사람을 어떻게 때리느냐."

강민창 치안본부장의 직속상관 정호용 내무부장관이 한 말입니다. 정호용 장관은 5·18 광주민주화운동 당시 '화려한 휴가' 진압 작전의 주력 부대인 특전 사령관 출신입니다.

1987년 6월 항쟁 이후 내무부장관의 지휘를 받던 치안본부는 행정안전부 외청인 경찰청으로 독립했습니다. 경찰을 더 이상 정권의 수족으로 놓아둘 수 없다는 결단이었습니다.

오늘 경찰제도개선 자문위원회가 행안부장관의 경찰 지휘, 감독, 인사, 징계 권한 강화를 골자로 하는 권고안을 발표했습니다. 가히 치안본부의 부활이라고 평가받을 만합니다.

경찰의 독립성, '탁 치니 억 하고 죽는 소리'가 들린다.

●

# 법무부 검찰 일체화
| 2022년 6월 27일 |

지난 5월 6일, 박범계 법무부장관의 이임식이 끝난 뒤 법무부 간부들이 모인 회식 자리에서 민변 회원이었던 간부 A씨가 과거 검찰의 수사·기소권 남용을 반성해야 한다는 취지의 말을 하는 과정에서 법무부 소속 검사인 B씨의 이름을 직위를 생략한 채 부르자 언쟁이 오갔다고 합니다. A씨와 B씨는 다음 날 "결례를 범한 것 같다"

"괜찮다" "주말 잘 보내시라"는 문자를 주고받으면서 이 해프닝은 일단락됐습니다.

그런데 지난 6월 22일, 《조선일보》가 정년이 보장된 법무부 개방직인 인권국장, 법무실장에 임용된 소위 민변 출신 인사들이 스스로 물러나지 않는다며 '알박기' 인사라고 비판하는 기사를 냅니다. 사흘 뒤인 25일, 언론에서 회식 자리 해프닝을 소환했고 법무부 감찰부서는 진상 조사에 착수합니다. 참으로 공교롭습니다.

회식 자리지만 직책을 떼고 이름을 부른 것, 잘한 일 아닙니다. 하지만 상호 사과로 끝난 일을 50여 일이 지난 뒤 감찰부서가 진상 조사를 하는 것은 어떤가요? 이것은 사실 법무부-검찰 일체화를 위한 비검찰 솎아 내기 아닌가요?

2020년 1월, 상갓집에서 대검 반부패강력부 선임연구관 양석조 검사는 직속상관인 심재철 반부패강력부장에게 "(심재철 부장이) 조국 수사는 무혐의라고 얘기했다, 네가 검사냐"라며 벌떡 일어나 고성을 질렀습니다. 기수 문화가 완고한 검찰에서 듣도 보도 못한 상관 모욕입니다.

윤석열 정부에서 심재철 검사는 법무연수원으로 좌천되었습니다. '네가 검사냐'를 외쳤던 양석조 검사는요? 심재철 남부지검장의 후임 남부지검장으로 보란 듯이 영전하셨습니다.

참으로 공정하다.

# 검찰만 빼고

| 2022년 7월 25일 |

지난 23일 오후, 충남 아산 경찰인재개발원에서 일선 경찰서장들인 총경들이 모인 총경회의가 4시간가량 개최되었습니다. 총경 56명이 현장에 참석했고 140여 명은 온라인으로 참여했습니다. 전국 총경의 절반가량인 350명은 지지의 의미로 총경 계급장을 상징하는 무궁화 화분을 보냈습니다.

이상민 행안부장관은 오늘 "하나회가 12·12 쿠데타를 일으킨 것이 바로 이러한 시작에서 비롯된 것"이라며 "형사 범죄 사건"으로 규정했습니다.

지난 4월 20일 수요일 저녁 7시부터 21일 새벽 4시까지 전국 부장검사 대표 60여 명이 서울중앙지방검찰청에서 회의를 열고 수사 기소 분리 법안에 대한 명백한 반대 의견을 발표했습니다. 전날은 평검사회의가 있었고 그즈음 지검장회의, 고검장회의도 진행되었습니다.

지난 6월 한동훈 법무부장관은 전국부장검사회의 당시 대변인 노릇을 한 박승환 대전지검 부장검사를 '윤석열 사단' 송경호 서울중앙지검의 공보담당관으로 임명하는 등 당시 부장검사회의를 주도한 검사들을 '노른자' 자리로 발령했습니다. 수사 기소 분리 법안에 대한 집단행동과 의사 표시로 인사 피해를 본 검사는 단 한 명도 없습니다.

총경회의를 제안했던 류삼영 전 울산중부경찰서장은 대기 발령, 참석자들 전원은 모두 감찰 대상이 되었습니다.

공무원에게는 복종 의무가 있다, 검찰만 빼고.

이러고도 검찰 공화국이 아니라고 할 수 있겠는가.

●

## 법무부장관의 임무

| 2022년 7월 28일 |

한동훈 법무부장관은 지난 7월 26일, '2022 법무부 새정부 업무보고계획'에서 "축소된 검찰의 직접 수사 기능을 복원하겠다"고 대통령에게 보고했습니다. 어떻게요?

검찰은 9월 10일부터 부패, 경제 두 가지 분야만 남기고 수사권을 모두 경찰에 넘겨야 합니다. 대한민국 국회가 법률로 정한 일입니다. 한 장관의 어법대로 어떻게 '일개' 법무부장관이 개정된 형사소송법과 검찰청법을 정면으로 거슬러 직접 수사 기능을 복원한다는 건가요?

한편 국회의장과 여당, 야당 원내대표는 지난 7월 22일 진통 끝에 국회를 개원하면서 '형사사법체계개혁특별위원회(사개특위)'를 구성했습니다. 국민의힘이 합의 후 번복하기는 했지만 본래의 합의대로라면 '사개특위'는 6개월 내에 검찰의 직접 수사권을 전면 폐지하는 입법을 완료하고, 입법 후 1년 이내에 이를 시행해야 합니다. 수사·기소 분리라는 기본 방향은 국민의 대표인 국회가 이미 결정한 사항입니다.

그런데 대체 어떻게 검찰의 직접 수사를 확대하겠다는 건가요? 일개 법무부장관이 국회보다, 국회에 권한을 위임한 국민보다 더 큰 권한을 가지고 있나요?

지금 법무부장관의 최우선 임무는 개정법에 따라 검찰의 직접 수사권을 차질 없이 경찰에 이전하는 계획을 만들고 실천하는 것입니다.

법무부장관으로서의 직무는 수행하지 않고 국회의 머리 꼭대기, 국민의 머리 꼭대기에 올라앉겠다는 것으로 보이는 한동훈 장관의 태도, 오만하다.

●

## 윤핵공과 능력주의
| 2022년 8월 16일 |

《경향신문》이 14일 대통령실과 정부 부처 등 45개 기관 190명의 고위 공직자를 출신 지역별로 분석했습니다. 영남 출신이 73명 (38.4%)으로 다른 지역보다 많았습니다.

'윤핵공', 윤석열 정권 핵심 고위 공직자들의 지역 분포를 이들의 평균 출생 연도인 1966년의 지역별 출생자 통계와 비교해 보면, 1966년 국내 출생자 중 TK 지역 출생자의 비율은 15.2%에 불과한데 윤핵공 중에선 20.5%를 차지했습니다. 서울은 출생자 비율 9.7%보다 윤핵공에서의 비율이 22.1%로 훨씬 높았습니다. 반면 호남은 출생자 비율이 25.7%인데 윤핵공 중에선 13.2%밖에 되지 않았습니다.

특히 장관급 이상에서는 광주, 전남 출신이 1명도 없습니다. 전북 출신으로만 한덕수 국무총리와 이상민 행정안전부장관이 있지만 이 장관은 윤 대통령과 같은 서울 충암고를 나와 엄밀하게는 호남 출신이라고 하기 어렵습니다.

"인선은 성별, 지역, 연령에 따른 제한을 두지 않고 국민이 부여한 직을 성실히, 제대로 수행할 수 있는 최고의 전문가를 국민 앞에 선보인다." 윤석열 대통령이 당선자 시절 밝힌 인사 원칙입니다. 대한민국의 최고 전문가들은 서울과 영남에만 있고, 장관 재목은 광주와 전남에는 단 한 명도 없다?

누가 윤핵공들의 면면을 보고 대통령의 인사 원칙을 '능력주의'라고 평가할 수 있겠는가.

●

## 백일

| 2022년 8월 17일 |

취임 100일을 맞이한 윤석열 대통령이 오늘 취임 후 첫 기자 회

견을 열었습니다. 대통령은 경제 부문에서 소득 주도 성장, 탈원전, 징벌적 부동산 세제 등 지난 정부의 비상식을 몰아내고 법인세 인하 등을 통해 민간 자율을 확대했고, 외교 안보 분야에서는 약화된 한미 동맹을 강화하고 인도태평양경제프레임워크에 참여했으며 역대 최악의 일본과의 관계 역시 빠르게 회복하고 발전시켜 나가고 있다고 했습니다.

그리고 법무부에 인사정보관리단, 행안부에 경찰국을 신설하여 대통령의 제왕적, 초법적 권력을 헌법과 법률의 틀 안에 들어오게 했다고 강조했습니다. 지금 이 사안들이 자랑거리인가요? 여론 조사에서는 부정적 평가가 많은, 아직 첨예한 갈등이 계속되는 사안들 아닌가요?

하긴, 어제 성일종 국민의힘 정책위의장은 대통령의 마음을 미리 헤아려 100일 백서를 발간하며 "윤석열 정부의 100일은 국정 운영의 성공 골든타임이었다"고 극찬했으니 대통령과 그 핵심 관계자들의 인식에 '윤부심'이 넘쳐 난다는 것은 알겠습니다.

대통령은 오늘 '시작도 국민, 방향도 국민, 목표도 국민'이라고 말했습니다. 그런데 대통령의 전 정부 탓과 자화자찬 가득한 이 연설문의 시작, 방향, 목표에는 오직 자기애만 가득하다고 느끼는 것은 제가 너무 삐딱해서일까요?

# 돈키호테

| 2022년 10월 25일 |

이룰 수 없는 꿈을 꾸고,

이루어질 수 없는 사랑을 하고,

견딜 수 없는 고통을 견디며,

이길 수 없는 적과 싸우고,

잡을 수 없는 저 하늘의 별을 잡자.

뮤지컬 〈맨 오브 라만차〉에서 돈키호테의 순수한 열정과 기사도 정신을 상징하는 노래의 한 대목입니다. 돈키호테는 세상을 구하고 사랑을 얻겠다는 순수한 열정으로 중갑옷에 긴 창을 꼬나잡고, 애마 로시난테를 타고 풍차로 돌진합니다. 관객은 그 순수한 열정에 찬사를 보냅니다.

작가 세르반테스의 의도도 그랬을까요? 15세기 말까지만 해도 진짜 '기사단'으로서 군사적 목적이 뚜렷했던 성직 기사단들은 16세기 초를 기점으로 군사적 목적은 거의 사라지고 귀족들의 친목 집단으로 성격이 변했습니다. 이 소설의 시대적 배경은 16세기 중후반입니다.

시대의 변화에 무지한 60대 노인 돈키호테는 친목 집단에 불과한 중갑옷 기사를 자처하며 세상을 구하고 사랑을 얻겠다고 말라비

틀어진 말 로시난테를 타고 시종 '산초 판사Sancho Panza'와 함께 풍차로 돌진합니다. 풍자와 비웃음입니다. 작가는 돈키호테가 순수하고 열정적일수록 독자에게는 더 큰 웃음을 주는 구조로 이 소설을 썼다는 것이 중론입니다.

검찰 출신 대통령이 부패한 종북 주사파 세력을 척결하고 대한민국을 자유와 공정의 나라로 만들겠다는 열정은 참으로 맹렬해 보입니다. 돌격 준비를 마친 로시난테와 산초 판사도 충성심과 열정에 가득 차 있습니다. 하지만 그들이 돌진하는 대상은 풍차가 아니라 민주주의라는 사실, 철 지난 종북 척결의 열정은 시대와 불화할 수밖에 없다는 사실은 알고 시작한 일일까?

알 리가 없다.

●

## 임홍석 검사의 경우
| 2022년 12월 22일 |

2021년 9월 2일 밤, 손준성 검사가 지휘하던 대검찰청 수사정보정책관실은 무척 분주했습니다. '고발 사주' 의혹이 처음 보도된 그날, 수사정보정책관실의 임홍석 검사는 수정관실 컴퓨터 25대의 내부 자료를 모두 삭제하고 포맷했습니다. 수정관실 컴퓨터를 모두 교체해 준 지 불과 10여 일이 지난 시점.

"분해하는 것도 이례적일뿐더러 (고발 사주가) 보도된 날 포맷된

점, 직원이 이것 때문에 야근할 것도 아닌데 시간이 밤 8시란 것도 굉장히 이례적입니다."

지난 19일 서울중앙지법에서 열린 손준성 검사의 '고발 사주' 사건 5차 공판에서 대검찰청 A수사관이 증언한 내용입니다. 이 과정은 모두 영상과 사진으로 남아 증거로 제출되었습니다. 임홍석 검사가 모두 촬영했기 때문입니다. 임 검사는 해당 영상을 삭제하고 안티 포렌식 앱까지 설치했지만 포렌식 과정에서 모두 복구되었습니다.

임홍석, 그는 2019년 라임 사태의 핵심인 김봉현 회장에게 유흥 주점에서 술 접대를 받았던 검사입니다. 일찍 귀가하여 접대 액수가 100만 원에 이르지 않았다는 이유로 기소되지 않은 '검사 불기소 세트'의 당사자. 《조선일보》가 특수 수사 드림팀이라고 상찬한 2016년 검찰 부패범죄특별수사단 제2팀장 한동훈 부장검사의 팀원이었던, 일명 검찰 특수통 '적자'.

임 검사님께 묻습니다. 왜 당신은 바로 그날 밤, 수정관실 컴퓨터 전부를 분해하고 포맷하는 과정을 영상으로 남기셨나요? 그 영상은 보관용인가요, 보험용인가요, 아니면 보고용인가요? 보고용이라면 누구에게 보고하셨나요?

버젓이 증거를 인멸하고 그 과정을 영상으로 남기고 다시 삭제하고 안티 포렌식 앱을 설치한 당신은, 어떻게 제대로 된 조사도 수사도 받지 않고 아직도 버젓이 창원지검 검사로 재직하고 계신가요?

도대체 어떻게?

# 국가수사본부장

| 2023년 1월 19일 |

지난 연말 지인인 A총경에게 안부 전화를 했습니다. 통화를 마칠 무렵 A총경은 깊은 한숨을 내쉬었습니다. 무슨 걱정이 있느냐고 물었더니 이렇게 답했습니다. "국가수사본부장으로 검사가 올 것 같네. 막을 힘도 없고… 휴."

국가수사본부, 일명 한국판 FBI. 검경 수사권 조정과 국가정보원의 대공 수사권 경찰 이양 등 권력 기관 개혁을 추진하면서 경찰 수사의 독립성과 수사 역량 제고를 위해 설치된 조직입니다. 2021년 1월 1일에 출범했지요.

지난달 16일 마감한 국가수사본부장 모집에 검사 출신 정순신 변호사가 지원했습니다. 정 변호사는 2018년 윤 대통령이 서울중앙지검장일 때 인권보호관으로, 윤 대통령이 대검 중수 2과장일 때 대검 부대변인으로 함께 근무했습니다. 윤 대통령의 '최측근' 한동훈 법무부장관, '윤석열 사단'으로 분류되는 이원석 검찰총장과는 사법연수원 동기입니다.

2명의 경찰 출신 지원자가 있지만 경찰 내부에는, 국수본부장은 결국 특수부 출신 대통령 측근 정순신이 될 거라는 소문이 파다합니다. 국수본부장을 거쳐 경찰청장으로 임명될 거라는 흉흉한 예측도 나옵니다.

경찰의 독립성과 중립성? 경찰의 사기? 입법의 취지? 대통령실부터 내각, 국가정보원, 금융감독원장, 국무총리 비서실까지 다 검찰이 장악하고 있는 검찰 공화국 대통령에게 그런 게 뭐 중요하겠는가.

끔찍하다.

●

## 정승윤 행정심판위원장

| 2023년 1월 30일 |

□ 경찰의 범죄 대처 능력에 대한 국민적 불신 증대
 - 경찰관이 '오또께' 하면서 사건 현장에서 범죄를 외면했다는 비난도 있지만…

작년 2월 14일 당시 윤석열 후보가 사법 제도 개혁 공약을 발표하면서 낸 보도 참고 자료 일부입니다. '오또께'는 일부 남초 온라인 커뮤니티에서 여성 경찰들이 범죄 현장에서 직접 나서지 않고 '어떡해'란 말만 반복한다며 여성을 조롱할 때 쓰는 표현입니다. 윤석열 선대본은 해당 부분을 즉시 삭제하고 이 공약 작성 책임자인 선대본 공정법치분과위원장 정승윤 교수를 해촉했습니다.

그런데 윤석열 당선자는 정승윤 교수를 작년 3월, 해촉 한 달 만에 대통령직 인수위원회 정무사법행정 분과 전문위원으로 위촉했습니다. 사과와 해촉이 선거용 눈치 보기였을 뿐 진심이 아니었다는 겁니다.

그러나 윤 대통령은 절대 거기서 멈출 분이 아닙니다. 지난 27일, 대통령은 정승윤 교수를 중앙행정심판위원회 위원장 역할을 하는 국민권익위원회 부위원장으로 임명했습니다. 대체 정승윤이 누구길래 이리 고집을 피울까… 라고 살펴보니, 역시 그분은 윤 대통령 측근 검찰 출신. 여성계는 그를 '여성 혐오 검피아'라고 평가하는 논평을 내놓았습니다.

풍자 가라사대, 공무원에는 늘 공무원인 '늘공', 어쩌다 공무원인 정무직 '어공'이 있었으되 윤석열 대통령 시절 검찰 출신 공무원 '검공'을 따로 분류하지 않으면 아니 되었으니, 그 셋 중 제일은 '검공'이니라.

●

## 검찰 공화국 1주년
| 2023년 3월 9일 |

오늘은 윤석열 대통령 당선 1주년입니다.

대통령실
- 윤재순 총무비서관: 대검 운영지원과장
- 강의구 부속실장: 대검 검찰총장 비서관

- 복두규 인사기획관: 대검 사무국장
- 이시원 공직기강비서관: 검사, 서울시 공무원 간첩 조작 사건
- 주진우 법률비서관: 검사, 인수위 인사검증팀장
- 이원모 인사비서관: 검사, 대검 연구관, 부인이 대통령 전용기에 탑승
- 이영상 국제법무비서관: 서울중앙지검 특수1부부장

국무총리실
- 박성근 비서실장: 검사, 인수위 전문위원

통일부
- 권영세 장관: 검사, 대선 캠프 본부장

법무부
- 한동훈 장관: 검사
- 이노공 차관: 검사, 서울중앙지검 4차장
- 이동균 인사정보1담당관: 검사, 인수위 출신
- 김현우 인사정보관리단: 검사, 인수위 출신
- 김주현 인사정보관리단: 검사, 인수위 출신

국토부
- 원희룡 장관: 검사, 대선 캠프 정책본부장

교육부

- 우재훈 법무보좌관: 검사, 창원지검에서 파견


법제처

- 이완규 처장: 검사, 윤석열 및 가족 사건 변호인


국가보훈처

- 박민식 처장: 검사, 대선 캠프 기획실장


국정원

- 김남우 기획조정실장: 검사, 추 전 장관 아들 수사
- 유도윤 부부장: 검사, 서울남부지검에서 파견
- 김준엽 검사: 검사, 수원지검에서 파견


금융감독원

- 이복현 금융감독원장: 검사, 특수통 막내
- 전영우 금감원 법률자문관: 검사, 성남지청에서 파견
- 천재인 금감원 사모펀드 재조사TF 국장: 검사, 광주지청에서
  파견
- 박지훈 부부장: 검사, 부산지검에서 파견
- 한기식 부부장: 검사, 대전지검에서 파견
- 문영권 부부장: 검사, 대구지검에서 파견

- 이상목 부부장: 검사, 부산서부지청에서 파견, 전 대장동 전담
  수사팀
- 김효진 검사: 제주지검에서 파견
- 이세원 검사: 광주지검 순천지청에서 파견
- 한연규 부부장: 검사, 서울남부지검에서 파견
- 유광렬 부부장: 검사, 인천지검에서 파견

국민권익위원회
- 정승윤 부위원장: 전 서울남부지검 검사

국가인권위원회
- 김용원 상임위원: 전 울산지검 검사

민주평통자문위원회
- 석동현 사무처장: 전 부산지검 검사장

국민연금관리공단
- 한석훈 상근전문위원: 전 군산지청 부장검사

서울대병원
- 박경오 감사: 전 검찰 수사관

인생은 아름답고 역사는 발전한다.

검찰 공화국, 이 다섯 글자 말고 달리 표현할 방법이 있는가.

●

# 검사들의 훈장

| 2023년 3월 13일 |

이재명 민주당 대표 수사 과정에서 관련자 4명이 극단적 선택을 했습니다. 김기현 국민의힘 대표는 '간접 살인'이라고 이재명을 지목했습니다.

국책 연구 기관인 한국형사·법무정책연구원은 2015년 《검찰 수사 중 피조사자의 자살 발생 원인 및 대책 연구》라는 보고서를 발간했습니다. 보고서에 따르면 2004년부터 2014년 7월까지 검찰 수사 도중 극단적 선택을 한 사람은 83명입니다. 특히 2007년 불구속 수사 원칙을 천명한 형사소송법 개정 이후 매년 10명 이상이 극단적 선택을 하기 시작했으며, 그 시기는 검찰 출석 조사 후라는 점을 지적합니다.

구속 수사보다 더 큰 정신적 압박을 가하는 강압적 검찰 조사가 극단적 선택 증가의 원인이라는 뜻입니다.

보고서가 제시한 대책은 이렇습니다. 첫째, 검찰의 무리한 수사 관행 개선 및 인권 교육 강화. 둘째, 검찰이 행하는 피의 사실 공표 행위에 대한 엄격한 처벌 및 언론 기관의 책임성 강화. 셋째, 검찰의 수사 활동 언론 보도 개선. 넷째, 강압 수사 근절 및 조사받는 사람이 충분히 혐의에 대해 소명할 수 있는 기회 보장. 검찰과 언론이 바뀌어야 한다는 겁니다.

하지만 윤석열 대통령은 후보 시절인 2021년 12월 말 "수사 과정의 자살은 수사하는 사람들이 좀 세게 추궁하고 증거 수집도 막 열심히 하고 이러니까 '아, 또 내가 무슨 뭐 걸릴 게 있나' 하는 불안감에 초조하고 이러다가 그런 극단적인 선택도 하는 것입니다"라고 말했습니다.

수사를 잘해서 사람이 죽는 거라고? 그 죽음의 숫자들은 검사들의 훈장이라는 말인가? 끔찍하다.

•

## 패소할 결심
| 2023년 3월 29일 |

서울고등법원 행정1-1부 심준보 재판장은 2022년 11월 24일, 피고 법무부에 법원이 요구한 내용에 대한 설명 자료를 제출하라는 석명준비명령을 내렸습니다. 이 명령에는 '도과 기간 확인'이라는 조항도 붙어 있습니다. 반드시 지정한 날짜까지 제출하라는 뜻입니다.

하지만 법무부는 '소송 절차 진행에 관한 의견서'만 제출합니다. 질문에 답하라고 했더니 엉뚱하게 절차 이야기만 한 겁니다. 동문서답. 작년 6월 이후 법무부는 준비 서면도, 증인 신청도 하지 않았습니다. 직무 태만.

이 사건의 원고는 윤석열 전 검찰총장, 피고는 법무부. 1심 법원은 윤석열 전 총장이 저지른 한동훈 검사에 대한 채널A 검언 유착 사건의 감찰을 방해하고 수사마저 방해한 행위는 면직에 처할 만한 사안이라서 정직 2개월의 징계는 오히려 가볍다고 판결했습니다. 법무부의 완승입니다.

그런데 법무부는 완승의 주역인 변호사 두 명을 모두 해임했습니다. 손흥민과 케인을 동시에 경기에서 뺀 겁니다. 이유도 해괴합니다. 변호사의 형이 법무부에 근무하기 때문에 이해 충돌이라는 겁니다. 형제가 모두 법무부 편에 있는데 어떻게 이해 충돌인가요? 비겁한 변명입니다.

1심과 항소심 사이 윤석열 전 총장의 상대방인 법무부의 수장은 박범계에서 한동훈으로 바뀌었습니다. 그리고 마침내 패소할 결심.

제가 그렇게 나쁩니까? 응, 법무부장관 한동훈은 나빠. 변호사가 이렇게 소송 수행하면 당장 해임당하고 손해 배상까지 해야 한다는 거 누구보다 잘 알면서 이러고 있으니 아주 나쁘지. 그렇다면 마침내 해임할 결심. 국민들의 그 결심이 그리 멀리 있는 것만은 아니다.

●

## 경상북도 독립운동기념관

| 2023년 5월 19일 |

'경북 사람이 펼친 항일 투쟁, 경상북도 독립운동기념관' 경북 독

립운동기념관 홈페이지의 슬로건입니다.

경북 독립운동기념관의 출발은 안동 독립운동기념관입니다. 2007년 개관한 안동 독립운동기념관은 2015년 경북 독립운동기념관으로 확장했고 2020년부터 정진영 관장이 이끌고 있습니다. 기념관이 자리 잡은 안동은 단일 지역 출신 독립운동가 수가 가장 많은 유서 깊은 고장입니다.

어제 이철우 경북 도지사가 제4대 경북 독립운동기념관장 내정자로 동국대 한희원 교수를 발표했습니다. 한 교수의 최종 경쟁자인 한동대 교수 A씨는 경북 안동 출신 의성 김씨 독립운동가 집안의 후손입니다. 이런 분을 제치고 내정된 한 교수는 어떤 분일까? 출생지 속초, 전공 법학, 주요 저서《국가정보학요해》《대한민국 국가정보원》《보수의 영혼, 자유!》등, 경북 지역 독립운동 연구 실적 없음, 검사 출신.

한 교수는 지난 2013년 미군 철수 주장, 국가보안법 철폐 주장, 대한민국 정부 부정 등 여덟 가지 기준을 제시하며 '이 가운데 세 가지 이상에 해당하면 종북 세력, 여덟 가지 모두에 해당하면 조선노동당 당원'이라는 종북 구별법을 주창했습니다. 한 교수의 전문 분야는 누가 봐도 국가보안법과 종북 빨갱이 색출로 보입니다.

그런데 왜 한희원 교수? 기념관 이사 한 분은 '전문성이 부족하다는 부분은 반박하기 어렵다. 보훈처가 보훈부로 승격되는 상황에서 중앙에서도 역량 있는 분을 추천한 것'이라고 말합니다. 검사 출신 박민식 보훈부장관 후보자에게 줄 잘 댈 수 있는 검사 출신이라는 겁니다.

지금 대한민국에는 두 종류의 국민이 있으니, 검사와 검사 아닌
자로다.

●

## 법치주의

| 2023년 5월 29일 |

헌법학의 원로인 허영 경희대 법학전문대학원 석좌교수는 "법률
로 규정하면 뭐든지 가능하다는 '법에 의한 지배rule by law'는 진정한
법치주의가 아니다. 인간의 천부적인 자유와 권리를 보장하는 '법
의 지배rule of law가 더 절실하다"고 천명했습니다.

일제 강점기나 군사 정권 시기에는 고문, 폭력과 법에 의한 통치
가 모두 사용되었습니다. 이 시기를 '법에 의한 지배'로 파악할 수 있
을지는 몰라도 '법의 지배'라고 부를 수 없는 이유입니다.

'법치주의는 법에 의한rule by law 통치를 의미하는 개념으로서
오늘날 법치주의는 단순히 국가가 법률의 구속을 받는 것을 넘
어 (하략)'

한동훈 법무부장관과 검찰이 검찰의 수사·기소권 조정 법률에
대해 헌법재판소에 권한쟁의심판을 청구하면서 제출한 서면에 등

장하는 문구입니다. 법치주의를 '법에 의한 통치'라고 못 박아 놓았습니다. 법이 권력을 제어하는 것이 아니라 권력이 법을 가지고 놀며 국민 위에 군림하는 체제가 바로 '법에 의한 통치'입니다.

허영 교수는 소위 '개혁 정부'에 매우 비판적이고 보수적인 헌법학자로 분류되는 분입니다. 이분조차 '법에 의한 통치'는 법치주의가 아니라는데, 한동훈 장관의 법무부와 대한민국 검찰은 대체 어디서 법을 배우셨길래 법치주의를 '법에 의한 통치'라고 주장하는가.

무지하고 용감한 자들이 만드는 거대한 퇴행, 끔찍하다.

●

## 준법주의와 법치주의

| 2023년 6월 16일 |

올해 대통령 신년사에서 노동 개혁의 출발점은 '노사 법치주의'라고 했습니다. 이것이야말로 불필요한 쟁의와 갈등을 예방하고 진정으로 노동의 가치를 존중할 수 있는 길이라고 말이죠. 집회·시위의 자유를 보장하는 것이 타인의 자유와 기본권을 침해하거나 공공질서를 무너뜨리는 행위까지 정당화된다는 의미는 아니라는 말도 했습니다.

그러나 이것은 법치주의와는 관련이 없습니다. 굳이 말하자면 "법을 잘 지켜야 한다"는 말일 뿐이지요. 그럼에도 굳이 법치주의라는, 거대하고 아름다운 단어를 호출하는 연유는 무엇일까요? 법치주의가 무엇인지 제대로 몰라서 그럴 수도 있지만 그 보다는 집회와 시위에 대한 강경 일변도 대응을 정당화하고 독려하기 위해, 우리에게 익숙해 거부할 수 없는 원리인 법치주의로 포장한 것은 아닐까요? 그런 것이라면 국민의 기본권이 침해될 위험이 현실화되고 삶의 전면에 등장한 셈입니다.

불법에 대해서는 엄정한 법 집행이 필요합니다. 그러나 그 엄정하다는 것이 캡사이신을 뿌려 대고, 안전 난간도 없는 고공高空의 좁다란 발판에 서 있는 사람을 피가 나도록 몽둥이로 때리는 것을 의미하지는 않습니다.

대통령이나 경찰청장이 맞지도 않는 '법치주의'라는 용어로 현장의 경찰관과 국민을 잘못된 인식으로 빠뜨려서는 아니 됩니다. 권력자들이 이런 식으로 법치주의를 참칭해 경찰관의 눈을 가리고 강경 대응만을 부추기면 경찰관도 사람인지라 사고가 나기 마련입니다. 그리고 이것은 역사적 퇴행이며, 문명의 퇴화입니다.

암울한 시대로 복귀하는 수단으로 '법치주의'를 악용하지 말아야 합니다. 법치주의는 근본적으로 시위 노동자나 국민에 대한 규범이 아니라 역사 발전을 거스르는 '퇴행'이 벌어지지 않도록 대통령과 같은 권력자의 권한 남용을 통제하는 원리이기 때문입니다.

6월 12일 자 《대전일보》에 실린,

구창모 대전지방법원 부장판사님의 오늘이었습니다.

(위의 글은 2023년 6월 12일, 《대전일보》에 게재된 칼럼 〈원래, 법치주의는 '권력'을 '통제'하는 원리이다〉를 요약한 것입니다.)

●

## 사법 세탁

| 2023년 6월 21일 |

소송은 대립하는 두 당사자가 맞서 싸우는 법정 투쟁입니다. 혼자 싸우는 일, 같은 회사의 지점과 지점이 싸우는 일은 '당사자 대립주의'라는 소송의 기본 구조, 기본 이념에 따라 허용되지 않습니다.

윤석열 검찰총장이 추미애 법무부장관을 상대로 낸 징계 처분 취소 소송. 1심 법원은 윤석열 총장이 한동훈 검사의 소위 '채널A 검언 유착 사건'에 대한 감찰 방해, 수사 방해 징계 사유가 인정되고, 이는 면직에 이를 만한 잘못이라고 판결했습니다. 법무부장관 승. 이 판결로 윤 대통령이 검찰총장직을 버리고 정치를 시작한 명분은 사라지거나 취약해졌습니다.

정권이 바뀌고 한동훈 법무부장관이 취임했습니다. 한 장관은 1심에서 승소한 변호사를 모두 갈아 치웁니다. 한 장관이 새로 선임한 변호사들은 법원의 명령도 어겨 가며 재판을 지연시킵니다. 어렵게 어제 열린 2심 변론 기일. 윤석열 원고의 변호사는 70분간 꼼꼼하고 치열하게 증인 신문을 합니다. 피고 법무부장관 변호사의 증인

신문은 단 7분, 의도적 해태입니다. 심지어 원고 윤석열의 변호사는 "(피고 측 변호인단은) 원심 판단이 맞다며 (원고 측 주장에) 하나하나 반박했다"고 법정 투쟁의 상대방인 법무부 측 변호사를 응원합니다. '당사자 대립주의'라는 소송의 기본 구조를 한 장관은 무용지물, 엉망진창으로 만들어 버린 것입니다.

두 가지 길이 있습니다. 한 장관이 법률상의 직무에 따라 제대로 소송을 하거나, 윤석열 대통령이 검찰총장직을 중도 사임함으로써 실익이 없어진 이 소송을 스스로 취하하는 것입니다. 그러나 원고 윤석열, 피고 한동훈 두 사람은 이 소송을 계속할 겁니다. 피고 한 장관은 패소를 위해 최선을 다할 겁니다. 왜? 윤석열 검찰총장 징계 사유를 없애 드려야 하니까요. 법원을 이용한 책임 세탁, 사법 세탁입니다.

법치주의의 상징 대통령과 법무부장관이 손을 맞잡고 사법 세탁에 진심인 나라, 대한민국의 오늘이었습니다.

●

## 검사동일체의 원칙: 김웅 의원의 경우

| 2023년 7월 11일 |

"내 목소리는 맞는데 내용은 기억에 없다."

어제 서울중앙지법에서 열린 손준성 검사의 공무상 비밀 누설 등 혐의 공판, 세칭 '고발 사주' 사건 증인으로 출석한 국민의힘 김웅 의원이 본인 음성 녹음 파일을 들은 후에 한 말입니다. 김웅 의원은 '고발장 초안을 저희가 만들어 보내 드리겠다'는 본인 음성을 듣고서도 '저희'가 손준성 검사와 본인인지 기억나지 않는다고 증언했습니다. 오히려 "그럴 가능성이 상당히 낮다"고 주장합니다. 텔레그램에 '손준성 보냄'이라고 쓰인 고발장 파일이 존재함에도 누구에게 고발장을 전달받았는지 기억나지 않는다고 증언합니다.

재판부도 답답했는지 "사건 당일 중인에게 기사와 페이스북 자료, 제보자 지 모 씨 관련 판결문, 고발장 초안 등 총 3회에 걸쳐 자료가 전달됐는데 다른 제보보다 기억에 남아야 하는 것 아니냐"고 재차 추궁했지만 역시나 답변은 '기억나지 않는다'였습니다. 위증죄를 피하기 위한 법 기술자의 답변 방식입니다.

윤석열 대통령의 당대표 경선 개입을 비판하고 장예찬 최고위원으로부터 차라리 탈당하고 민주당에 가라는 질타를 듣는, 나름 소신파 김웅 의원. 하지만 검찰 방탄에는 당정대-김웅 의원 일체로 물샐 틈이 없습니다.

풍자 가라사대, 당보다 정치보다 센 놈, 아주아주 센 놈이 있으니 바로 검사동일체의 원칙이니라. 천상천하 검사독존의 시대, 이보다 더 중한 원칙이 어찌 있을 수 있겠는가.

화무십일홍, 권불십년.

# 법조 카르텔: 권영준 대법관 후보의 경우

| 2023년 7월 19일 |

"1심 법원의 판단은 받아들일 수 없다." 2심 변호사의 준비 서면인 줄 알았는데, 아니었습니다. 권영준 대법관 후보가 서울대 교수에 재직하면서 법원에 제출한 '법률 의견서' 일부입니다.

1심에서 패한 대한민국 5대 로펌 '율촌'은 2심 승소를 위해 고심합니다. 이때 권 후보가 등장합니다. 판사 출신 서울대 교수라는 광휘를 두른 권 후보는 '의견서'라는 외관을 갖추었으되 '율촌' 고객님의 입장을 일방적으로 두둔하는 사실상의 변호사 준비 서면을 법원에 제출했습니다.

그런데 이건 빙산의 일각입니다. 그는 지난 5년간 김앤장 등 대형 로펌 7곳에 63건의 '의견서'를 써 주고 18억 1563만 원을 받았습니다. 청문회에 선 권 후보는 '비밀 유지 약정'을 내세워 다른 의견서를 제출하지 않는 등 국회 검증을 사실상 거부했습니다.

자료를 제출하지 않는 대신 권 후보는 대법관이 되면 2년간 스스로 관련 사건을 회피하겠답니다. 권 후보님, 그럼 자진 회피 기간 2년 뒤 남은 임기 4년은 대형 로펌 사건들도 그냥 다 맡겠다는 거죠? 로펌을 통해 법원에 제출한 의견서, 대법원장에게도 보여 줄 수 없다고 하셨죠? 그럼 누가 무슨 방법으로 권 대법관이 맡은 사건이 대형 로펌의 이해관계가 있는 사건인지 검증할 수 있나요? 불초 국민들은 그저 권 대법관님의 양심을 믿을 의무만 있다는 건가요? 로펌 대표 선수가 심판으로 뛰겠다는 격입니다. 법률 지식 이전에 법률가로서의 양심이 먼저 아닌가요?

국가공무원법, 변호사법 위반 소지, 대형 로펌의 이해는 대변했지만 소수자, 약자는 대변하지 않았다는 송승용 판사 등 법원 내부 비판에도 불구하고 국회는 찬성 215명으로 임명 동의안을 가결했습니다.

여당은 그렇다 칩시다. 최상위 '후관 예우 법조 카르텔'에 찬성표를 던진 민주당은 뭔가요? 사법 개혁, 검찰 개혁을 입에 올릴 자격이 없다.

●

# 법대 79

| 2023년 7월 26일 |

어제 35년 만에 외부 출신으로 중앙선거관리위원회 사무총장에 임명된 사람은 김용빈 변호사, 그는 내년 총선을 실무 총괄합니다.

어제 대한민국 정부 수립 이후 처음으로 장관에 대한 탄핵 심판을 기각한 헌법재판소 주심은 이종석 재판관.

원래 5인 체제인 방송통신위원회는 현재 3인 체제입니다. 8월 23일 임기가 끝나는 김효재, 김현 두 사람과 올해 윤 대통령이 임명한 이상인 변호사. 이상인 변호사는 윤 대통령 임기 내내 방통위원으로 일합니다.

국회가 지난 3월 의결한 최민희 방통위원 추천자의 자격을 4개월 넘게 해석하고 있는 법제처장은 이완규 변호사. 그는 윤 대통령의 검찰총장 시절 징계 사건, 장모 최은순 씨 형사 사건의 법률 대리인이었습니다.

이 정권 들어 말도 많고 탈도 많은 감사원은 감사원장을 포함한 7인의 감사위원으로 구성되는 감사위원회가 최고 의사 결정 기구입니다. 2022년, 윤석열 당선인 시절 문재인 대통령이 당선인과 협의하여 임명한 감사위원은 이미현 변호사.

2022년, 윤 대통령이 임명한 민주평화통일자문회의 사무총장은 석동현 변호사. 그는 윤 대통령의 강제 징용 제3자 배상안에 대해 "식민 지배받은 나라 중에 지금도 사죄나 배상하라고 악쓰는 나라가 한국 말고 어디 있나"라는 친일 발언으로 구설에 올랐습니다.

이들의 공통점은? 서울대 법대 79학번, 대통령의 대학 동기.

대한민국 공직은 동기회 기념품인가. 사사롭다.

●

## 침이라도 바르시라

| 2023년 9월 5일 |

2023년 9월 4일, 손 검사는 무척 바빴습니다. 재판이 있는 날이기 때문입니다.

피고인과 공범 혐의를 받던 김 씨가 기소되지 않았기에 피고인의 유죄 입증은 쉽지 않습니다. 피고인은 수사 단계에서는 입원하여 수사를 어렵게 하더니 불리한 진술이나 증거가 나오면 모르쇠로 일관했던 낯 두껍고 용의주도한 인물입니다.

하지만 재판은 역시 해 봐야 아는 법. 피고인이 자신에게 유리한 증언을 해 줄 거라고 기대했던, 디지털 포렌식 분석 업무 경력이 있는 전문가는 증거가 위조 또는 변조되었을 가능성이 있다고 증언하거나, 상사가 자신이 하지도 않은 말을 기재한 문서를 작성했다고 피고인에게 불리한 증언을 했습니다. 공범으로 지목됐던 김 씨도 법정에서 피고인의 범죄 행위 가능성을 온전히 부인하지 못했습니다. 재판은 피고인에게 유리하지만은 않았습니다.

무거운 걸음으로 법정을 나서던 피고인에게 희소식이 전해졌습니다. 승진했다는 겁니다. 누가 뭐라든 우직하게 사람에게 충성하면 보상을 받는다는 이 세계의 의리는 변치 않았습니다.

피고인 손준성. 이제는 차관급 대구고검 차장검사님. 검찰의 '별', 검사장으로 승진하신 손준성 검사장님. 총장님께 충성한 검사들은 이번에도 상을 받았고, 그분을 의심하거나 반기를 들었던 검사들은 모두 변방으로 밀려나거나 옷을 벗었습니다.

한동훈 장관은 이성윤 검사장 등을 변방으로 밀어내면서 "감찰이나 수사를 받는 상태가 지속되는 고위급 검사 수가 늘고 있다. 그런 분들을 수사·재판하는 곳에 장기간 두는 것은 문제가 있다"는 이유를 들었습니다. 그럼 손준성은요?

입술에 침이라도 바르시라.

●

# 햄버거와 공기 청정기

| 2023년 9월 15일 |

《뉴스타파》와 시민 단체 '세금도둑잡아라' 등의 검찰 상대 정보 공개청구에 대해 대법원은 업무 추진비의 경우 개인 식별 정보를 제외한 나머지 부분을 공개하라고 판결했습니다. 개인 식별 정보는 주민 번호와 이름 등 개인의 신원 노출로 연결되는 정보를 뜻합니다. 검찰은 신용 카드 결제 시간, 가게 이름, 구매 내역을 모두 삭제하고 공개했습니다.

8월 21일, 법사위에서 대법관 중 한 사람인 김상환 법원행정처장은 결제 시간이 개인 식별 정보냐는 박주민 의원의 질문에 '시간으로 뭐 어떻게 개인을 식별하겠습니까'라고 답했습니다. 그런데 같은 날, 같은 법사위 회의장에서 한동훈 장관은 '정확한 그 기준에 맞춰서 공개하는 겁니다'라고 답합니다. 거짓말입니다.

특수 활동비, 주로 기밀 유지가 요구되는 정보 수집, 수사, 안보에 관련되거나 이에 준하는 국정 활동에 소요되는 경비입니다. 검찰은 "특수 활동비 예산 자료가 공개되면 기밀을 요하는 수사에 현저한 지장을 초래한다"며 공개를 거부해 왔습니다. 하지만 대법원은 특활비 역시 집행 내용과 수령인 이름만 제외하고 증빙 서류를 모두 공개하라고 판결했습니다.

검찰은 이 또한 따르지 않았습니다. 검찰총장이 단번에 1억 5000만 원을 썼지만 검찰은 액수만 적힌 영수증만 한 장 달랑 제출했습니다. 벅벅 지우다 꼬리가 밟힌 특활비 영수증은 더 가관입니다. 2017년 12월 7일 롯데리아 1만 2100원, 2020년 6월부터 이듬해 1월까지 공기 청정기 렌털 비용 55만 8400원, 2022년 3월 간부 전출 기념사진 촬영 비용 10만 원.

한동훈 장관님, 신용 카드 결제 시간은 개인 식별 정보고, 햄버거와 공기 청정기는 수사 기밀인가요? 나는 국회에서 거짓말해도 처벌받을 일 없으니 그냥 막 질러도 된다는 심보인가요?

오만하고 뻔뻔하다.

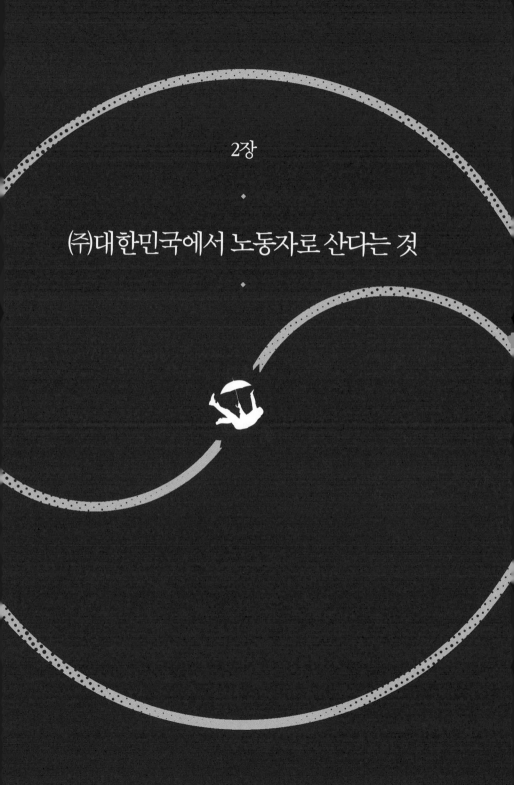

2장

·

㈜대한민국에서 노동자로 산다는 것

·

# 존엄한 인간으로 산다는 것

●

박근혜 대통령 탄핵 촛불 집회가 한창이던 2016년 12월 24일 크리스마스이브. 창원 촛불 집회 자유 발언 연단에 한 청년이 올라왔습니다. 자신을 스무 살에 취직해서 4년째 최저 임금을 받는 전기공이라고 소개한 청년은 궁금해서 촛불 집회에 나왔다고 합니다.

"박근혜 대통령이 퇴진하면 제 생활은 좀 나아지나요?"

박근혜 대통령이 탄핵되고 촛불 정부를 자임한 문재인 대통령이 취임했습니다. 그리고 5년 뒤 '반炭카르텔 정권' 윤석열 정부가 들어섰습니다. 청년의 생활은 좀 나아졌을까요?

2024년 최저 임금은 9860원. 주 40시간 노동에 주휴 수당을 더한 월 환산액은 206만 원입니다. 한국노총의 '2023년 단신 가구 표준 생계비' 260만 원, 최저 임금 심의 기초 자료에 나온 '2022년 비혼 단신 실태 생계비' 평균 241만 원보다 훨씬 적습니다. 2022년 전체 소비자 물가 상승률은 5.1%, 교통비는 9.7%, 음식 및 숙박비는 7.6%, 식료품은 5.9%, 주거 및 광열비는 5.5% 상승했습니다. 2023년도 소비자 물가는 2022년보다 더 많이 올랐을 것으로 예상됩니다. 이런 상황에서 월 5만 원 인상으로 노동자 가구의 생활 안정을 기한다는 최저 임금 제도의 취지는 달성될 수 없습니다. 그해 겨울 광장의 촛불은 뜨겁고 아름다웠지만, 창원 청년 노동자의 삶은 여전히 불면 꺼질 듯 위태롭게 흔들리고 있습니다.

이미 꺼져 버린 생명도 있습니다.

2016년 5월 구의역, 열아홉 살 김 군이 스크린 도어를 수리하다 사망했습니다.

2018년 12월 태안화력발전소, 스물네 살 김용균이 컨베이어 벨트에 끼여 사망했습니다.

2020년 10월 쿠팡 칠곡물류센터, 스물일곱 살 장덕준은 과로로 사망했습니다.

2021년 4월 평택항, 스물세 살 이선호가 컨테이너에 깔려 사망했습니다.

2022년 10월 평택 제빵 공장, 스물세 살 박 모는 교반기에 끼여 사망했습니다.

2023년 6월 코스트코 하남점, 스물아홉 살 김동호가 더위에 사망했습니다.

2022년 산재 보험이 인정한 산재 사고 사망자는 874명. 322명이 떨어져서, 92명이 부딪쳐서, 90명이 끼여서, 57명이 물체에 맞아서 죽었습니다. 하지만 2022년 12월 9일, 윤석열 대통령은 경제계 인사들을 만나 중대재해처벌법이 "결함이 많다. 기업이 최대한 피해 입지 않도록 하겠다"고 말했습니다. 지금 ㈜대한민국에서 노동자로 산다는 것은 바짝 말라 바스락거리는 인화성 물질을 부여안고 제발 나만 아니기를 바라며 조심조심 발걸음을 옮기는 일이 되어 버렸습니다.

하지만 사람은 누구나 일하다 죽지 않고, 인간으로서의 최소한의 존엄을 지키며 살 수 있어야 합니다. 근대 국가에서 이러한 삶은 결국 좋은 법과 제도가 뒷받침해야 가능합니다. 좋은 법과 제도는 좋은 정치를 통해 가능하며, 좋은 정치는 좋은 정당과 시민들의 조직된 힘이 있어야 가능합니다. 가장 크고 든든한 노동자의 조직된 힘은 노동조합입니다.

오바마 전 미국 대통령은 2015년 미국 노동절날, 보스턴 노동조합협의회에 참석해 "내가 여러 나라를 다녀 보니 노조가 없거나 금지한 나라도 많다. 그런 곳에서 가혹한 착취가 일어나고, 노동자들은 늘 산재를 입고 보호받지 못한다. 노조 운동이 없기 때문"라고 연설했습니다. 조 바이든 미국 대통령은 2023년 9월, 현직 대통령으로는 처음으로 파업 중인 전미자동차노조UAW의 시위에 참여했습니다.

오바마 대통령은 또 이렇게 연설했습니다.

"내 가족의 생계를 보장할 좋은 직업을 원하는가? 누군가 내 뒤를 든든하게 봐주기를 바라는가? 나라면 노조에 가입하겠다."

대통령이 바뀌면 내 생활이 나아지느냐고 묻던 창원의 그 청년 노동자에게 저 또한 같은 말을 전합니다. 노조에 가입하십시오. 마음에 드는 정당의 당원이 되십시오. 좋은 정치를 만드는 좋은 정당과 노동조합이야말로 ㈜대한민국에서 노동자가 존엄한 인간으로 살기 위해 필요한 2개의 기둥이니까요.

# 노동 시장 개혁 상황실

| 2022년 3월 18일 |

　노동 시장 개혁 상황실. 박근혜 정권 시절인 2015년 8월, 형식상 고용부차관 직속 기구지만 실제는 김현숙 청와대 고용복지수석비서관의 지휘 아래 2016년까지 가동된 노동 개혁 홍보 비선 조직입니다.

　노동부가 2018년 조사한 결과에 따르면 김현숙 수석의 상황실은 2015년 세대 간 상생 고용 지원사업 집행액 18억 700만 원 가운데 13억 원을 노동 개혁 홍보 예산으로 전용하거나, 정부의 TV 광고에 대한 법령을 위반한 채 수의 계약을 통해 광고를 선집행했습니다. 불법적인 예산 전용입니다.

　김현숙 수석은 청와대 노동 시장 개혁 TF 회의에서 야당 정책 비판과 노동 단체 압박을 위해 보수 청년 단체의 기자 회견 등을 지시한 사실을 확인했습니다. 직권 남용과 국가공무원법 위반에 해당합니다.

김현숙 수석이 지휘하는 상황실은 당시 야당을 지지·반대하려는 목적으로 야당 정치인에 대한 대응 방안을 기획했고, 이병기 당시 대통령 비서실장은 한국노총을 노사정위에 복귀시키기 위해 법으로 정해진 한국노총에 대한 국고 보조금 지급을 중단했습니다.

그런데 그가 돌아왔습니다. 김현숙 전 청와대 고용노동수석이 윤석열 당선자 정책특보로 돌아온 것입니다. 정치권에서는 김 전 수석이 대통령실이나 내각에 기용될 가능성이 큰 것으로 보고 있습니다. 최저 임금 이하를 받고도 일할 수 있게 하고, 주 52시간 노동 시간은 유연화하며 강성 노조를 '개혁'하겠다는 윤 당선자의 철학을 관철하기 위해, 비선 조직 운영을 불사하며 물불 가리지 않는 추진력을 보여 준 김 전 수석을 기용한 것으로 보입니다. 박근혜 정권 시절의 실패를 반복하지 않기 위한 김현숙 전 수석의 절치부심도 대단할 겁니다. Winter is Coming!

●

## 현대산업개발

| 2022년 3월 31일 |

2022년 1/4분기 7000억 원의 수주 실적을 올린 건설회사가 있습

니다. 이 회사는 얼마 전 안양에서 재개발 사업비 2조 원을 만들어 이주비 등으로 지급하겠다, 조합원들에게는 가구당 7000만 원의 현금을 주겠다는 등 파격적 제안으로 공사를 따냈습니다. 서울시 노원구 월계에서도 법적 담보 책임 기간 10년을 30년으로 대폭 늘리는 파격 조건을 내걸어 공사를 따냈습니다.

이 회사는 지난해 광주 학동에서 철거하던 건물이 무너지며 버스를 덮쳐 사망자 9명 포함, 17명의 사상자를 발생시킨 회사, 지난 1월 7일 광주화정아이파크 건물 붕괴 사고로 7명의 사상자를 발생시킨 바로 그 회사, HDC현대산업개발입니다.

반성하고 변화하겠다고 약속했습니다. 거짓말입니다. 광주 학동 붕괴 사고 책임을 물어 내려진 8개월의 영업 정지 처분, 화정아이파크 붕괴 사고 책임을 물어 내려질 등록 취소 또는 영업 정지 1년의 처분. 현대산업개발은 영업 정지 기간 동안에도 이미 수주한 공사는 진행할 수 있다는 법의 허점을 노렸습니다. 영업 정지 전에 공사를 왕창 따자. 영업 시간을 벌기 위해 가처분 신청, 행정 소송도 제기하자. 사회적 시선보다 중요한 것은 영업이고 돈이다! 욕먹는 건 잠깐이고 돈은 길다!

사고 책임을 지고 사퇴한 정몽규 회장은 올해 현대산업개발 최대 주주로 50억 원의 배당금과 68억 원으로 추산되는 퇴직금을 받았습니다.

이래도 되는 건가. 정말 이래도 되는 건가. 돌아가신 분들만 억울하고 억울하다.

# 임종린, 인간에 대한 예의

| 2022년 4월 26일 |

2017년, 제빵사 임종린은 일한 만큼 월급이 나오지 않는 것이 이상했습니다. 알아보니 파견 노동자라서 그렇다고 합니다. 파리바게뜨 유니폼을 입고 파리바게뜨 매장에서 빵을 굽는데 파리바게뜨 직원이 아니라는 겁니다. 옆 매장 제빵사들과 연락을 해서 노조를 만들고 난생 처음 투쟁이라는 걸 시작했습니다. 콧방귀도 뀌지 않던 SPC그룹 파리바게뜨 사측은 여론이 노동자 쪽으로 돌아서자 2018년 '사회적 합의'를 했습니다.

하지만 자회사가 고용하되 본사 노동자와 임금을 맞추고 본사와 대화 통로를 만들기로 했던 약속은 지켜지지 않았습니다. 저임금, 적정 휴무 보장, 모성권 보호 문제 해결도 아직입니다. 이 두 가지 문제 해결을 위해 노조가 투쟁하자 회사는 조합원들을 진급으로 회유하고 육아 휴직자들에게 조합원이면 복직이 힘들다고 하면서 조직적으로 조합원 탈퇴 작업을 진행합니다. 명백한 부당 노동 행위입니다. 사측 9명은 노동법 위반 혐의로 검찰에 송치되었습니다.

"점심시간 1시간은 밥을 먹어야 하고, 임신하면 보호받아야 하고, 아프면 휴가를 쓸 수 있어야 하고, 한 달에 6일 이상은 쉬어야 하고, 특정 노조에 가입했다고 괴롭힘을 당하지 않아야 하고, 약속은 지켜야 한다."

빵 굽던 임종린은 지금 31일째 단식 농성 중입니다.

파리바게뜨 본사 상무가 단식 13일 차에 다녀갔습니다. 속마음을 알려 달라고 했답니다. 임종린 당신에게만 당근을 주겠다는 제안입니다. 비타500을 선물이라고 내밀었다고 합니다, 단식하는 사람에게. 단식 농성에 대한 조롱, 노조위원장 임종린에 대한 능욕입니다. 예의와는 담을 쌓은 짓들입니다.

지난 20일 '한-프랑스 상공회의소 비즈니스 어워즈'에서 최우수 프랑스 진출 기업상을 수상한 대단한 SPC그룹 허인영 회장님, 본인의 약속은 깨뜨리고, 인간에 대한 예의 따위는 가볍게 무시한 채로 진출하신 자유·평등·박애의 땅 프랑스는 잘 돌아가고 있던가요?

신장식의 질문이었습니다.

●

## 화물연대
| 2022년 6월 6일 |

화물연대가 6월 7일 0시 파업을 예고했습니다.

"법을 위반하고 무시하는 행위에 대해서는 법에 따라 철저하게 엄단한다는 원칙에 따르겠다." 한덕수 국무총리가 한 말입니다. 국토부는 "불법 행위는 무관용 원칙에 따라 끝까지 민·형사상 책임을 묻겠다. 업무 개시 명령에 불응하는 경우 화물 운송 종사 자격을 취소하는 등 강력히 대응할 계획"이라고 밝혔습니다.

묻습니다. 정부는 자신의 의무를 다하고 저런 서슬 퍼런 말들을 쏟아 내고 있나요? 화물연대의 핵심 요구 사항은 올해로 일몰되는 안전운임제의 연장과 확대입니다. 안전운임제는 일종의 최저 임금으로 화물 노동자들이 최소한의 운임 이상을 받을 수 있도록 국토 교통부가 공표하는 운임입니다. 화주가 안전 운임보다 낮은 운임을 지급하는 경우 과태료가 부과됩니다. 이것을 연장해 달라, 그리고 6.2%에 그치고 있는 안전운임제 대상을 확대해 달라, 이게 화물연대의 요구입니다. 정부가 정책으로, 국회가 정치와 입법으로 해결해야 할 문제입니다.

아이가 울면 기저귀를 갈아 달라는 것인지 배가 고프다는 것인지 살피고 대책을 세우는 게 우선입니다. 우는 아이에게 '뚝! 혼날래, 정말? 난 진짜 때린다는 거 알지!'라면서 경찰봉 들고 을러메는 게 정부의 우선순위가 아니라는 말씀입니다.

도대체 기본이 안 되어 있다.

●

# 무엇을 배워야 하는가
| 2022년 7월 5일 |

연세대학교 재학생 3명이 교내 집회 중인 청소 노동자들을 업무 방해로 형사 고소했습니다. 등록금, 정신과 진료비, '미래에 겪을 정신적 트라우마'까지 고려한 정신적 손해 배상액 638만 6000원을 지

급하라는 민사 소송도 냈습니다.

이들은 "학생들이 낸 등록금으로 먹고사는 청소 노동자들의 교내 시위로 1~2개월간 학습권을 침해받았고 이로 인해 스트레스를 받았다. 교수님 말씀이 안 들릴 정도의 소음이었고 이렇게 시위하는 것도 학생들을 대상으로 한 폭력이라고 본다"고 말했습니다.

서기환 연세대 총무팀장은 "청소·경비 근로자들 처우는 그들을 고용한 회사와 논의해야 하고, 학교는 원청이라 법적으로 할 수 있는 일이 없다"고 말합니다. 원청업체의 무책임한 발 빼기 기술입니다.

그런데 농성 중인 청소 노동자 김현옥 씨는 "고소한 학생을 욕하지 말라"고 부탁합니다. "을하고 을이 싸우면 뭐가 되나. 학교가 처우 개선 요구를 묵살하는 게 문제의 본질"이라고 말합니다. 그리고 "우리는 똑같은 학교에서 일하니까 같은 학교의 구성원이라고 생각하고 있다. 어떤 이들은 우리를 구성원이 아니라 '청소하는 아줌마들'이라고 생각하고 있는지도 모르겠지만, 우리가 무엇을 요구하는지 잘 살펴봐 달라"고 말합니다.

저도 학생들에 대해 이야기하지 않기로 합니다. 대신 질문을 던집니다. 우리 학생들이 대학에서 배워야 할 것은 무엇인가.

대학 측의 발 빼기 기술과 무책임한 방관인가, 아니면 자신을 고소한 학생들에 대해서도 '같은 학교 구성원인 학생들을 비난하지 말라'고 이야기하는 '청소하는 아줌마들'의 마음일까.

# 《조선일보》와 임금 인플레이션론

| 2022년 7월 6일 |

《조선일보》는 지난 6월 초, '지금의 임금 인상이 물가 상승을 불러오고 그로 인해 실질 임금이 하락했다. 이 때문에 임금 상승 압박이 높아지고 이는 다시 물가 상승으로 이어지는 임금 인플레이션 악순환을 일으킬 가능성이 있다. 또 대기업의 임금 인상은 추가로 고용할 여력을 줄인다'는 취지의 사설을 내놓았습니다. 추경호 경제부총리가 경총 등 기업주 단체들을 만나 임금 인상 억제론을 설파한 것과 발을 맞춘 사설입니다.

《조선일보》 노조는 6월 23일 자 보도를 통해, 《중앙일보》《동아일보》가 최근 10년 내 최대 폭의 임금 인상을 결정한 것은 최악의 물가 상승 때문에 폭락한 실질 임금을 보전해 주려는 측면이 크다면서, 임금 인상이 인플레이션을 자극한다는 지적도 있지만 '그럼 월급쟁이들만 고스란히 물가 고통을 떠안으라는 것이냐'는 입장을 발표했습니다. 임금 인플레이션론은 월급쟁이 고통 전담론이라는 것입니다. '노조는 그래도 좀 다르구나'라고 생각했습니다.

그런데 노조의 비판 이후에도 《조선일보》 기자들은 임금 인상 인플레이션론을 충실히 반영하는 기사들을 양산해 내고 있습니다. 노조는 자신의 월급쟁이 고통 전담론을 철회한 것일까요? 아직 그런 소식은 들리지 않습니다.

결과적으로 《조선일보》 기자들의 주장은 이런 겁니다. 임금 인상은 물가 인상의 주범이니 인상을 자제해야 한다, 《조선일보》 기자들 임금 인상만 빼고.

'내로남불'은 이럴 때 쓰라고 있는 말이다.

●

## 대우조선해양
| 2022년 7월 20일 |

〈대우조선 파업으로 1조 손실 끼쳐 놓고… '손배소 내지 말라'는 노조〉

7월 19일 자 《한국경제》 기사 제목입니다. 벌써 손실이 1조 원라고요? 경영진들은 전부 바보들입니까? 대우조선 하청 노동자들의 요구는 2014년 조선업 불황을 이유로 30% 넘게 삭감되었던 임금의 원상회복입니다. 2014년, 15년 차 노동자 기준 연봉은 4974만 원. 2022년, 20년 차 노동자의 평균 연봉은 3400만 원. 30%가 원상회복된다고 해도 4300만 원 선입니다. 인상 요구 폭은 연간 900만 원. 1조 원이면 노동자 1000명에게 추가로 1000만 원씩 100년 동안 줄 수 있습니다. 노동자들이 요구하는 추가 연봉 900만 원이 아니라 9000만 원씩이라도 손에 쥐어 주고 파업을 끝내는 것이 경영상 합리적인 것 아닌가요?

그런데 경영진은 왜 이렇게 노조를 공격하는 걸까요? 특수선과 일반 상선을 분할 매각하기 위해 선제적으로 노조를 무력화하려는 것 아니냐는 분석, 나아졌다고는 하지만 상대적으로 다른 조선업체들에 비해서 수주량이 적고, 선박 건조 비용이 추가로 필요한 경영진이 자신의 경영 부실 책임을 노조에게 떠넘기려는 의도라는 분석도 있습니다. 가장 약한 사람들을 희생양으로 삼겠다는 겁니다. 비겁합니다.

'국민 여러분 미안합니다. 지금처럼 살 수는 없지 않습니까?'

0.3평짜리 케이지에 스스로를 가둔 유최안 노조 부지회장의 외침, 책임 떠넘기기에만 급급한 경영진, 노사 협상 개시 닷새 만에 '기다릴 만큼 기다렸다'며 경찰 투입을 암시하는 대통령까지, 장맛비보다 더 습하고 꿉꿉한 대한민국의 오늘입니다.

●

# 일할 자유
| 2022년 7월 21일 |

"노동 시간은 사용자와 근로자의 자발적 의지가 중요하다. 국가가 국민의 일할 자유, 경제적 자유를 제약해서는 안 된다. 국민이 갖고 있는 '시간의 권리'를 존중해야 한다." 권성동 국민의힘 원내대표 겸 당대표 직무대행이 오늘 원내 교섭 단체 대표 연설에서 한 말입니다.

"근로자와 기업 모두 10시간 일하고 싶은 사람은 10시간, 100시간 일하고 싶은 사람은 100시간 동안 일할 자유가 주어져야 하는데 그럴 자유를 빼앗는 것에 강력히 반대한다." 민경욱 전 자유한국당 의원이 2019년에 한 말입니다.

"주 52시간을 지키지 않으면 처벌하겠다는 것인데 그런 나라는 세계적으로 없다. 젊은 사람들은 애들 키우고 돈 쓸 데 많으니 일을 더 해야 하는데 그걸 막아 버린 것이다." 황교안 씨가 자유한국당 대표 시절에 한 말입니다.

주 52시간제를 반대하며 한 세 사람의 말에 공통적으로 등장하는 단어, '일할 자유'.

19세기 초반 영국에서 아동 노동을 금지하는 법안이 발의되었을 때 사업주들과 일부 정치인들도 일할 자유를 침해하여 나라를 망하게 할 것이라며 길길이 뛰었습니다.

역사적으로, 일할 자유라는 말이 일을 더 시킬 자유, 착취할 자유의 다른 표현일 뿐이라는 사실을 정말 모르고 계시는가. 우리는 지금 어느 시대에 살고 있는가.

●

## 노란봉투법
| 2022년 7월 26일 |

오늘 대우조선해양 경영진이 사과문을 발표했습니다. 경영진의 책임을 언급했지만 노동자들에게 손해 배상 소송을 강행하겠다는 뜻을 굽히지 않았습니다. 사측이 주장하는 손해액은 물경

8165억 원.

대우조선해양 노사가 파업 51일 만에 합의한 직후 정부의 일성은 '법과 원칙'이었습니다. 대통령실은 "정부가 관여할 일은 아니"라면서도 "회사가 막대한 피해를 봤다"며 사실상 손해 배상 소송을 언급했습니다. 실제 노동자들이 손해를 배상해야 한다는 판결이 나오려면 노조가 파업 과정에 불법 행위를 했다는 점, 손해와 노동자의 불법 행위 사이에 상당한 정도의 인과 관계가 있다는 점이 인정되어야 합니다. 그래서 쉽지 않습니다. 인정되는 경우에도 그 액수는 점점 적어지고 있습니다.

그래도 사측은 소송을 합니다. 그것도 노조가 아니라 노동자 개인에게. 소송 기간 동안 노동자들의 통장과 재산을 가압류로 묶어둘 수 있기 때문입니다. 지난 2010년 '상신브레이크' 사측은 노조 파괴로 악명 높은 '창조컨설팅'의 자문을 받아 파업에 돌입한 노조 간부들을 해고하고 이들에게 10억 원을 청구했습니다. 막상 법원이 판단한 배상액은 단 500만 원. 그러나 판결이 확정되는 4년 동안 노동자들의 재산 4억 1000만 원이 가압류됐습니다. 민사 소송으로 노동자 가족들의 삶을 인질 삼아 노조 활동을 옥죄고 헌법이 보장하는 노동3권을 사실상 박탈하는 것입니다.

프랑스는 노동자들에 대한 손해 배상 청구 자체가 금지되어 있고, 영국은 배상의 상한액을 정하고 있습니다. 우리나라에서도 노조 손해 배상을 제한하거나 금지하는 '노란봉투법'이 꾸준히 발의되고 있지만 매번 국회 문턱을 넘지 못하고 있습니다. 제21대 국회에서도 노란봉투법은 현재 계류 중입니다.

무노동, 무임금이 적용되어야 할 곳은 어디인가.

●

## 황건적 보호법
| 2022년 9월 19일 |

"'노란봉투법'은 불법 파업을 조장하는 '황건적 보호법'에 불과하다." 지난 15일 권성동 국민의힘 전 원내대표가 한 말입니다.

노란봉투법의 연원은 지난 2013년으로 거슬러 올라갑니다. 쌍용자동차와 경찰이 노동자들에게 낸 손해 배상 청구액이 약 46억 8000만 원으로 결정되자 한 어머니가 자식의 학원비를 아껴 마련한 4만 7000원이 든 봉투를 시사 주간지《시사IN》에 보냈습니다. "4만 7000원씩 10만 명이면 되더라"는 그의 제안에 '노란 봉투 캠페인'이 대대적으로 시작됐고 4만 7000여 명이 참여해 약 14억 6000만 원이 모였습니다.

이 캠페인은 파업 노동자들에 대한 손해 배상, 가압류를 제한하는 '노란봉투법' 제정 운동으로 발전했습니다. 다수의 법안이 국회에 제출되었지만 지금까지 처리되지 않다가 이번 정기 국회를 앞두고 입법 논의가 본격화되었습니다.

황건적의 난. 중국 후한 말기 환관과 외척들이 추악한 전횡과 부정부패로 나라를 혼란에 빠뜨리는 동안 농민들은 메뚜기 떼와 홍수, 가뭄으로 굶어 죽고 병들어 죽게 됩니다. 이대로는 못 살겠다며 간신 동탁과 환관, 외척들을 처단하자고 누런 띠를 두른 농민들이 봉기한 사건입니다.

노동자들이 황건적이면 본인들은 '체리따봉'에 감읍하며 황제를 주지육림에 빠뜨리고 권력의 맛에 취한 환관 십상시이거나 외척 하진을 비롯한 하태후 세력 또는 무력으로 정권을 장악한 동탁이라는 말인가. 한심하다.

●

# 1
| 2022년 10월 18일 |

둘은 공장에서 만났습니다. 여자는 스물셋, 남자는 스물넷. 직장 동료에서 연인이 된 지 10개월. 함께 야간 근무를 하던 두 사람 중 남자가 먼저 새벽 5시에 퇴근했습니다. 퇴근하면서 눈이 마주친 두 사람은 서로를 꼭 한번 안아 주었을까요. 그저 서로를 바라보며 웃기만 했을까요.

퇴근을 2시간 앞둔 여자가 남자에게 카톡을 보냅니다.

> • 졸려 죽어
> • 낼 꺼 롤치킨 대비해서 데리야끼 치킨 500개 깔 거. 후~
> • 이렇게 해도 낼 300봉은 더 까야 하는데… XX 서럽다…

남자가 답합니다.

> • 속상해
> • 한 명 붙여 달라 그래
> • 바보
> • 살살해유

> • 남은 시간 빠이팅(파이팅)하고 조시미(조심히) 퇴근해요 … 1
> • 퇴근했어? … 1
> • 무슨 일 있어? … 1

여자는 10월 15일 오전 6시 20분경 샌드위치 소스를 배합하는 기계에 끼여 숨을 거두었습니다.

사고 뒤 회사는 핏자국조차 다 지우지 못한 배합 기계를 흰 천으로 가리고 공장을 돌렸습니다. SPC 본사는 사과문보다 먼저 파리바게뜨가 영국에 진출했다는 자축 보도 자료를 냈습니다. 꼭 그래야만 했나요? 그 남자의 카톡, 이제는 지워지지 못할 숫자 1은 거기 그대로 남아 있는데.

●

# 빵 두 박스

| 2022년 10월 20일 |

　파리바게뜨 단팥빵 한 박스와 땅콩크림빵 한 박스. 2개의 빵 박스를 발견한 유족들은 피가 거꾸로 솟는 기분이었습니다. 이곳에 이 빵들이 있는 것을 납득할 수 없었습니다. 지난 15일 파리바게뜨 자회사의 반죽 기계에 끼여 숨진 스물셋 청년의 빈소였기 때문입니다. 유족들은 말합니다.

　"16일에 처음 빵을 발견하고 유족이 사 왔을 리 없어 장례식장 직원들에게 '이 빵을 누가 갖다 놓았냐'고 물었는데 '회사에서 답례품으로 주라고 갖다 놓았습니다'라는 답을 들었어요. 장례식장 직원들은 회사에서 주라고 하니까 (빈소에 오는 사람들에게) 싸서 나눠 줬다고 했습니다." SPC 측은 통상적인 경조사 지원품이라고 해명했습니다.

　지난 4월 사회적 합의 이행을 촉구하며 단식 농성을 하던 파리바게뜨 임종린 노조위원장은 이런 인터뷰를 했습니다.

　"단식 13일차였나? SPC 상무가 찾아와서 '비타500'을 마시라고 선물로 주더라고요. 그래서 '단식하는 사람한테 먹을 거 갖고 오는 게 제정신이냐, 갖고 가라' 이러니까 '이것도 물 아니냐, 비타민 먹으라고 들고 왔다'고 말하더라고요."

　빵 소스를 배합하다 숨진 사람 장례식장에 소스가 들어간 빵을 답례품으로 주고, 단식 중인 사람에게 자양강장제를 선물로 주는 SPC.

그 마음 씀씀이, 참 한결같다.

●

## 나의 반쪽이었던 딸 선빈아!

| 2023년 10월 16일 |

파리바게뜨 평택 하청 공장에서 혼합기에 끼여 숨진 스물셋 노동자 ㄱ씨. 그의 1주기인 10월 15일, 어머니는 딸 박선빈 님의 이름과 딸에게 보낸 편지를 공개했습니다.

사랑하는 나의 반쪽이었던 딸 선빈아!
딸이 우리 곁을 떠난 지 며칠 뒤면 1년이 되는구나. 평생 잊을 수도, 잊어서도 안 될 그날. 2022년 10월 15일 새벽 6시 20분. 믿기지 않는 전화를 받고 회사에 도착해 보니 허둥지둥 엄마와 동생을 현장에 데려가려 할 때 한 경찰관이 "사고 현장이 너무 참혹해서 들어가실 수 없다"는 말에 엄마는 경비실에 주저앉아 그저 울고 있을 수밖에 없었다. 바보 같이… 우겨서라도 현장엘 직접 가 보았어야 하는 건데….
그 누구도 이렇게 사고가 날 거라고는 상상도 할 수 없었지. 그냥 매스컴에서나 볼 수 있는 남의 얘기로만 생각했었는데 우리에게 현실로 다가왔다. 선빈이 너의 사고는 예견된 것이었다. 문제가 많았던 회사였다는 걸 사고가 난 후에야 알게 되었고, 이 바보 같은 엄마는 대기업이라 믿고 너의 입사에 축하까지 하는 어처구니없는 큰 착오를 저지르고 말았구나.

얼마 전 같은 사고가 같은 계열사에서 또 일어났단다. 10개월 만에. 너의 사고 당시 대국민 사과를 빌미로 안전 경영에 천억 원을 투자하겠다고 결정했던 SPC 회장, 하지만 또다시 반복되는 사고들… 엄마가 널 보내는 마지막 날 "제발 제 딸이 마지막이었음 좋겠다"라고 했건만 어떻게 늘 그때뿐인지 모르겠구나.

사랑하는 내 딸 선빈아!! 엄마의 딸로 태어나 주어서 너무 고마웠고, 많은 사랑 베풀지 못해 미안했고, 행복한 모습 보이지 못해 너에게 죄책감을 안겨 줘서 제일 미안했었다. 너무 보고 싶고, 너무 사랑하고, 너무너무 미안하다. 만나는 그날까지 안녕!!

어머니, 미안해야 할 사람은 결코 당신이 아닙니다.
삼가 박선빈 님의 명복을 빕니다.

# 우리가 피규어보다 못한 존재인가요?

| 2022년 10월 19일 |

이틀 전 17일, 비피더스와 가나 초코 우유로 잘 알려진 유제품 전문 기업 푸르밀 사옥에 사업 종료 및 전 직원 해고 공고가 나붙었습니다.

푸르밀 정직원 354명, 협력 업체 직원 50명, 배송 기사 100명, 500여 개 대리점의 점주들은 생계의 끈이 툭 끊겼습니다. 창업 44년, 롯데그룹 분리 15년, 재벌 2세 경영 체제로 바뀐 지 4년 만입니다.

푸르밀은 2009년부터 2017년까지 전문 경영인 남우식 대표 체제에서 꾸준히 영업 이익을 냈습니다. 그런데 오너 경영에서 전문 경영인 체제로 변화하던 경영계의 추세를 정면으로 거슬러 2018년 신준호 푸르밀 회장의 차남인 신동환 씨가 대표이사로 취임합니다. 그리고 곧바로 내리막. 2018년 영업 손실 15억 원으로 적자 전환 이후 2019년 89억 원, 2020년 113억 원, 지난해 124억 원으로 적자 폭이 눈덩이처럼 커졌습니다.

푸르밀 직원들이 임금을 동결, 삭감하는 동안 오너 임원들의 급여는 그대로였습니다. 신준호 회장은 올 초 수십억 원의 퇴직금을 받은 후에도 매일 회사에 출근해서 업무 지시를 했습니다. 그동안 아들 신동환 대표이사는 피규어 수집에 매진합니다. 지금도 푸르밀 사옥에는 대표실뿐 아니라 휴게실, 식당 등 가능한 모든 곳에 피규어가 가득 차 있습니다.

"더 이상 얼굴 볼 일 없습니다." 노사가 함께 대책을 세우자는 김성곤 푸르밀 노조위원장에게 신동환 대표가 한 말입니다.

'우리가 피규어보다 못한 존재인가요?' 신동환 대표는 푸르밀 직원들의 이 질문의 무게를 이해할 수 있을까.

(2022년 10월 19일과 20일, 2023년 10월 16일의 글은 저자의 의도에 맞게 수록 순서를 바꾸었습니다.)

•

## 매국의 묘혈꾼

| 2023년 2월 17일 |

지난 14일 민주노총은 국가인권위에 이분들의 발언 중단을 권고해 달라는 진정을 냈습니다.

"페스트" "빅브라더" "매국의 묘혈꾼" 권성동 전 국민의힘 비대위원장.

"조폭 구역 싸움" "종북으로 점철된 정치 투쟁" 정진석 국민의힘 비대위원장.

"조폭 민노총" "민폐노총" 원희룡 국토교통부장관.

"민폐노총" "조폭, 테러 단체" "패악질" "폐륜" 이상민 행정안전부장관, 주호영 원내대표, 성일종, 임이자, 박정하, 양금희 의원.

"민주노총 관계된 2명이 이태원 참사 현장에서 사망했다는데 사실이냐" 국회 행정안전위 질의. 민주노총 조합원들이 사고를 야기했다는 '불순 세력 개입' 음모론을 제기한 이만희 의원.

표현력들 참 대단합니다. '매국의 묘혈꾼'이라니요. 혐오 발언의 정점에는 "화물연대 집단 운송 거부 사태는 북한의 핵 위협과 마찬가지다"라고 말씀하신 윤석열 대통령이 계십니다.

윤석열 정부가 발간한 국방백서는 6년 만에 북한 정권과 북한군을 주적으로 규정했습니다. 윤 대통령님, 그렇다면 화물연대 노동자들이 우리의 주적입니까? 이제 국민들을 상대로 전쟁 선포라도 하겠다는 건가요?

윤핵관 아니면 적, 민주노총 노동자들은 박멸해야 할 전염병 페스트. 본인은 언제나 정의.

세상 참 단순하게 산다. 단순해서 참 좋겠다.

●

## 인간에 대한 예의

| 2023년 3월 14일 |

"아침 출근 때 소화제 있으신 분 가져다주세요."

3월 8일 오전 6시 34분, 서울 종로구 콘코디언빌딩 관리업체 보안팀장인 49세 이민우 씨. 밤샘 근무를 마칠 무렵 영 속이 좋지 않아 출근하는 팀원에게 메시지를 보냈습니다.

7시 10분, 보안대원 A씨가 이 팀장에게 소화제를 전달하려고 관리 사무실에 들어섭니다. 이런, 이민우 팀장이 쓰러져 있습니다. 119 구급차를 불러 빌딩에서 600미터 떨어진 강북삼성병원으로 이 팀장을 옮겼지만, 8시 9분에 그는 숨을 거뒀습니다. 사인은 급성 심근 경색.

이 팀장은 지난 5일 오후 4시부터 9일 새벽 4시까지 닷새에 걸쳐 24시간 당직 근무를 섰습니다. 휴일 없이 10일도 출근했습니다. 출근 나흘 동안 약 62시간을 일한 뒤 쓰러져 다시 일어나지 못한 것입니다. 유족들은 장시간 노동에 의한 과로사라고 주장합니다.

오늘 대통령실은 '주 최대 69시간 근무제'에 대해 윤석열 대통령이 재검토를 지시했다고 전하며, MZ노조조차 주 최대 69시간 근무제를 반대한 이유가 '근로자의 권익 강화'라는 정책 취지 설명이 부족했기 때문이라고 덧붙였습니다. 설명이 부족해서라고요?

네, 우리는 곧 방송과 포털 사이트에서 '주 최대 69시간제'가 근로자의 권익을 강화한다는 광고를 보게 될 겁니다. 여론 조사도 좀 하겠지요. 그러다 최초 발표에 분 바르고 연지 찍은 방안을 추진하겠다는 말로 들립니다. 부족한 것은 설명이 아닙니다.

부족한 것은 장시간 노동이 우울증, 뇌졸중 등 심각한 질환을 유발한다는 노동에 대한 기초 지식, 그리고 인간에 대한 예의다.

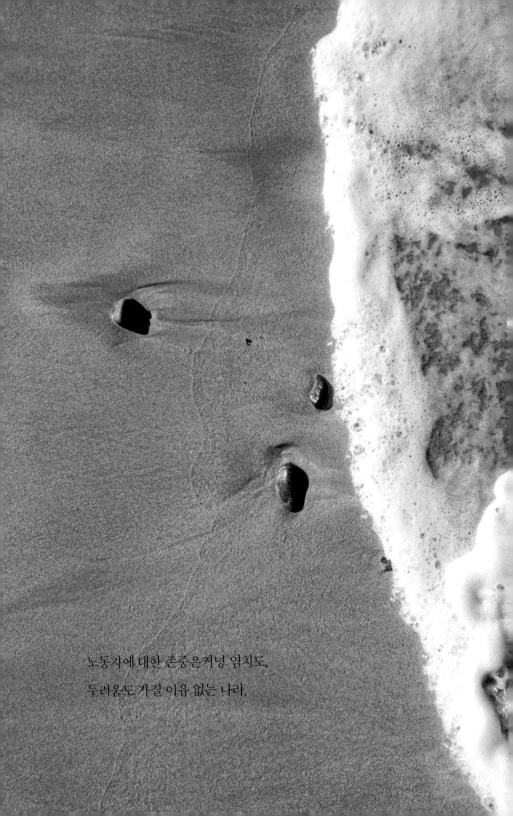

노동자에 대한 존중은커녕 염치도,
두려움도 가질 이유 없는 나라.

# 손바닥으로 하늘을 가리겠다고 하라

| 2023년 3월 27일 |

주 최대 69시간 근무제. 정부 여당은 극단적 가정에 기반한 가짜 뉴스랍니다. 고용노동부 공식 페이스북 카드 뉴스를 살펴봤습니다.

1. "69시간 극단적 가정으로 사실이 아닙니다."

정부는 첫 주에 69시간, 2주차 63시간, 3~4주차 40시간이 합법이라고 홍보하고 있지요? 이렇게 하면 월 212시간을 연장 근로 수당 한 푼 못 받고 일하게 됩니다. 현행법의 원칙인 주 40시간제 월 160시간보다 월 52시간 더 일하는 것이 맞잖아요. 뭐가 사실이 아니라는 건가요?

2. "연장 근로 발생 사업장은 0.73%에 불과"

우리나라 연간 노동 시간은 1928시간. 독일은 1306시간, 우리는 독일보다 무려 넉 달을 더 일합니다. 이런데 연장 근로 사업장이 0.73%? 왜 저런 현실과 다른 통계가 나왔는지를 조사하는 것이 고용노동부의 역할입니다. 그런데 저런 통계를 논거로 사용해요? 정신들 나가셨어요?

3. "노사 합의 필수, 노사가 동등한 지위에서 근로자 의사 반영"

종북 귀족 노조, 건폭 노조, 북핵, 기득권 카르텔… 대통령부터 정부 여당 인사들이 죄다 나서서 노조를 이렇게 몰아붙이는데 노사 합의요? 근로자 대표가 합의해야 된다고요? 사장님, 비서실장이 근로자 대표로 나서면 그걸 반대할 수 있는 직장인이 대한민국에 얼마나 있나요?

4. "근로자의 건강권 보호"
주 69시간일 때는 그나마 11시간 연속 휴식이 주어지지만, 주 64시간 일 시키면 연속 휴식 강제 조항이 없는데 이게 어떻게 건강권 보호인가요?

5. "공짜 노동, 포괄 임금 오남용은 반드시 근절하겠습니다."
대법원 판결에 따르면 포괄임금제 사업장의 약 95%가 불법입니다. 법을 바꾸고 근로 감독관부터 늘려야지, 대뜸 노동 시간을 늘리겠다고요?

차라리 손바닥으로 하늘을 가리겠다고 하라.

# 최악의 살인 기업

| 2023년 5월 1일 |

노동절을 앞둔 지난 4월 27일, 대통령 집무실 앞에서 '최악의 살인 기업 선정식'이 열렸습니다. 최악의 살인 기업으로 선정된 곳은 어디일까요? 없습니다. 고용노동부가 기업의 명예를 훼손할 수 있다는 이유로 통계를 주지 않아 선정할 수 없었기 때문입니다. 17년 만에 처음 있는 일입니다.

결국 주최 측은 윤석열 대통령에게 특별상을 수여했습니다. "노동자가 산재 사고로 사망한 기업의 이름조차 시민들이 알 수 없다. 살인 기업을 비호하는 윤석열 대통령이 노동자 죽음의 범인"이라는 이유입니다.

"스물일곱 건강했던 아들이 과로로 죽었습니다. 저는 아들을 잃고 나서야 긴 시간 일하면 젊고 건강한 사람도 죽을 수 있다는 걸 알게 됐습니다. (아들의 죽음이) 장시간 노동을 버티지 못하고 죽은 아들의 나약함, 그런 나약한 아들을 둔 부모 책임으로 남지 않게 노동자가 건강하게 살 수 있는 환경을 만들어 주세요."

2020년 10월, 쿠팡 칠곡물류센터에서 과로사한 장덕준 씨의 어머니 박미숙 님이 최악의 살인 기업 선정식에서 한 말씀입니다.

소설가 김훈 선생은 말합니다. "'산업 재해'는 우아한 사자성어로 표현되는 관념의 사태가 아니다. 밥벌이를 하러 일터에 나간 사람들이 물체에 끼여서 몸통이 으깨져서 흩어지고(구의역 참사), 머리와 몸통이 분리되어서 석탄 가루에 범벅이 되고(태안화력발전소 김용균 참사), 고공에서 일하던 사람이 떨어져서 장기와 뇌수가 땅바닥에 쏟아지는 야만의 현장이다."(김훈, 〈1명의 죽음은 가볍고 2명은 죽어야 무거운가〉, 《한겨레》, 2023년 1월 25일.)

지금 우리가 해야 할 딱 하나의 약속이 있다면 이 야만의 현장, 이 야만의 시대를 끝내야 한다는 것 아닐까요.

제133주년 노동절에 다시 새겨보는, 신장식의 다짐이었습니다.

●

## 건폭

| 2023년 5월 3일 |

"폭력과 불법을 보고서도 방치한다면 국가라고 할 수 없다. '건폭'이 완전히 근절될 때까지 엄정하게 단속해 건설 현장에서의 법치를 확고히 세우라."

지난 2월 21일, 윤석열 대통령이 국무회의에서 한 발언입니다. 검경 합동 '건폭수사단'이 출범했고 원희룡 국토교통부장관은 전국의 건설 현장을 돌며 '건폭과의 전쟁'을 진두지휘합니다.

5월 1일 아침, 양 씨는 가족들에게 인사하고 집을 나섰을 겁니다. 문 앞에서 잠시 서성이다 내쳐 길을 갔을까요, 아니면 문을 다시 열고 가족들과 한 번 더 눈을 마주쳤을까요. 그의 마지막 발걸음이

어땠을지 가늠하기 어렵습니다. 세 통의 유서를 챙겨 넣은 낡은 가방을 조수석에 내려놓고 양 씨는 운전대를 잡았습니다.

"돌아가신 어머니가 남의 눈에 피눈물 나게 하면 본인은 돌에 맞아 죽는다 했습니다. 먹고살려고 노동조합에 가입했고 열심히 살았습니다. 그런데 오늘 제가 구속 영장 실질 심사를 받아야 합니다. 억울하고 창피합니다. 정당한 노동조합 활동을 한 것뿐인데 윤석열 검사 독재 정치에 제물이 되어 자기 지지율 숫자 올리는 데 많은 사람이 죽어야 하고 또 죄 없이 구속되어야 하고… 대한민국 국민들입니다.

무고하게 구속되신 분들 제발 풀어 주세요. 진짜 나쁜 짓 하는 놈들 많잖아요. 그놈들 잡아들이고 대한민국을 바로 세워 주세요. 저의 하찮은 목숨으로 너무 많은 것을 바라는 것일지도 모르지만 아마 많은 국민들도 저와 같은 생각이라 듣습니다. 야당 대표님… 그리고 의원님들 하루 빨리 저의 희망이 이루어지게 해 주세요."

속초, 강릉법원, 분신, 헬기, 한강성심병원, 다시 속초. 보광장례식장 402호. 그 먼 길을 돌아 한 줌 재가 되어 돌아온 사람, 민주노총 건설노조 강원건설지부 3지대장. 두 아이의 아빠, 한 여성의 남편, 양회동.

삼가 고인의 명복을 빕니다.

# 기획 분신설

| 2023년 5월 17일 |

〈건설 노조원 분신 순간, 함께 있던 간부는 막지도 불 끄지도 않았다.〉

5월 16일 자 온라인 《조선일보》 대문에 걸려 있던 기사 제목입니다. 작성자는 《조선일보》 온라인 자회사인 조선NS 최훈민.

하지만 강릉경찰서 관계자는 지난 1일 정당한 노조 활동을 공갈 범죄로 모는 검찰 수사에 억울함을 호소하며 분신한 건설 노조 양회동 씨의 분신 당시를 이렇게 설명합니다.

"주위에 시너를 뿌려 둔 뒤 동료가 왔을 때도 라이터를 든 채 '가까이 오지 마라. 여기 시너 뿌려 놨다'고 경고해 가까이 다가가지도 못하는 그런 상황이었다. 괜히 다가갔다가 자극받은 양 씨가 라이터를 먼저 당길 수도 있고, 만약 들어가서 말렸다면 둘 다 같이 죽을 수 있는 상황이었다. 노조 간부는 양 씨에게 '하지 말라고, 그러지 말라'고 계속 말렸다. 《조선일보》 기사는 기자가 알아서 쓴 거지, 경찰에 취재나 연락한 적도 없다."

원희룡 장관은 오늘 본인의 SNS에 혹시나 동료의 죽음을 투쟁 동력으로 이용하려 한 것 아닌가 하는 의문을 제기했습니다. '혹시나'라는 비겁한 가정법 뒤에 숨어서 '기획 분신설'을 부추기는 글입니다. 국민의힘 이용 의원도 SNS에 '건설 노조에 한 사람의 희생을 종용하는 분위기' 운운하는 글을 올려 '기획 분신설'에 기름을 붓습니다.

아나나 다를까, 오늘 보수 단체 '신전대협(신新전국대학생대표자협의회)'은 서울중앙지검에 해당 노조 간부를 '자살 방조' 혐의로 고발했습니다. 자, 이제 검사들이 수사에 나설 차례입니다.

이 뻔하고, 지겹고, 끔찍한 루틴. 분명 사람이 하는 일은 아니리라.

●

# 좀 도와주세요

| 2023년 6월 26일 |

오티스엘리베이터 강북지역본부 직원 A씨는 지난 23일, 서울 서대문구 아파트 엘리베이터 수리 작업을 하다 동료에게 문자를 보냈습니다. '혼자 작업하기 힘드네요. 좀 도와주세요.'

문자를 받고 7층 현장에 도착한 동료는 그러나 A씨를 찾을 수 없었습니다. 20미터 아래 지하 2층까지 추락한 A씨는 현장에서 심정지로 사망했습니다. 이제 스물일곱 살.

산업안전보건기준에 관한 규칙 162조 제1항은 사업주가 '승강기의 설치·조립·수리·점검 또는 해체 작업을 하는 경우, 작업 중 안전대 등 보호구의 착용 상황 등 작업을 지휘하는 사람을 선임해서 작업할 것'이라고 규정되어 있습니다. 적어도 '2인 1조'로 작업해야 한다는 겁니다.

지난해 2월 8일, 경기 성남시 판교 현대엘리베이터 설치 공사 현장, 노동자 2명이 죽었습니다. 2018년부터 지난해 10월까지 4년 간 승강기 설치·유지 보수 공사 중 사고 사망자는 38명.

2022년 산재 보험을 지급받은 산재 사고 사망자는 874명.

322명이 떨어져서,

92명이 부딪쳐서,

90명이 끼여서,

57명이 물체에 맞아서,

죽었습니다.

하지만 작년 12월 9일, 윤석열 대통령은 최태원 대한상공회의소 회장, 손경식 한국경영자총협회 회장 등과의 비공개 만찬에서 중대재해법이 "결함이 많다. 기업이 최대한 피해 입지 않도록 하겠다"고 말했습니다.

874, 이 참혹한 숫자 앞에서,

'좀 도와주세요'라고 절규하는 노동자들 앞에서,

이게 대통령이 할 말인가.

●

## 나, 다니엘 블레이크

| 2023년 7월 12일 |


켄 로치 감독이 만든 영화 〈나, 다니엘 블레이크〉. 심장 질환으로

더 이상 일하기 어려워진 목수 다니엘 블레이크는 장애 급여를 신청합니다. 하지만 복잡하고 비전문적인 자격 확인 과정에서 탈락하고 울며 겨자 먹기로 실업 급여를 신청합니다. 건강이 더 나빠져서 구직 의무를 이행치 못한 다니엘 블레이크는 실업 급여마저 받지 못하게 됩니다. 소송을 걸었지만 다니엘 블레이크는 판결이 나오기 전, 심장병으로 세상을 떠납니다. 켄 로치 감독은 잘못된 복지 설계가 어떻게 평생 성실하게 일해 온 노동자의 삶을 무너뜨릴 수 있는지 냉정하면서 뜨겁게 보여 줍니다.

그럼 대한민국 실업급여제도는요? 액수는 충분치 않고 급여 기간도 짧습니다. 그러다 보니 우리나라 장기 실업률은 낮고 저임금 노동자 비율은 매우 높습니다. 실업자들이 실업 상태에 오래 머물기보다는 저임금 일자리라도 빨리 취업하는 길을 선택한다는 뜻입니다. 대한민국 국민들은 잠시라도 놀면 죽습니다. 더 큰 문제도 있습니다. 사각지대가 너무 넓다는 것입니다. 특수 고용직 노동자는 실업 급여를 아예 받을 수 없고, 선택할 수 있다지만 당장 형편이 녹록지 않은 자영업자들에게 고용 보험 가입은 그림의 떡입니다.

오늘 국민의힘과 정부가 실업 급여 개선 방안을 내놓았습니다. 최저 임금의 80%인 실업 급여 하한액을 낮추거나 아예 없애는 것을 검토한답니다. 실업 급여를 너무 많이 줘서 국민들이 게을러졌다는 겁니다.

네, 알겠어요. 그렇다고 칩시다. 그러니 여당 국회의원님들, 받아쓰느라 정신없는 기자님들, 월급 받느니 실업 급여 받는 게 낫다는 그 좋은 실업 급여로 당신들이 며칠이나 버틸 수 있는지 챌린지라도 한번 하시지요.

게으르다고 타박을 들어야 할 사람들이 정녕 대한민국의 국민들인가.

●

## 실업 급여 부정 수급자

| 2023년 7월 13일 |

"남자분들 같은 경우 정말 장기적으로 근무하다가 갑자기 실업을 당한 경우에는 어두운 표정으로 온다. 여자분들, 계약 기간 만료된 젊은 청년들은 이 기회에 쉬겠다고 한다. 실업 급여를 받는 도중에 해외여행을 간다. 그리고 샤넬 선글라스를 사든지, 옷을 산다."

국민의힘 노동개혁특별위원회가 7월 12일 국회에서 개최한 '실업 급여 제도 개선 공청회'에서 정부 측 참석자 조 모 씨가 한 말입니다. 국민의힘 박대출 정책위의장도 같은 날 특별 강연회에서 이 발언을 언급하며 실업 급여를 반드시 개선하겠다고 목소리를 높였습니다. 거짓말입니다.

2015년 한국형사정책연구원이 발간한 '부정수급 사례, 유형별 프로파일링 및 기획조사 활용방안 등 마련'이라는 보고서의 연령별 부정 수급자 비율표에 의하면, 총 부정 수급자 3만 2945명 중 50대 33.4%, 60대 23%, 40대 21.5%, 30대 15.4%, 그리고 20대는 50대의 5분의 1 수준인 6.5%로 그 비율이 가장 낮습니다.

같은 보고서의 성별 부정 수급자 비율표에 의하면 부정 수급자 중 남성은 66.3%, 여성은 33.7%입니다. 통계는 50대 남성이 부정 수급자 문제의 중심이라고 말하고 있습니다.

사실 확인도 하지 않은 채 여당 정책위의장이라는 사람이 부정 수급률이 가장 낮은 여성, 청년에 대한 혐오를 부추기는 거짓말을 합니다. 이 정부의 국정 운영 기조인 특정 집단에 대한 낙인찍기로 정부의 정책 실패를 감추고 지지자를 동원하려는 정치적 의도도 의심스럽습니다.

한편 실업 급여는 본질적으로, 일부 청년 지원금처럼 사용처를 소명해야 하는 돈이 아닙니다. 취업 전 재충전을 위해 여행을 하든 물건을 사든 빌딩 위에서 뿌리든 감 놔라 배 놔라 할 수 없는 돈이라는 겁니다. 언제까지 이런 식의 가짜 뉴스와 혐오 선동을 들어야 하는 겁니까.

•

## 여기서는 그래도 되니까

| 2023년 8월 1일 |

김동호, 2019년 코스트코 정규직 입사, 하남점 근무, 스물아홉 살. 6월 초 계산직에서 야외 주차장 카트 관리직으로 업무 변경. 시간당 카트 200개를 매장 입구로 이동. 6월 17일, 4만 3712보, 26.42킬

로미터 이동. 6월 18일, 3만 6658보, 22.01킬로미터 이동. 6월 19일, 오후 7시까지 2만 9107보, 17.36킬로미터 이동.

이틀 연속 폭염 특보가 발령됐던 6월 19일 오후 7시경, 그는 야외 주차장에서 쓰러져 사망했습니다. 사인은 '온열로 인한 과도한 탈수 증상이 유발한 폐색전증'. 더위가 그를 죽였다는 겁니다.

"병 있지? 병 있지? 병 있는데 숨기고 입사했지?" 코스트코코리아 조민수 대표이사의 말입니다. 그가 이 말을 한 곳은, 김동호 씨 빈소.

주차장 배치 직전에 받은 건강 검진에서 김동호 씨는 아무 문제도 없었습니다. 그럼에도 사측은 김동호 씨가 병을 숨긴 것 아니냐고 의심하며 지금까지 사과는커녕 유감 표명도 하지 않았습니다. 산재 신청을 위해 CCTV 영상을 달라는 유가족의 요청에도 협조하지 않고 있습니다.

프랑스 업체가 운영하는 대형 마트 노동자들이 노조를 만들고 권리를 찾아가는 이야기를 그린 만화 《송곳》의 등장인물인 노동상담소 고구신 소장이 말합니다.

"혁명의 나라 프랑스 업체가 왜 노조를 거부하는지 아세요? 여기서는 그래도 되니까."
"인간에 대한 존중은 두려움에서 나오는 거요."

노동자가 죽어도 죄가 되지 않는 나라, 노동자에 대한 존중은커녕 염치도, 두려움도 가질 이유 없는 나라, 대한민국.

여기는 아직 그래도 되는 나라인가.

●

## 가짜 3.3 노동자

| 2023년 9월 7일 |

♥. 본 각서인은 고용보험, 산재보험의 대상자가 되지 아니함을 인지하고 관공서에 청구하지 아니할 것을 서약한다.

쿠팡의 소분·배송 물류 창고인 '쿠팡캠프'를 위탁 운영하는 업체가 노동자들에게 받은 '사회 보험 미가입 책임 각서' 일부입니다. 각서에는 '모든 법률적·금전적 책임을 감수한다', '추후 문제가 발생할 경우 모든 책임을 각서인이 부담한다'는 조항도 버젓이 존재합니다. 불법입니다.

쿠팡 측은 노동자들이 근로 계약서가 아니라 용역 계약서에 서명하게 했습니다. '당신들은 사업소득세 3.3%를 징수하는 개인 사업자'라는 겁니다. 개인 사업자이므로 고용 보험, 산재 보험에 가입하지 않아도 되고 사회 보험에 가입하지 않았으므로 노동자가 아니라는 억지 순환 논리입니다.

하지만 대법원은 진즉 '근로자에 해당하는지 여부는 계약의 형식이 고용 계약인지 도급 계약인지보다 그 실질에 있어 근로자가 사업 또는 사업장에 임금을 목적으로 종속적인 관계에서 사용자에게 근로를 제공하였는지 여부에 따라 판단하여야 한다'고 명토 박았습니다. 그럼에도 쿠팡 측은 노동자들의 열악한 지위를 이용하여 가짜 '3.3 개인 사업자'를 만들었습니다.

얼마 전 노스캐롤라이나·뉴멕시코주 재무부, 뉴욕시 공무원연금 등은 뉴욕증권거래소에 상장된 쿠팡을 상대로 주주 집단 소송을 제기했습니다. 쿠팡이 열악한 노동 환경이나 불공정 거래 등의 내용을 허위로 공시했고 이러한 행위로 주가가 떨어져서 주주들이 막대한 손실을 입었다는 겁니다.

"쿠팡맨, 쿠팡맨, 쿠팡캠프 출동! 로켓배송 발진!" 이토록 허망한 말장난 속에 바스러지는, 가짜 3.3 노동자들의 삶. 고용노동부와 국세청은 대체 어느 별에 숨어들 계시는가.

3장

·

대한민국 인권은 역주행 중

·

# 공감과 연대의 힘

●

'장' 차 나비가 될
'애' 벌레는
'인' 간들이 무관심한 사이에도
'의' 지를 가지고
'날' 아가는 꿈을 꾼다.

충남 홍성에 사는 한 학생이 지은 '장애인의 날' 5행시입니다.

4월 20일은 장애인의 날, 아니 장애인 차별 철폐의 날입니다.
그리고 또 이런 날들이 있습니다.

3월 8일은 세계 여성의 날,
3월 21일은 세계 인종 차별 철폐의 날,
5월 15일은 세계 병역 거부자의 날,

5월 17일은 국제 성소수자 혐오 반대의 날,

6월 20일은 세계 난민의 날,

10월 17일은 세계 빈곤 퇴치의 날,

12월 1일은 평화 수감자의 날이자 세계 에이즈의 날,

12월 10일은 세계 인권 선언일,

12월 18일은 세계 이주민의 날,

12월 22일은 홈리스 기억의 날입니다.


꼭 기억해야 할 12번의 사회적 약자, 소수자의 날입니다.

불쌍해서 도와주는 하루가 아니라,

공감해서 응원하는 매일이 되기를 바랍니다.


공감과 연대는 차별과 혐오보다 힘이 세다.

●

# 여성할당제

| 2022년 3월 15일 |

"경륜과 실력이 있는 사람으로 모셔야 되는 거지, 자리를 나눠 먹기 식으로 해 가지고, 저는 그런 식으로 국민 통합은 안 된다고 봅니다."

지난 13일, 윤석열 당선자가 제시한 새 정부 내각 인선 기준입니다. 여성할당제를 폐지하자는 이준석 대표의 주장과 궤를 같이 하는 말입니다.

공직선거법은 국회의원, 지방의원 비례대표의 50% 이상을 여성으로 공천하도록 하고 있습니다. 고작 6%였던 여성 국회의원 비율은 이 규정 도입 이후 조금씩 늘었지만 여전히 19%에 불과합니다. 이걸 폐지하겠다는 것인가요? 스웨덴의 여성 국회의원 비율은 47%

입니다.

사기업의 여성할당제는 아예 없습니다. 공무원 채용 '양성평등 채용목표제'가 그나마 여성할당제와 비슷합니다. 하지만 '2020 공공부문 균형인사 연차보고서'에 의하면 2003년부터 2019년까지 양성평등 채용목표제에 따라 추가 합격한 지방직 공무원의 경우 남성 1898명, 여성 1317명으로 남성이 581명 많습니다. 지난 5년간 국가직 공무원 남성 추가 합격자는 여성보다 36명이 많습니다. 이 제도의 수혜자는 남성입니다.

한국 200대 기업 임원 중 여성 비율은 2.7%에 불과합니다. 그래서 국회는 2020년 8월 자본시장법에 '이사회의 성별 구성에 관한 특례조항'을 신설했습니다.

자산 총액 2조 원 이상인 주권 상장 법인은 이사회의 이사 전원을 '특정 성'으로 구성하지 않아야 한다는 것입니다. 적어도 이사회에 여성 한 명은 넣으라는 겁니다. 본격 시행은 올해 8월 5일부터입니다.

대체 있지도 않은 여성할당제를 어떻게 폐지하겠다는 건가요? 2015년, 캐나다 대통령 트뤼도는 내각의 절반을 여성으로 임명했습니다. 그 이유를 묻자 이렇게 답합니다.

"지금은 2015년이니까요."

윤석열 당선자는 지금 몇 년도에 살고 계신가?

# 서울교통공사

| 2022년 3월 17일 |

'사회적 약자와의 여론전', 서울교통공사가 이동권 보장을 요구하는 장애인 단체를 무찔러야 할 적으로 규정한 후 여론 전쟁에서 이들을 무찌르기 위한 방법을 정리한 문서의 제목입니다.

문서는 겉과 속이 다르게 행동해야 한다고 명시하고 있습니다. 대외적으로는 서울교통공사도 장애인 이동권 보장을 위해 노력하고 싶고 약자를 이해하지만 방법이 없다는 자세를 보여야 하고, 뒤로는 장애인 단체의 '선 넘는 미스', 그러니까 잘못을 찾아내 '물밑 홍보'를 해야 한다는 겁니다.

'선 넘는 미스'의 사례로 '고의 운행 방해설'을 들고 있습니다. 서울교통공사 홍보팀은 언론사에 장애인 시위 관련 사진을 보내면서 틈이 매우 넓어 바퀴가 낀 아찔한 상황을, 장애인들이 바퀴를 일부러 끼워 넣었다고 설명했습니다. 그리고 친절하게 부탁합니다. '사진의 출처는 밝히지 말아 달라.' 겉 다르고 속 다른 악의적 거짓말입니다.

'결정적 미스' 사례로 소위 '할머니 임종, 버스 타고 가세요' 사건을 거론합니다. 지난달 9일 임종을 봐야 한다며 울분을 토하는 시민에게 시위자가 "버스 타고 가세요"라고 답했다는 사건입니다. 그 뒤 시위자는 시민에게 본인도 얼마 전 장애인을 위한 이동 수단을 찾지 못해 어머니 임종을 지키지 못했다며 사과했지만, 공사는 당시 보도 자료에서 시위자의 사과는 쏙 빼고 이용자 감소 통계를 제시하면서 이 사건을 시민 피해 사례라고 했습니다. 악마의 편집입니다.

아무리 장애인들의 시위에 대해 불편함을 호소하는 시민들이 있다고 하더라도 장애인 단체를 적으로 규정하고 이들을 무찌르기 위해 악마의 편집도, 악의적 거짓말도 불사하는, 겉과 속을 달리하기 위해 불철주야 노력하는 서울교통공사, 끔찍하다.

●

## 그림자 아이

| 2022년 4월 4일 |

그림자 아이, 세상에 태어났지만 아무도 그 존재를 모르는 아이. 출생 신고가 되지 않아 어떤 법적 보호도 받을 수 없는 출생 미등록 아동입니다.

작년에는 제주도에서 스물넷, 스물둘, 열네 살의 그림자 아이가 확인되었습니다. 누구도 정규 교육을 받지 못했습니다. 인천 미추홀구에 사는 40대 친모는 작년 1월 여덟 살 A양의 호흡을 막아 살해한 뒤 일주일간 시신을 집 안에 방치했습니다. 출생 신고를 하지 않았던 A양은 사망 후에야 그 존재가 세상에 알려졌습니다.

미등록 외국인, 난민 신청 중인 외국인 자녀들도 그림자 아이가 됩니다. 심지어 아빠도 출생 신고를 하지 못하는 경우가 있습니다.

비혼 상태에서 낳은 자녀의 경우 엄마는 출생 신고를 할 수 있지만 아빠는 엄마의 신원을 전혀 알 수 없을 때만 신고가 가능하기 때문입니다.

대안은 출산이 이뤄지는 의료 기관이 아동의 출생 사실을 공공 기관에 즉시 통보하는 '출생통보제' 또는 '보편적 출생신고제'입니다. 얼마 전 국무회의를 통과했지만 국회 의결 일정은 잡히지 않았습니다.

'시흥시 출생확인증 작성 및 발급에 관한 조례안' 경기도 시흥시에서 주민 1만 6405명의 서명을 받아 지난해 12월 24일 시흥시의회에 청구됐습니다. 하지만 법제처의 소극적 태도, 지방 선거를 앞두고 개점 휴업 중인 시흥시의회의 미온적 태도로 사장될 위기에 처했습니다.

"모든 아동은 출생 후 즉시 자신의 존재를 차별 없이 증명할 수 있어야 한다." 시흥시 조례안의 제정 취지이자 유엔 아동인권위원회의 권고 사항입니다.

우리 아이들을 위해 국회도, 지방 의회도 제발 일 좀 하자.

●

## 박경석은 죄가 없다

| 2022년 4월 21일 |

전국장애인차별철폐연대가 오늘 오전 '제27차 출근길 지하철을

탑니다' 시위를 재개했습니다. 인수위 면담 후 중단한 지 22일 만입니다.

인수위는 지난 3월 29일 전장연 시위 현장을 방문해서 요구안을 전달받았습니다. 전장연의 요구는 간명합니다. 장애인의 날인 4월 20일까지 장애인의 권리를 말이 아니라 예산으로 구체화해 달라는 것입니다. 하지만 어제 밝힌 인수위의 답변 요지는 '단계적 시행'과 '검토 중'. 22년간 귀에 딱지가 앉을 만큼 들어 온 말입니다.

신용현 인수위 대변인은 "지금 저희는 인수위이기 때문에 인수위가 할 수 있는 일이 있다"면서 "어떤 예산을 확정 짓는다든지 예산을 집어넣는 것은 새 정부의 일이기 때문에 우리가 할 수 있는 영역 밖의 일도 있다"고 말했습니다.

그러면 대통령 집무실 이전 비용은요? 법적 근거도 부족한 채로 예비비에 편성해서 집행하고 있는 360억 원은 뭔가요? 전장연이 인수위처럼 당장 집행할 돈다발을 눈앞에 가져다 놓으라고 요구했나요? 추경호 기재부장관 후보자가 예산 편성을 약속해 달라는 것 아니었나요? 이게 인수위의 권한 밖의 일인가요?

대체 왜 박경석은 22년째 욕받이가 되어야 하는가. 왜 '미안합니다, 이렇게 할 수밖에 없는 우리를 이해해 주세요'라고 말하며 오체투지로 지하철을 기어다녀야 하는가. 왜 그는 전과 22범이 되어야 했는가.

지연된 지하철은 누구의 책임인가. 장애인들의 기본권 보장 요구를 갈라치기와 립 서비스로 응대하는 정치인들을 빼고 누구에게 그 책임을 물을 수 있는가. 누가 죄인인가? 아무리 생각해 봐도, 박경석은 죄가 없다.

●

## 국제 성소수자 혐오 반대의 날

| 2022년 5월 17일 |

공식 기념일은 아니지만 누군가의 달력에는 간절함과 자부심의 날로 표시되어 있는 어떤 날, 그날에 대해 이야기하려고 합니다.

1990년 5월 17일, 세계보건기구는 국제 질병 분류를 개정하며 '동성애'를 정신 장애 부문에서 삭제했습니다. 이날을 성소수자들과 인권 운동가들은 'International Day Against Homophobia, Biphobia and Transphobia'의 영문 철자 앞 글자를 따서 '아이다호 IDAHOT 또는 IDAHOBIT 데이'라 불렀습니다. 네 오늘은 아이다호 데이, 국제 성소수자 혐오 반대의 날입니다.

음악 교사이자 성소수자 인권 운동가 김기홍, 2021년 2월 24일 세상을 버렸습니다. 그 닷새 전 김기홍은 SNS에 "우리는 시민이다. 보이지 않는 시민, 보고 싶지 않은 시민을 분리하는 것 그 자체가 주권자에 대한 모욕이다"라고 썼습니다. 안철수 당시 국민의당 서울시장 후보가 토론회에서 "퀴어 축제를 도심에서 안 볼 권리" 발언을 한 다음 날입니다. 그는 "너무 지쳤어요. 삶도, 겪는 혐오도, 나를 향한 미움도. 오랫동안 쌓인 피로가 있어요. 미안해요"라는 유서를 남졌습니다.

"기갑의 돌파력으로 군의 소수자에 대한 차별을 없애 버리겠다!"며 씩씩하게 경례를 올려붙이던 변희수 하사. 성 확정 수술을 이유로 한 강제 전역일 하루 전 소식이 끊겼고 결국 숨진 채 발견되었습니다. 법원은 강제 전역이 부당하다고 판결했지만 이미 그가 세상을 버린 뒤였습니다.

성소수자 청년 절반이 '최근 1년간 진지하게 자살을 생각'하는 나라, 차별금지법 입법 촉구 단식이 벌써 34일째인 나라, 동성애는 정신병이라는 '신념'을 가진 사람이 대통령실 비서관으로 임명되었던 나라.

이런 나라를 살아 내고 있는 대한민국의 성소수자들에게, 당신들 참 대단하다고, 절대 혼자가 아니라고, 혐오와 차별보다 사랑과 연대가 힘이 세다고, 그러니 함께 살자고, 다시 힘내자고, 연대의 말을 전하는, 신장식의 오늘입니다.

●

## 정치가 있어야 할 자리

| 2022년 5월 26일 |

지난 23일 오후 5시 45분쯤, 서울 성동구의 한 아파트 화단에 40대 여성과 6세 아동이 떨어졌다는 신고가 들어왔습니다. 소방대원들이 이들을 인근 병원으로 옮겼지만 두 사람 모두 숨을 거뒀습니

다. 돌아가신 분들은 발달 장애 아들, 그리고 눈에 넣어도 아프지 않을 여섯 살 아이를 데리고 이런 끔찍한 선택을 한 사람은 아이의 어머니.

같은 날 오후 4시경, 60대 여성이 인천시 연수구 동춘동의 한 아파트 주거지에서 30대 친딸과 함께 다량의 수면제를 먹었습니다. 본인은 깨어났고 친딸은 숨졌습니다. 숨진 딸은 뇌병변 장애로 평생 누워 생활하다 최근 대장암 말기 판정을 받았습니다. 독박 간병. 영장 실질 심사를 받으러 법정에 들어가며 어머니는 말합니다. "너무 미안하다. 같이 살지 못해서…."

오늘 차별금지법 제정을 위해 46일간 곡기를 끊었던 인권 활동가 미류 씨가 단식 농성 중단 기자 회견에서 말합니다.

"차별금지법 제정을 요구하는 단식 투쟁으로 시작한 이 봄, 우리가 목도한 것은 이 땅의 정치의 참담한 실패입니다. 그것은 단지 차별금지법을 못 만드는 데 그치지 않습니다. 우리의 삶을 불평등과 부정의로부터 변화시킬 능력이 지금의 정치에 없다는 뜻입니다. 저는 더 이상 국회 앞에 밥상을 차려 놓고 기다리지 않기로 했습니다. 국회가 찾아오지 않는 것이 아니라 찾아올 정치가 부재함을 확인했기 때문입니다."

정치가 실패한 자리, 정치가 부재한 자리가 어디 국회 앞뿐이겠는가.

# 위안부사기청산연대

| 2022년 6월 16일 |

'조선인 위안부의 사기, 일본인에 대한 중대한 인권 침해'

수요 시위에 맞서 옛 일본대사관 앞에서 맞불 시위를 벌이는 '위안부사기청산연대'가 수요 시위 현장에 내건 현수막 문구입니다.

이틀 전 일본의 극우 매체 《산케이신문》은 이 단체 소속인 이우연 《반일 종족주의》 공동 저자, 대한민국엄마부대 대표 주옥순, 국사교과서연구소 소장 김병헌 씨가 베를린시 미테구에 설치된 위안부 소녀상 철거를 요구하기 위해 6월 25일부터 독일을 방문한다는 기사를 실었습니다.

지난 4월, 기시다 총리가 올라프 숄츠 독일 총리에게 철거 협조 요청을 했다가 거절당했던 바로 그 소녀상입니다. 일본 총리를 대신해서 '위안부사기청산연대'가 해외 원정 투쟁을 감행하는 것입니다.

"이러한 사기는 일한 관계뿐 아니라 국제 관계까지도 악화시키는 원흉이 되고 있다. 사기를 바로잡지 않고는 정상적 국제 관계를 구축할 수 없다. 위안부 문제의 사기를 퍼뜨리는 것은 그 어떤 이익도 낼 수 없으며 대립과 증오를 선동할 뿐이라는 것을 한국 연구자로서 독일 사람들에게 호소하고 철거를 강하게 요구해 나가겠다." 이들이 밝힌 독일 활동 계획입니다.

《산케이신문》은 "일독 수뇌 회담에서 위안부상의 철거를 독일 측에 요청했던 기시다 총리에게는 생각지도 못한 원군이 나타난 형국"이라며 이들의 활동을 높게 평가했습니다.

이우연, 주옥순, 김병헌 씨, 이왕 일본 총리의 원군을 자처하셨으니 일본 열도 내 지근거리에서 더욱 맹렬하게 활동하시는 것은 어떠신지요?

●

## 과학 방역

| 2022년 7월 19일 |

7월 19일 0시 기준, 코로나 확진자 수는 7만 3582명. 지난주 화요일 확진자 수는 3만 7360명, '더블링Doubling(감염병 일일 확진자 수가 2배 이상 급격하게 증가하는 현상)'입니다. 이 추세라면 일일 확진자 수는 곧 10만 명을 넘어서고 8월에는 30만 명까지 치솟을 것으로 보입니다.

"통제 중심의 국가 주도의 방역은 지속 가능하지 못하고 또 우리가 지향할 목표도 아니라고 생각한다. 개인 방역 수칙을 지키는 것은 나의 안전과 가족, 사회 구성원의 감염을 막는 가장 효과적인 수단이다." 백경란 질병청장이 오늘 브리핑에서 한 말입니다.

"우리 정부의 코로나 대응 기본 철학은 과학 방역이다. 국민들의 희생과 강요가 아닌 자율과 책임을 중시하며 중증 관리 위주로 국민의 생명과 건강을 살피는 데 만전을 기해야 한다." 오늘 윤석열 대통령이 국무회의에서 한 말입니다.

대응만 있고 대책은 없습니다. 각자도생 대한민국. 이제 국민들은 스스로 묻고 답을 찾을 수밖에 없습니다. 과학 방역이란 무엇인가? 자율 방역은 어떻게 하는 것인가? 참여 방역에는 어떻게 참여할 수 있는가?

그리고 '국가의 책임'이라는 것은 어디서 찾을 수 있는가?

●

## 아직까지 해방은 안 됐어

| 2022년 8월 15일 |

"남들은 해방이 되었다고 좋은 소리들 하지만 아직 우리에게는 해방이 되지 않았어. 일본하고 확실히 해결이 나야만 해방이 되지. 아직까지 해방은 안 됐어. 그러니까 끝까지 싸워야지." 김복동 할머니, 아니 여성 인권 운동가 김복동 님이 2018년 8월 14일, 일본군 '위안부' 기림일에 하신 말씀입니다.

여성 인권 운동가 김복동 님은 1991년 8월 14일, 일본군 '위안부' 문제를 생존자의 목소리로 처음 세상에 공개했습니다. 2012년 제11차 〈일본군 '위안부' 문제 해결을 위한 아시아 연대회의〉는 8월 14일을 세계 일본군 '위안부' 기림일로 정하여 피해자들의 희생과 용기 있는 여성들의 외침, 그리고 인류사에 다시 있어서는 안 될 일본군 성노예제 범죄를 널리 알려 나가기로 결의하였습니다.

첫 증언 이후 31년, 기림일 제정 이후 10년. 여성 인권 운동가 김복동 님은 끝내 진정한 '해방'을 보지 못하고 2019년 1월에 세상을 떠나셨습니다.

오늘 윤석열 대통령은 광복절 경축사에서 "우리의 자유를 되찾고 지키기 위해서 정치적 지배로부터 벗어나야 하는 대상이었던 일본은 이제, 세계 시민의 자유를 위협하는 도전에 맞서 함께 힘을 합쳐 나아가야 하는 이웃입니다. 한일 관계가 보편적 가치를 기반으로 양국의 미래와 시대적 사명을 향해 나아갈 때 과거사 문제도 제대로 해결될 수 있습니다"라고 말했습니다.

좋은 말씀입니다. 하지만 양국의 미래와 시대적 사명은 대체 무엇이길래 그 길로만 가면 과거사 문제까지 해결된다는 것인가요? 한일 관계가 기반으로 삼아야 한다는 그 '보편적 가치'에 전쟁 피해 여성의 인권은 들어가 있는 것일까요?

•

## 비겁하다
| 2022년 9월 21일 |

지난 19일, 장상윤 교육부차관은 〈2022 개정 교육과정〉에 대해 '국민 참여 소통 채널'을 통해 7860건의 의견을 모았다면서 내용을 소개했습니다.

• '자유민주주의'에서 '자유' 빼지 마세요.

해묵은 민주주의냐 자유민주주의냐 논쟁은 박근혜 대통령 탄핵 이후 폐기된 국정 역사 교과서 논란의 재판입니다. '자유'를 강조하는 정권의 입맛에 맞게 역사·사회 교육을 흔든다는 비난에 직면할 것이 뻔합니다.

- 사회적 소수자 사례로 명시된 성소수자 삭제.
- 성평등을 양성평등으로 수정해야.
- 인권 관련 지도 시 동성애, 성전환, 낙태 등의 사례가 포함되지 않도록 조치.
- '성인지 감수성, 젠더gender, 정상 가족 신화' 단어 삭제해야.
- 낙태의 보건적 유해성 및 윤리적 문제점 포함.

소수자에 대한 혐오를 노골적으로 드러내는 의견들입니다. 뿌리 깊은 성별 고정 관념과 성차별 문화를 바꾸기 위해 학교부터 국제 표준을 반영한 인권과 성평등 기반의 '포괄적 성교육'이 이루어지도록 노력해야 할 교육부가 혐오를 바탕으로 한 시대착오적 주장에 부화뇌동하는 것은 아닌지 걱정이 앞섭니다.

"저희들은 연구진들이 다소 어떤 불만을 가지고 수용하지 않는다 하더라도 국민들의 의견을 반영해 나가는 과정을 시행해 나갈 계획입니다." 장 차관의 말입니다. 교과서 연구진이 반대하더라도 밀어붙이겠다는 태세입니다.

국민 의견을 앞세워 혐오와 냉전을 교육하겠다는 교육부, 시대착오적이고 비겁하다.

•

## 진실은 힘이 세다

| 2022년 9월 29일 |

사흘 전, 2기 진실·화해를위한과거사정리위원회는 안산시 선감도 선감학원 암매장지를 여는 개토제開土祭를 지내고 시범 발굴을 시작했습니다. 그리고 하루 만에 치아 10여 개와 단추 4개가 발견되었습니다.

선감학원. 1942년 태평양전쟁의 전사를 확보한다는 구실로 설립한 아동 청소년 감화 시설입니다. 1982년까지 운영되며 부랑아 갱생·교육 등을 명분으로 아동과 청소년을 강제로 연행해 격리 수용했습니다. 강제 노역에 동원되거나 폭력과 고문, 구타와 영양실조로 아이들은 많이도 사망했습니다. 견디지 못한 아이들은 섬에서 탈출하다 바다에 빠져 목숨을 잃었습니다. 선감학원은 사망한 이들을 생존한 아동들로 하여금 직접 매장하게 했다고 합니다.

2020년 진실화해위원회에 진실 규명을 신청한 피해 생존자는 190명. 이들이 암매장지라고 한 곳에는 유해 150여 구가 묻힌 것으로 추정됩니다.

26일, 옛 광주교도소 터에 암매장된 262구의 유골 중에 DNA 대조를 통해 23세 청년 염경선 님을 찾아냈습니다. 말로만 떠돌던

5·18 사체 암매장이 사실이라는 직접적인 물증이 나온 것입니다.

진실은 묻어 둘 수 없습니다. 국가가 묻어 두고 싶었던 것이 국민의 생명과 인권이라면 더욱 그러합니다. 국민의 귀와 눈을 가리고 입에 재갈을 물리려 했던 모든 권력은 결국 심판받았습니다.

권력은 짧고 진실은 힘이 세다.

●

## 윤석열차

| 2022년 10월 4일 |

'윤석열차' 전국학생만화공모전 카툰Cartoon 부문에서 금상(경기도지사상)을 수상한 풍자만화의 제목입니다. 윤 대통령의 얼굴을 한 열차가 연기를 내뿜으며 달리자 시민들이 놀라 달아납니다. 열차의 조종석 위치에는 윤 대통령의 부인 김건희 여사로 추정되는 인물이 자리하고 있으며 나머지 열차에는 검사복을 입은 이들이 칼을 들고 서 있습니다.

옥스퍼드 사전은 카툰을 '주로 정치적인 문제를 풍자하는 한 컷짜리 만화'라고 정의합니다. 카투니스트 강일구는 카툰을 '풍자로 압축시킨 작은 우주'라고 설명합니다. 카툰은 당대의 정치 시사 이슈 풍자가 본질입니다.

오늘 문체부는 "전국학생만화공모전에서 정치적인 주제를 노골적으로 다룬 작품을 선정하여 전시한 것은 학생의 만화 창작 욕구를 고취하려는 행사 취지에 지극히 어긋나기 때문에 유감을 표하며 엄중히 경고한다. 엄정한 조치를 취하겠다'라는 입장을 내놓았습니다. 윤석열 대통령은 유엔총회에서 '한 국가 내에서 어느 개인의 자유가 위협받을 때 공동체 구성원들이 연대해서 그 위협을 제거하고 자유를 지켜야 한다'라고 연설했습니다.

그래서 저는 대통령 말씀대로 하기로 했습니다. 청소년 카투니스트의 표현의 자유가 위협받는다면 윤석열 정권의 위협을 제거하고 자유를 지키기 위해 우리 공동체의 구성원들과 연대하겠습니다. 어른 된 자의 도리이자 공화국 시민의 책임이기 때문입니다.

●

## 늑대가 나타났다

| 2022년 11월 22일 |

"신문에서는 양아치와 불량배가 데모했다고 하지만 실은 선량한 시민들과 학생들이 대부분이었습니다. 우리가 이 난국을 수습하지 못하면 광화문 네거리가 피바다가 됩니다." 안기부장 김재규가 부마항쟁을 두고 한 말로 전해집니다.

"야당이 됐건 학생이 됐건 탱크로 밀어 캄보디아에서처럼 이삼백만 명만 죽이면 조용해집니다." 경호실장 차지철이 각하에게 한 말입니다.

부마항쟁. 1979년 10월 16일부터 10월 20일까지 부산과 마산에서 일어난 대한민국의 민주화운동입니다. 박정희 체제에 대한 민중의 불만이 폭발하여 유신 정권을 무너뜨린 결정적 계기가 된 사건입니다. 2019년 부마항쟁은 국가 기념일로 제정되었습니다.

부마민주항쟁기념재단은 올해 기념식에서 가수 이랑에게 〈늑대가 나타났다〉라는 노래를 꼭 불러 달라고 했습니다. 행사의 성격에 딱 맞는다는 것입니다. 그런데 공연을 3주가량 앞둔 9월 말, 행안부가 재단 측에 "해당 노래를 빼 달라"고 요청합니다.

가수 이랑이 다른 노래를 불러 달라는 요청을 거절하자 재단은 다른 가수와 감독을 뽑아 행사를 진행했습니다. 가수 이랑이 행안부에 그 이유를 질문하자 일부 지급하기로 했던 출연료조차 아예 주지 않았습니다. 검열 아니냐는 JTBC의 질문에 대해 행안부는 "미래 지향적인 밝은 느낌의 기념식이었으면 좋겠다고 말했을 뿐, 검열은 없었다"고 답했습니다.

불편한 기자의 질문에도, 노래 하나에도 파르르 떨고 격노하시어 기필코 권력으로, 돈으로 혼구녕을 내고야 말겠다는 그 심보, 참 넓고 광활하다.

●

## 다수결과 실존

| 2022년 11월 28일 |

대법원 전원합의체가 지난 24일 미성년 자녀가 있는 성전환자도

정체성에 따른 '진정한 성'을 법적으로 승인받을 권리를 갖는다고 확인했습니다. 소수자의 존엄과 인권을 진일보시킨 역사적 판례 변경입니다. 대법원은 이번 판결에서 다수결과 실존, 그리고 사법의 역할에 대한 원칙도 천명했습니다. 대법원은 말합니다.

"성전환자의 성정체성 및 성별 정정 문제는 제도에 앞서는 인간 실존의 문제임을 깊이 성찰하여야 한다. 그렇기 때문에 이는 반대 의견의 언급과 달리 '사회적인 찬반양론'의 대상이 될 수 없다."

"사법은 다수결의 원칙이 지배하는 입법이나 행정과 달리 다수의 정치적·종교적·사회적 이해관계에서 벗어나 소수자를 보호하고 국민의 기본권을 보장하는 최후의 보루로써의 역할을 할 때 그 존재 의의가 있다. …성전환자의 성별 정정 허가 여부를 심리하는 법원은 성전환자가 소수자로서 겪는 차별과 감당해야 하는 고통의 깊이를 헤아리지 않은 채 사회 다수의 의사에 따라 피상적으로 결정하는 것을 경계하여야 한다."

실존은 다수결보다 존엄하며 그 존엄을 지키는 것이야말로 법원의 존재 이유라는 것입니다.

이달 초 교육부는 교과서에서 '성평등'이라는 단어도, '성소수자'라는 단어도 다 빼겠다는 결정을 했습니다. 대법원의 판결을 정면으로 거스르는 반인권적 결정입니다.

이런 태도로 누가 누구를 교육하겠다는 것인가? 후지다.

# 왜 쏘았지

| 2023년 2월 20일 |

꽃잎처럼 금남로에 뿌려진 너의 붉은 피

두부처럼 잘리어진 어여쁜 너의 젖가슴

오월 그날이 다시 오면 우리 가슴에 붉은 피 솟네

고 손옥례 씨의 사연을 담은 〈오월의 노래〉 1절입니다. 손옥례 씨는 좌유방부 자창, 우측흉부 총상, 하악골 총상, 좌측 골반부 총상, 대퇴부 관통 총상, 우흉부 관통 총상을 입고 사망했습니다. 계엄군 공수 부대의 총을 다섯 발 맞고, 대검에 의해 가슴이 찢겨 사망했다는 뜻입니다.

"상관의 명에 의거, 이곳 광주 현장에 파견되어 '질서 유지'의 임무를 맡아야 했던 군 선배 여러분들의 헌신과 노고, 희생에 대해서도 진심 어린 감사와 경의를 표합니다."

2월 19일, 최익봉 특전사동지회 총재가 일부 5·18 단체들과 함께한 화합 행사에서 한 말입니다. 여성의 가슴을 대검으로 도려내고 수많은 광주 시민을 총칼로 진압한 '화려한 휴가' 작전이 질서 유지 임무라고요?

진정한 화해의 전제는 진실 규명, 그리고 가해자의 사과입니다. 진실과 사과 없는 화해 제스처는 용서를 강요하는 폭력일 뿐입니다.

왜 쏘았지, 왜 찔렀지, 트럭에 싣고 어딜 갔지
망월동의 부릅뜬 눈 수천의 핏발 서려 있네

〈오월의 노래〉 2절입니다. 왜, 누가 발포 명령을 내렸는지, 사망자의 시신은 어디로 사라졌는지, 이 단순한 질문에 답하지 않는 한, 망월동의 핏발 서린 눈은 감기지 않는다.

●

# 넥타이를 없애도록 합시다

| 2023년 2월 21일 |

보건복지부가 지난 13일 공청회에서 발표한 '자살 예방 대책 시안'. 자살률을 낮추기 위해 제시한 5대 추진 전략 중 사회 자살 위험 요인 감소 항목에는 '산화형 착화제가 사용된 번개탄 생산을 금지한다'는 대책이 적시되어 있습니다.

복지부가 2022년 6월 발간한 《2022 자살예방백서》 68쪽에 수록된 2020년 자살 수단 비율은 목맴 52.3%, 추락 16.6%, 가스 중독 14.4%입니다.

그럼 이제, 자살 수단 1위인 '목맴' 감소를 위해 넥타이를 없애기로 합시다. 추락 방지를 위해 건물은 2층 이상 짓지 말 것이며 한강에 놓인 다리들은 모두 터널화하기로 합시다.

50대 자살률이 가장 높으니 50대를 없애고 40대에서 60대로 바로 넘어가는 것으로 합시다. 40대를 1기, 2기로 나눠서 지금의 50대는 40대 2기로 부릅시다. 자살 장소 비율은 주택이 65.2%이니 차제에 '주택'이라는 단어를 없애는 것도 진지하게 고민하기로 해요.

소고기 도맷값이 내려갔어요? 수요 공급 법칙에 따라 암소 14만 마리를 살처분해서 공급을 줄입시다. 그럼 올라갈 거예요. 쌀 공급이 과잉이니 양곡관리법 개정해서 정부가 사 주자고요? 안 됩니다. 재정 건전성에 누가 되는 일은 할 수 없죠. 소출이 많은 신동진벼를 심지 말도록 합시다. 그럼 정부가 쌀을 사 줘야 하니 마니 하는 논란도 없을 테니까요.

세상 참 쉽다.

●

## 누구나 어떠한 면에서는 소수자
| 2023년 2월 22일 |

서울고등법원은 21일 건강보험공단이 동성 부부라는 이유로 배우자의 피부양자로 인정하지 않았던 처분이 자의적인 차별 행위라면서 동성 부부의 손을 들어줬습니다. 동성 부부들에게 인정되는 사회 보장의 범위를 한 발짝 넓힌 판결입니다. 판결문의 한 대목은 이렇습니다.

성적 지향은 선택이 아닌 타고난 본성으로 이를 근거로 성격, 감정, 지능, 능력, 행위 등 인간의 삶을 구성하는 모든 영역의 평가에 있어 차별받을 이유가 없다는 점에 대한 인식이 확산되고 있고, 그에 따라 성적 지향을 이유로 한 기존의 차별들은 국제 사회에서 점차 사라져 가고 있으며, 남아 있는 차별들도 언젠가는 폐지될 것이다.

우리나라 역시 국가인권위원회법 제2조 제3호에서 성적 지향을 이유로 한 차별을 전형적인 평등권 침해 차별 행위 유형 중 하나로 열거하는 등 사법적 관계에서조차도 성적 지향이 차별의 이유가 될 수 없음을 명백히 하고 있으므로, 사회 보장 제도를 포함한 공법적 관계를 규율하는 영역에서 성적 지향을 이유로 한 차별은 더 이상 설 자리가 없다고 할 것이다.

누구나 어떠한 면에서는 소수자일 수 있다. 소수자에 속한다는 것은 다수자와 다르다는 것일 뿐, 그 자체로 틀리거나 잘못된 것일 수 없다. 다수결의 원칙이 지배하는 사회일수록 소수자의 권리에 대한 인식과 이를 보호하기 위한 노력이 필요하고, 이는 인권 최후의 보루인 법원의 가장 큰 책무이기도 하다.

인권 최후의 보루인 법원. 이 말이 지금, 이 땅 위에 그 뜻대로 이루어지길 바라 마지않습니다.

진실은 묻어 둘 수 없습니다.
권력은 짧고 진실은 힘이 세다.

# 응징받아야 할 사람은 누구인가

| 2023년 4월 7일 |

국가보훈처가 '건국 대통령' 이승만기념관 건립 예산으로 460억 원을 책정했습니다. 박정희, 김영삼, 노무현 전 대통령 기념 시설 건립 예산 200억 원, 59억 원, 115억 원에 비해 2배에서 8배 많은 액수입니다.

이상합니다. 전직 대통령 기념사업은 행정안전부 소관입니다. 그런데 이 사업은 보훈처에서 진행합니다. 왜일까요? 독재와 부정선거 때문에 4·19로 쫓겨난 이승만을 '전직 대통령 예우에 관한 법률'로는 지원할 수 없기 때문입니다. 그럼 무슨 근거로? 상해 임시정부 대통령으로 제1호 건국훈장을 받았기 때문이랍니다.

상해 임시정부가 발간한 《독립신문》 1925년 3월 25일 자 호외에는 임시정부가 이승만의 국제연맹 위임 통치 주장을 승인하지 않자 이승만은 이에 반발하여 직책을 수행하지 않고 독단적으로 행동했다는 이유로 '이승만 탄핵안이 통과되었다'라는 내용이 실려 있습니다. 제1호 건국훈장이요? 이 훈장은 1949년 이승만 대통령 본인이 본인에게 수여한 '셀프 훈장'입니다.

우리 헌법은 '대한국민은 3·1 운동으로 건립된 대한민국 임시정부의 법통과 불의에 항거한 4·19 민주 이념을 계승'한다고 규정하고 있습니다. 그런데 임시정부에서 탄핵되고, 4·19로 쫓겨난 사람을

'건국 대통령'이고 '독립 유공자'라며 정부 예산을 지원한다고요? 헌법 부정입니다.

하지만 박민식 보훈처장은 "이승만 건국 대통령을 도덕적 파탄자로 몰아가는 역사적 날조 행위에 당당히 맞서 싸우고, 이런 행위를 하는 자들을 역사 법정에 세워 응징할 수 있도록 해야 한다"라고 말했습니다.

응징받아야 할 사람은 도대체 누구인가.

●

## 그 입 다물라

| 2023년 4월 13일 |

"161명을 속초시청에 가뒀습니다. 5명, 7명씩 굴비 엮듯 데리고 가서 때리고 전기로 지지고 물로, 고춧가루로 고문했습니다. 구속이라는 것도 몰랐습니다. 어른들이 그냥 다 알아서 하는 줄만 알았습니다. 재판장님, 열다섯, 열여섯 애들에게 이건 정말 잘못됐습니다."

2022년 9월 7일 춘천지방법원. 1971년 8월, 우리 해역에서 북에 납치됐다가 천신만고 끝에 고향에 돌아온 후 간첩 누명을 쓰고 억울한 옥살이를 했던 분들에 대해 재판을 다시 할지 결정하기 위해 검찰의 직권 재심 신청으로 열린 법정에서 피해자 한 분이 피를 토하듯 쏟아 낸 말입니다.

재심이 개시되고 첫 공판이 열린 지난 3월 31일, 피해자들은 춘천지법에 다시 모였습니다. 고성, 속초, 강릉, 동해에서 새벽차를 타고 온 분들, 보성에서 하루 전 출발해 춘천에서 잔 승운호 기관장 등 30명은 가슴을 쓸어내리며 기다렸습니다. 하지만 공판은 10분 만에 끝납니다.

검사 왈 "검찰의 입장이 아직 정리되지 않아 연기를 요청합니다." 재심 개시 결정 후 4개월 동안 피해자들이 무죄인지, 아직도 국가보안법 위반 범죄자인지 검찰이 정리하지 못했다고요? 직무 태만입니다. 나아가 또다시 유죄 구형을 한다면 검찰은 피해자들을 두 번, 세 번 죽이는 일입니다.

한동훈 법무부장관은 작년 12월 속초지청의 납북 귀환 어부 직권 재심 신청과 관련해 "과거의 잘못을 바로잡고 오랫동안 고통받은 피해자와 가족들에 대한 필요한 조치 의무"를 했다고 자랑했습니다. 어제 김건희 여사는 납북자 가족을 만나 "수십 년 동안 한이 되었을 것"이라며 "정부와 국제 사회가 나서야 한다"고 말했다고 보도되었습니다. 피해자들은 누군가의 홍보 수단이 아닙니다.

그러니 제발 그 입이라도 좀 다무시라.

●

## 이민청

| 2023년 4월 19일 |

"법에는 피도 눈물도 없다지만, 유독 농민들을 향해 이렇게까지

칼을 휘두르는 나라가 어디 있습니까. 농민 목소리에 귀를 열지 않으면 나라의 근간이 무너지는 것은 순식간입니다." 농민 고석재 씨가 분통을 터뜨립니다. 지난 2월 1일, 승합차 2대에 나눠 탄 법무부 직원 10여 명이 고석재 씨 농장에 들이닥쳐 12명의 농업 노동자가 불법 체류자라며 잡아갔습니다.

대한민국 농업 노동력의 80~90%는 이주 노동자입니다. 이주 노동자 없이 대한민국 농업은 유지가 불가능합니다. 고 씨는 알음알음 찾아온 외국인들을 다시 고용했습니다. 단속을 피해 밤 10시부터 새벽 5시까지 선별 작업을 했고, 법무부 직원들이 쉬는 날만 골라 '숨바꼭질 농사'를 지었습니다.

2월 22일 새벽, 법무부 직원들은 다시 고 씨 농장을 급습합니다. 일할 사람이 한 명도 남지 않았습니다. 불법 체류자 고용 범칙금 5000여만 원 통지서까지 받아 든 고 씨는 유서를 쓰고 뒷산에 오르기도 했습니다.

한동훈 법무부장관은 41만 명의 불법 체류자를 올해 안에 20만 명으로 줄이라고 명합니다. 예배를 보는 대구 소재 교회, 태국 유명 가수의 공연장, 방방곡곡 농장마다 실적 채우기식 단속이 지금도 이어지고 있습니다.

한동훈 법무부장관은 취임사에서 이민청을 만들겠다며 이렇게 말했습니다. "선진화된 이민법제와 시스템을 구축해 우리 사회와 지역 경제에 동력이 될 수 있는 우수 인재를 유치하고, 적재적소에 역량을 발휘할 수 있도록 견인하는 외국인 정책을 추진하겠습니다."

우수 인재 따로, 때려잡아 추방해야 할 종족 따로 구분하는 법무부의 외국인 정책이야말로 차별과 혐오가 아니고 무엇이란 말인가. 아, 이것도 저만의 억측인가요?

•

## 전광훈

| 2023년 5월 15일 |

"광주 시민이 입은 피해는 철저하게 계획된 북한 고정 간첩의 선동으로부터 시작되었을 것이다. 그 신원을 확인할 수 없는 망월동 묘지의 무덤들은 남한 연고지가 없는 북한 고정 간첩일 수 있다는 가능성을 배제할 수 없다. 5·18특별법을 전면 폐기하고, 5·18 유공자 명단 및 유공자 선정 사유를 공개하라."

5·18이 다가오니 또 출현하신 전광훈 씨의 오늘 기자 회견문 일부입니다.

대한민국은 국가 유공자, 베트남전 참전 고엽제 후유증 환자 명단, 특수 부대에서 근무한 유공자 명단도 공개하지 않습니다. 당신의 주장처럼 북한 간첩이 있어서 5·18 유공자만 명단을 비공개하는 것이 아닙니다. 5·18 유공자 명단 공개를 요구하는 재판 판결문에도 나오는 사실입니다. 법원은 사생활 침해 우려라는 명단 비공개의 원칙적인 이유에 이렇게 그 이유를 덧붙였습니다.

"5·18유공자법 시행 이후에도 여전히 5·18 민주화운동이나 유공자법의 정당성에 의문을 제기하거나 유공자 예우를 반대하는 국민이 있다. 이런 상황에서 유공자의 개인 정보가 공개되면 유공자를 둘러싼 음해에 가까운 공격, 과도한 비판이 이뤄져 사생활의 비밀이나 자유가 침해될 위험이 매우 크다."

당신들 같은 가짜 혐오 선동 세력들의 음해에 가까운 공격 때문에 더욱 공개할 수 없다는 겁니다.

날이 궂으면 관절통이 도지고, 달이 뜨면 개들이 짖는다.

●

## 진정성
| 2023년 5월 18일 |

5·18 광주민주화운동 43주년입니다. 오늘 윤석열 대통령은 작년에 이어 정부 여당 인사들을 대동하고 기념식에 참석했습니다. 잘한 일입니다. 하지만 미덥지 못합니다. 진정성이 느껴지지 않기 때문입니다.

"5·18 민주화운동에 북한이 개입했을 가능성을 배제할 수 없다." 윤 대통령이 임명한 김광동 진실·화해를위한과거사정리위원회 위원장의 소신을 담은 발언입니다. 진실 대신 거짓을, 화해 대신 화를 돋우는 소신입니다.

"5·18 왜곡 처벌법은 위헌이다." 박민식 국가보훈처장의 주장입니다. 국가보훈처는 오늘 공식 SNS에 5·18 기념 게시물로 계엄군이 주인공인 사진을 버젓이 올려놓았습니다. 비판이 거세지자 보훈처는 '5·18의 과거와 미래를 보여 주는 캠페인이었다'고 해명하면서 해당 사진을 슬그머니 내렸습니다. 계엄군이 5·18의 주역이라 생각하기 때문에 의도적으로 올린 사진이라면 소위 '개사과' 시즌 2이고, 의도가 없었다면 5·18에 대한 기본적인 학습도 공감 능력도 전혀 없다는 자백입니다.

말한 대로 행동하는 것을 진정성이라고 합니다. 대통령이 김광동, 박민식 두 사람을 임명한 것은 대통령의 행동이 대통령의 말을 배신한 것입니다. 이들을 그 자리에 둔 채로 5·18 기념식에서 5·18을 찬양하는 발언을 하는 것은 호남 표를 의식한 진정성 없는 거짓말로 비춰질 것입니다.

말과 행동이 정반대인 사람, 그 말로 사람을 속여 자신의 잇속을 챙기는 사람, 그런 사람을 우리는 뭐라고 불러야 할까.

●

## 제복 입은 영웅들
| 2023년 6월 23일 |

지난 20일, 부산 해운대구 호텔에서 화재가 발생했습니다. 소방 대원들의 헌신적 화재 진압 덕분에 170명의 투숙객 중 큰 부상자 없이 종결되었습니다.

"이미 연기가 자욱한 복도에서 큰일이라는 생각을 했는데 그 순간 갑자기 소방대원이 다가와 산소마스크를 건네줬고 안내에 따라 착용하고 무사히 건물 밖으로 탈출했습니다."

탈출한 투숙객 중 한 명이 맑은 공기를 마시는 순간, 땀에 흠뻑 젖은 채 무릎을 꿇고 숨을 고르는 한 소방관을 발견했다고 합니다.

작년 평택 냉동 창고 화재 현장에서 3명의 소방관이 순직했습니다. 울산 성남동에서, 이천 쿠팡 물류 센터에서, 전국 방방곡곡에서 소방관들이 죽습니다. 지난 10년간 55명의 소방관이 죽었습니다. 지방직에서 국가직으로 바뀌었다지만, 현장 장비는 많이 현대화되었다지만, 현장 인력은 여전히 부족해서 생기는 죽음이라고 소방관들은 진단합니다.

대한민국 정부는 2018년 5671명, 2019년 5387명, 2020년 4691명, 2021년 4482명의 소방관을 채용했습니다. 그런데 2022년 소방관 채용자 수는 3814명으로 668명이 줄더니 올해는 1560명으로 급락했습니다. 2018년 5671명과 비교해 보면 무려 4111명이 줄어든 겁니다.

윤석열 대통령은 지난 현충일 추념사에서 "제복 입은 영웅과 그 가족들이 자긍심 갖게 하겠다, 끝까지 기억하고 예우하겠다"고 말했습니다. 현장 인력 부족으로 '제복 입은 영웅'들은 죽어 나가는데, 입으로 웅얼거리기만 하는 자긍심, 기억, 예우 따위, 그게 다 무어란 말인가.

# 만물 종북 주사파 기원설

| 2023년 7월 25일 |

서이초등학교 선생님 한 분이 세상을 버렸습니다. 사실은 밝혀져야 하고 책임은 규명되어야 하며 대책은 수립되어야 합니다. 선생님들이 모두 성직자는 아니지만 내 아이만 차별하는 편벽한 악당도 아닙니다. 학생들 모두가 천사일 수 없듯이 또한 그들 모두가 통제 불능 금쪽이인 것도 아닙니다. 학부모 모두가 합리적인 것은 아니지만 그렇다고 모두가 제 자식만 귀한 줄 아는 몰상식한 블랙 컨슈머black consumer도 아닙니다. 그래서 이 사안은 섬세하게, 아주 섬세하게 다뤄야 합니다.

그러나 대통령과 정부 여당은 이 사안이 참 쉽습니다. 윤석열 대통령은 24일 수석비서관회의에서 "교권을 침해하는 불합리한 자치 조례 개정을 추진하라"고 지시합니다. 이주호 교육부장관은 "학교에서 학생의 인권이 지나치게 강조되고 우선시되면서 교사들의 교권은 땅에 떨어졌다"고 말합니다. 국민의힘 윤재옥 원내대표는 25일 학생인권조례를 '학생 반항 조장 조례'이자 '학부모 갑질·민원 조례'라고 평가했습니다. 학생 인권과 교권이 대립적 관계도 아닌데, 이분들 대체 왜 이러는 걸까요?

대통령실 핵심 관계자의 인터뷰를 보니 이해가 확 갑니다. "초등교사의 극단적 선택은 '학생인권조례'가 빚은 '교육 파탄'의 단적인

예"라며 "과거 종북 주사파가 추진했던 대한민국 붕괴 시나리오의 일환"이라는 겁니다.

억울한 교사의 죽음이 반복되지 않으려면, 교실 붕괴를 해결하려면, 이제 우리는 대한민국 붕괴를 목적으로 학생 인권을 주장하는 종북 주사파를 척결하면 되는 겁니다. 참 쉽죠?

만물 종북 주사파 기원설, 자격이 없다.

●

## 사법입원제
| 2023년 8월 7일 |

2013년, 쉬고 있던 박 씨의 집에 남자 3명이 들이닥쳤습니다. 박 씨는 승합차에 태워져 영문도 모른 채 정신 병원에 입원을 당했습니다. 박 씨의 재산을 노린 자녀가 '가족들의 동의' 요건을 갖춰 강제 입원시킨 겁니다. 사설 '응급 이송단'이 이들의 손발 노릇을 했습니다. 박 씨의 인신 보호 청구 사건 담당 서울중앙지법은 박 씨의 강제 입원을 정당화해 준 정신건강보호법 위헌 제청을 했고, 헌법재판소는 2016년 헌법 불합치 결정을 했습니다.

헌재는 이 법이 정신 질환자의 신체의 자유를 지나치게 제약하고, 보호 의무자와 정신 질환자 사이의 이해 충돌을 적절히 예방할 수 없어서 헌법을 위반했다고 결정했습니다. 그리고 7년이 지났습니다.

〈"정신 질환 인권 찾다간" 4년 전 이미 경고… 범죄만 늘었다〉M 신문사의 오늘 자 기사 제목입니다. 이 기사는 '인권 보장' 미명하에 정신 질환자들을 강제 입원시키지 않아서 '묻지 마' 칼부림 사건이 증가하고 있다면서 정신 질환자들을 더 쉽게 강제 입원시켜야 한다고 주장합니다.

한동훈 법무부장관은 정신 질환자에 대한 '사법입원제'를 검토하고 있다고 하고, 안철수 의원은 전 국민 대상 정신 건강 검진을 의무화하고 전문가위원회의 결정에 따른 강제입원제를 도입하자고 합니다. 모두 위헌 소지가 큰 발상입니다.

'묻지 마' 살인 사건이 터질 때마다 개인의 정신 병력에서 나온 것으로 쉽게 치부하는 손쉬운 원인 진단, 병원 밖 치료 시스템은 개선하지 않은 채 개인을 정신 병원에 가둬 놓고 안 보이게 하면 된다는 식의 반인권적 발상, 정신 질환자에 대한 혐오 감정을 부추기는 정책, 장갑차에 중무장한 경찰 특공대나 세워 두고 열심히 일하는 척하는 태도.

하나같이 다, 후지다.

●

## 15엔 50전

| 2023년 9월 6일 |


"쥬우고엔 고쥬센(15엔 50전)이라고 해 봐!"

손짓 당한 그 남자는

군인의 질문이 너무도 갑작스러워

그 의미를 그대로 알아듣지 못해

잠깐, 멍하게 있었지만

곧 확실한 일본어로 대답했다.

"쥬고엔 고쥬센."

"좋아!"

칼을 총에 꽂은 병사가 사라진 뒤에

나는 옆에 남자의 얼굴을 곁눈질로 보면서

"쥬우고엔 고쥬센."

"쥬우고엔 고쥬센."

이라고 몇 번씩이나 마음속으로 반복해 보았다.

그래서 그 질문의 의미를 겨우 이해할 수 있었다.

아아, 젊은 그 시루시반탱을 입은 남자가 조선인이었다면

그래서 "주우고엔 고쥬센"을

"츄우코엔 코츄센"이라고 발음했더라면

그는 그곳에서 곧 끌어내려졌을 것이다.


　지금으로부터 100년 전 9월 1일, 간토의 조선인 학살 광경을 담은 일본 시인 '쓰보이 시게지'의 시 〈15엔 50전〉의 일부입니다. '15엔 50전'은 일본어 탁음을 발음하지 못하는 조선인을 골라내기 위한 도구로 쓰인 단어입니다. 15엔 50전을 일본인처럼 발음하지 못한 사

람들은 맞아 죽고 찢겨 죽었습니다. 인종 청소, 제노사이드입니다.

'경관에게 연행돼 가던 한 남자를 군중이 조선인이라고 욕하더니 가까운 연못에 던지고 세 명이 굵은 몽둥이로 내리쳤다. 이미 죽은 시체를 연못에서 꺼내 몸이 찢어지고 피가 튀었다.'(9월 2일 도쿄) '손에 쥔 죽창과 칼로 조선인의 몸 이곳저곳을 찔렀는데 신음과 고성이 섞인 처참한 광경이었다.'(9월 2일 요코하마) 조선인 사망자 수는 6600~2만 명으로 추산.

윤석열 대통령은 조총련을 포함한 50여 개 단체가 공동 주최한 간토 학살 피해자 추도제에 참여한 윤미향 의원을 '국체'를 부정하는 반국가 세력으로 지목하는 한편, 역사 왜곡 대응 전담 기관 '동북아역사재단'의 '일본 역사 왜곡 대응 연구' 예산을 올해 20억 원에서 내년 5억 3000만 원으로 73.5% 삭감했습니다. 그런 연구, 하지 말라는 뜻입니다.

누가 반국가 세력인가.

•

## 약자 복지?

| 2023년 9월 12일 |

9월 8일, 경찰과 소방대원들이 전북 전주시 완산구 서신동 빌라의 문을 강제로 열었습니다. 널브러진 쓰레기와 역한 냄새, 그리고 40대 여성의 시신과 굶주려 의식을 잃은 네 살짜리 아이. 다행히 이

송된 아이는 의식을 찾았지만 우리는 아직 그 아이의 이름조차 알 수 없습니다. 미등록 그림자 아이.

'비극의 전조'는 있었습니다. 여성은 2021년 5월부터 건강보험료를 내지 못했습니다. 도시가스도 종종 끊겼습니다. 2021년에는 잠시 위기 가구 대상 명단에 포함되기도 했지만 2022년에는 명단에서 빠집니다. 2023년 7월, 다시 포함되면서 전주시는 접촉을 시도했으나 실패했습니다.

지난해 8월, 생활고와 투병 끝에 숨진 뒤 뒤늦게 발견된 '수원 세 모녀' 사건, 서대문구 모녀 생활고 사망 사건 이후 정부는 사각지대 발굴 개선 대책을 발표하면서 위기 가구 포착 정보를 39종에서 올해 12월부터 44종으로 확대했습니다. 그런데 포착 정보 수를 늘리면 위기 가정 발굴과 관리가 저절로 되나요? 지금도 전주시의 현장 공무원은 1인당 평균 위기 가정 283명을 담당하고 있는데, 그걸 포착하고 관리할 공무원 수는 늘어났나요? 아니요, 늘어나지 않았습니다. 오히려 정부는 그들에게 고독사 예방 업무를 더 얹어 줬습니다.

지난 29일, 대통령은 "선거 매표 예산을 배격해 절약한 재원으로 서민과 취약 계층, 사회적 약자를 더욱 두껍게 지원하겠다"고 말했습니다. 어떻게요? 노인 등 수혜자에 대한 직접 지원, 소위 '매표 예산'은 증액하는 한편, 현장 인력은 1도 늘리지 않으면서 도대체, 어떻게요?

약자 복지? 두터운 지원? 허울 좋은 말잔치.

4장

아무도 책임지지 않는 나라

# 감. 사. 합. 니. 다.

•

2022년 10월 29일 21:07 / NO. 10697번
112신고 접수 녹취록[7]


경찰관 : 긴급 신고 112입니다.

신고자 : 네, 안녕하세요. 여기 지금 이태원 위쪽 핼러윈 거리
인데요. 만남의 광장이란 술집 쪽인데, 여기 지금 사람들 너무
많아서 압사당할 위기거든요. 선생님 여기 와서 ○○(소음으로
확인 불가)해 주셔야 해요. 사람 다 원 웨이, 일방통행할 수 있게
통제 좀 부탁드릴게요.

경찰관 : 네, 알겠습니다.

신고자 : 네, 감사합니다.


'감. 사. 합. 니. 다.' 이 다섯 글자를 몇 번이나 다시 읽습니다. 이
신고자는 누구에게, 그리고 무엇에 감사한 것일까요? 내가 신고하

면 경찰이 즉시 출동해서 이 혼란스러운 상황을 정리하고 위험에서 벗어날 수 있을 것이라는, 이 나라에 대한 철석같은 믿음이 있었기에 '감사합니다'라고 마지막 인사를 했을 겁니다.

대통령, 국무총리, 행안부장관, 경찰청장, 서울시장, 용산구청장까지 국민의 생명과 안전을 지킬 책임과 의무를 가진 사람 누구 하나 '제 책임입니다. 제 잘못입니다. 사죄드립니다'라고 나서지 않는 지금, 윤석열 정부는 이 신고자에게 '감사합니다'라는 말을 들을 자격이 없습니다.

아무도 책임지지 않는 나라, 각자도생 대한민국. 윤석열 정부 600일.

●

# 강남역 슈퍼맨

| 2022년 8월 9일 |

"실시간 강남역 슈퍼맨 등장. 아저씨 한 분이 폭우로 침수된 강남역 한복판에서 배수관에 쌓여 있는 쓰레기를 맨손으로 건져 냄. 덕분에 종아리까지 차올랐던 물도 금방 내려감. 슈퍼맨이 따로 없음." 어젯밤 SNS에 올라온 글입니다.

윤석열 대통령은 어제저녁 집중 호우 속에서도 퇴근했습니다. 대통령실 누구도 퇴근을 만류하지 못했습니다.

피해가 심각해지자 대통령은 중대본으로 가려 했지만 자택 주변이 침수되어 부득이 집에서 한덕수 총리, 오세훈 서울시장 등과 삼각 통화를 하면서 대응 지시를 내렸다고 합니다. 헬기 이동은 주민들에게 피해가 갈까 봐 하지 않았다는 해명이 추가되더니, 오늘은 의전 등으로 대응 능력이 떨어질 수 있기 때문에 중대본에 일부러 가지 않았다고 해명했습니다. 시시각각 집에 머물렀던 이유가 달라졌습니다. 무능한 공보 대응입니다.

청와대 지하 벙커에는 국방, 재난, 소방 관련 위기 상황을 통합 관리하던 '국가위기관리센터'가 있었습니다. 용산 집무실로 이사를 가면서 대통령실은 대통령을 따라다니는 '국가지도통신차량'이 있어 문제없다고 했습니다.

어젯밤, '국가지도통신차량'은 어디에 있었나요? 대통령이 있는 곳이 상황실이라고 해명했던데, 그 상황실에서는 누가 대통령과 함께 위기 상황에 대처했나요?

지금 우리에게 필요한 것은 강남역 슈퍼맨이 아니라 '국가'다.

●

## 경중도, 선후도, 앞뒤도 없다

| 2022년 8월 10일 |

"내가 퇴근하면서 보니까 벌써 다른 아파트들이, 아래쪽에 있는 아파트들은 벌써 침수가 시작되더라." 어제 윤 대통령이 한 말입니다. 침수 사실을 알고도 퇴근했다는 비판에 대해 강승규 시민사회 수석은 "비가 온다고 그래서 대통령이 퇴근을 안 합니까?"라고 되물었습니다.

설사 퇴근을 했더라도 차를 돌렸어야 하지 않느냐는 추가 질문에 대해 "차를 못 돌리는 퇴근을 하고 계셨던 것 같다"라고 답했습니다. 차를 못 돌리는 퇴근이라고요? 서초동에는 유턴 차선이 다 사라졌나요? 첫 단추를 잘못 꿰니 논리에 닿지 않는 변명이 꼬리를 뭅니다.

"어떻게 여기 계신 분들은 미리 대피가 안 됐는가 모르겠네." 윤 대통령이 반지하 주택에 살던 발달 장애인 일가족 3명 침수 사망 사고 현장에서 한 말입니다.

"학생들이 구명조끼를 입고 있었다는데, 그렇게 찾기 어렵습니까?" 세월호 사고 당시 박근혜 대통령이 했던 말입니다.

대통령실은 반지하 주택을 바라보는 대통령 사진을 카드 뉴스로 만들어 배포했습니다. 무능하고 잔인한 홍보입니다. 취임 100일을 일주일 앞둔 윤석열 정부. 보건복지부장관, 교육부총리, 공정거래위원장, 검찰총장은 공석입니다. 경찰과 야당, 국민들의 비판에도 불구하고 윤희근 경찰청장은 오늘 임명장을 받았습니다.

능력은 둘째치고 공감도, 경중도, 선후도, 앞뒤도 없다.

●

## 애도

| 2022년 10월 31일 |

오늘 자 《조선일보》는 '지금은 온 국민이 희생자들의 명복과 그 가족들에 대한 위로에 마음을 모을 때'라는 취지의 사설을 냈습니

다. 지금은 애도만 하고 정치적으로 해석하지 말자? 이게 가능한 일인가요?

애도는 회복 불가능한 상실인 죽음에 대한 남은 자들의 응답입니다. 개인적 죽음에 대한 개인적 추모는 사적 애도입니다. 공동체를 위한 희생, 국가 폭력에 의한 죽음, 재난에 따른 참사 등에는 공동체 또는 전 지구적 관계망에서 애도가 이루어지는 사회적 애도가 이어집니다. 정치적 애도는 공동체가 추구하는 이상 또는 가치의 위협, 훼손으로 극도의 비통함을 경험하며 사회의 긍정적인 변화를 도모하는 사회 구성원과 공동체의 응답을 뜻합니다.

이태원 참사가 그저 개인적 죽음이 여럿, 동시에 일어난 사건이라면 사적 애도로도 갈음할 수 있습니다. 하지만 이 사건은 생명과 안전이라는 대한민국의 근본적 가치와 이상을 위협하고 훼손한 사건입니다. 그렇다면 그 근본적 원인이 무엇이며 그 사태의 책임은 어디에 있는가를 가리는 것은 이 사건에 대한 애도의 처음이자 마지막입니다. 이태원 참사는 정치적 애도 없이는 애도 자체가 불가능한 사건이라는 것입니다.

기실 '지금은 애도만'이라는 말은, 오직 슬퍼하고 불쌍해하기만 하자는 말입니다. 이러한 애도야말로 희생자에 대한 동정에 머물뿐, 그 죽음과 고통의 근원적인 원인에는 무관심한 '무책임한 애도' 아닌가요? '지금은 애도만'이라는 말을 앞세워 청년 154명의 죽음의 원인과 책임은 따지지 말자는 말이야말로 가장 나쁜 정치의 변명 아닌가요?

끝까지, 근본적으로 이 참사의 원인과 책임을 따져 묻겠습니다. 생때같은 내 새끼들에게 '얘들아, 이제 집에 가자'라고 말할 수 있을 때까지.

●

# 사죄

| 2022년 11월 2일 |

1970년 12월 7일 아침 7시, 폴란드 바르샤바 자멘호파 유대인 위령탑. 초겨울 빗속에 서독 총리 빌리 브란트가 흰 카네이션을 바쳤습니다. 잠시 묵념한 브란트가 뒤로 물러나는가 싶던 순간 탄성이 터집니다. 브란트가 무릎을 털썩 꿇은 것입니다. 역사는 '20세기 정치사에서 가장 극적이고 가장 인간적인 장면, 브란트 한 사람이 무릎을 꿇어 독일 민족 전체가 일어섰다'고 평가합니다.

개인 빌리 브란트는 히틀러 집권 직후부터 반나치 운동을 펼쳤기 때문에 사과할 필요가 없습니다. 하지만 그는 자신이 저항했던 정권의 범죄에 대해 독일 총리로서 책임을 지고 무릎을 꿇은 것입니다.

"여기서 그렇게 많이 죽었단 말이야?" 지난 30일 오전, 이태원 참사에 대한 사과 없는 담화 발표 직후 현장을 방문한 윤 대통령이 한 말입니다.

왜 우리 대통령은 그 자리에 털썩 무릎을 꿇을 수는 없었을까요?

왜 빠져나갈 출구가 없어 희생자들이 짓눌려 죽어 갔던 그 골목 담벼락에 가만히 두 손을 붙이고 기도할 수는 없었나요? 그저 그 참사의 현장을 한동안 물끄러미 바라보고 있을 수는 없었나요?

자식을 잃고 창자가 끊어지는 부모의 심정, 숨을 쉬지 못해 끝내 유명을 달리한 희생자들의 고통, 세월호 이후 또다시 가슴에 구멍이 뚫려 버린 국민들의 애끓는 마음을 느끼지 못하시나요? 거기에 현장 검증하러 가신 건 아니지 않나요?

왜 미안함과 눈물은 국민들만의 것인가.

●

# 꼬리 자르기
| 2022년 11월 7일 |

질문은 두 가지로 압축됩니다.

첫째, 누가 경찰력을 마약 수사 업무에 집중 배치하고 시민의 생명과 안전을 보호하는 혼잡 경비 업무에는 전혀 배치하지 않는 결정을 했는가?

둘째, 왜 그런 결정을 했는가?

참사 하루 전인 10월 28일, 김광호 서울경찰청장은 '핼러윈 데이 대비 마약류 범죄 예방·단속을 위한 특별 형사 활동 계획'을 서울 전 지역 경찰서 형사과장과 수사 감사관에게 하달했습니다. 용산서가 15명을 투입하기로 했던 마약 수사 인력을 서울경찰청이 인근서 직원들까지 총력 투입시켜 52명으로 3배 이상 늘린 것입니다.

10월 초와 10월 26일, 용산경찰서 정보과는 "핼러윈 기간 대규모 인파가 몰려 안전사고가 우려된다"는 내용의 정보 보고서를 작성했습니다. 하지만 이 보고서는 서울경찰청에 보고되는 과정에서 무시되거나 내용이 삭제되었습니다. 이에 따라 시민 안전 전담 인력은 배치되지 않았습니다.

그렇다면 첫 번째 질문 '누가'에 대한 답변은 김광호 서울경찰청장입니다. 이제 김광호 서울청장의 결정에 윗선의 개입이 있는지, 그리고 왜 그런 결정을 했는지를 밝혀야 합니다.

그런데 경찰 특수본은 김광호 서울청장을 아예 수사 대상에서 뺐습니다. 서울청장을 수사하면 그 윗선인 윤희근 경찰청장, 이상민 행안부장관, 국무총리, 대통령실로 수사가 확대되는 것이 불가피하기 때문 아닌가요? 결국 '왜 경찰은 마약 수사에 집착했는가'라는 질문을 피하기 위한 것 아닌가요?

누가 이 상황을 꼬리 자르기가 아니라고 말할 수 있겠는가.

●

## 극장 국가

| 2022년 11월 8일 |

'극장 국가'는 인류학자 클리퍼드 기어츠Clifford Geertz가 인도네시아 발리 느가라Negara의 사례를 통해 제시한 개념입니다. 물리적 강

제가 아닌 화려한 의례와 공연의 과시로 통치되는 국가를 통칭합니다. 이 극장의 스포트라이트는 지배 권력의 힘에 맞춰져 있으며, 그로 인해 구성원들은 자신의 삶을 바꿀 수 없는 질서로 받아들이게 됩니다.

일본의 역사학자 와다 하루키, 한국의 권헌익과 정병호는 이 개념을 김정일의 권력 승계와 연결시켜 북한의 정치 구조, 특수한 정치 체제와 문화 예술을 체계적으로 분석했습니다.

10·29 참사의 국정 애도 기간이 끝났습니다. 윤석열 대통령은 희생자의 사진도, 위패도, 이름도 없는 분향소에 6번 조문했고 종교 행사마다 찾아다니며 기도하는 모습을 미디어에 공개했습니다. 어제는 격노하며 깨알 같은 1만 자 경찰 질타 훈시를 했습니다. 이 무대극의 스포트라이트는 대통령에게 맞춰져 있습니다.

대통령과 가까운 공무원은 조연, 말단 경찰들은 빌런Villain, 구체적인 삶에 대한 정보의 통제로 그저 '156'이라는 숫자로만 표시될 뿐인 참사 희생자들은 대통령의 진정성을 증거 하는 무대의 배경인 각본. 숭고한 애도의 무대를 소란스럽게 할 가능성이 있는 진상 규명, 책임자 처벌을 요구하는 국민들은 극장 출입이 불허될 것입니다.

대통령의 애도 극장은 곧 빌런을 퇴치하고 막을 내릴 것입니다. 하지만 국민들은 막을 내리면 각자 집으로 돌아가는 구경꾼이 아닙니다. 누가, 왜 핼러윈 인파를 보호의 대상이 아니라 잠재적 마약 사범, 무질서한 계도와 체포의 대상으로 삼았는지 밝히는 것이야말로 애도의 처음이자 끝이기 때문입니다.

진정한 애도의 시간은 이제 시작이다.

●

# 존 페터먼의 문신

| 2022년 11월 11일 |

이번 미국 중간 선거에서 가장 뜨거운 주목을 받는 사람은 펜실베이니아주 상원의원으로 당선된 존 페터먼John Fetterman입니다. 2미터 3센티미터의 거구인 그는 청소년기에는 미식축구 선수였고 정치인이 된 뒤에도 부인과 함께 치마를 입는 등 괴짜로 불렸습니다. 민주적 사회주의자를 자처하는 버니 샌더스 이후 가장 진보적인 상원의원으로 평가받습니다.

미국 극우 매체와 기업들은 '페터먼은 빨갱이다'라는 메시지를 담은 광고를 제작하고 배포하는 데 천문학적인 돈을 지출했습니다. 선거를 앞둔 어느 날, 극우 매체《폭스뉴스》는 존 페터먼과의 인터뷰에서 정치인이 왜 양팔에 거창한 문신을 새겼느냐고 트집을 잡았습니다.

선거 운동 중 뇌졸중으로 쓰러지기도 했던 그는 어렵게 입을 열었습니다. 그의 왼팔에 크게 새겨진 '15104'. 이 숫자는 자신이 시장으로 있던 브래독시의 우편 번호입니다. 브래독시에 대한 헌신과 사랑을 상징한다고 합니다.

오른팔에 새겨진 9개의 숫자는 15년간 브래독 시장으로 재직하는 동안 9명이 폭력 사건으로 사망했는데 그 날짜를 새겼다고 합니다. 그중 7개의 숫자는 같습니다. 총기 사고 때문입니다. 페터먼은 시장으로서 자신의 책임을 상기하고 희생자들을 애도하기 위해 그 숫자를 몸에 새겨 넣은 것입니다.

누군가는 정치인의 쇼맨십이라고 평가 절하할 수도 있습니다. 하지만 정치인의 책임감이 어떠해야 하는지를 가늠해 볼 수 있는 상징적 장면이라고 볼 수도 있을 겁니다.

이토록 애통한 참사가 대한민국 수도 서울 한복판에서 발생했음에도 책임지겠다고 나서는 사람 하나 없는 지금.

페터먼의 문신을 바라보는 심정, 씁쓸하다.

●

# 아카시시 육교 압사 사고

| 2022년 11월 14일 |

"같은 사고를 겪은 유족으로서 마음이 아프다. 우리는 사고가 나기 전까지는 평범한 시민이었다. 하지만 사고로 인해 생활이 달라졌다. 이러한 사고는 누구나 겪을 가능성이 있다. 안전보다 나은 건 없다"

올여름, 사고 21년 만에 《아카시시 육교 사고 재발 방지를 바라며: 숨겨진 진상을 포기하지 않은 유족들과 변호인단의 투쟁 기록》

을 출판한 유족 대표 시모무라 세이지 씨가 이태원 희생자들에게 전한 말입니다.

2001년 7월 21일 밤, 일본 아카시시에서 열린 불꽃 축제. 15만 명의 인파가 모였던 행사가 끝나고 폭 6미터, 길이 100미터의 육교에 행사장을 빠져나가는 인파와 들어가는 인파가 교착되면서 압사 사고가 일어났습니다. 11명 사망. 당시 일본 경찰은 폭주족 단속에 300명 이상의 경력을 배치했고 혼잡 경비에는 30여 명만 배치했습니다.

일본 검찰은 현장 경찰과 경비업체 직원들만 기소했고 폭주족 단속에 집중적으로 경력 배치를 결정한 경찰 윗선은 기소조차 하지 않았습니다. 유족들은 10년을 싸워 윗선을 기소하도록 했습니다. 그러나 이미 최고 의사 결정권자는 사망했고 부서장은 시효가 지났다는 이유로 방면됩니다.

하지만 유족들이 제기한 국가 배상 소송에서 일본 법원은, 불꽃 축제에 사람이 몰린다는 사실이 충분히 예상 가능한 상황에서도, 폭주족 단속에만 경력을 집중 배치하고 경비 병력을 적게 배치한 행위는 그 자체로 경비 의무 태만이라는 이유로 국가 배상 판결을 내렸습니다. 윗선이 문제라는 겁니다.

이상민 행안부장관의 어깨를 툭툭 치고 순방길에 오른 대한민국 대통령, 타산지석이라는 말을 알고는 계시는가.

대한민국의 오늘을
절대 잊지 않겠습니다.
기억, 책임, 약속.

# 추모와 애도의 시작

| 2022년 11월 16일 |

"이처럼 무서운 지면을 본 적이 없다. 경향신문 1면에서는 퍽, 퍽, 퍽 소리가 들린다. 이 소리는 추락, 매몰, 압착, 붕괴, 충돌로 노동자의 몸이 터지고 부서지는 소리다."_소설가 김훈

《경향신문》은 2019년 11월 21일 자 1면을 2018년 1월 1일부터 2019년 9월 말까지 고용노동부에 보고된 중대 재해 중 주요 5대 사고로 사망한 노동자의 이름과 사망 원인으로 채웠습니다. 김훈 작가는 광고도, 사진도, 설명도 없는 이 신문을 '무서운 지면'이라고 표현한 것입니다. (김훈, 〈죽음의 자리로 또 밥벌이 간다〉, 《경향신문》, 2019년 11월 25일.)

지면에 실린 이름은 김용균을 제외하고는 김○○, ○○○ 등 비실명 처리되어 있습니다. 그런데 인터넷에 공개한 기사의 비실명 처리된 이름을 클릭하면 사고 유형, 경위, 원인, 재해 일시, 원청과 하청업체명, 재해 당시의 상황, 처리 결과가 모두 나옵니다. 비실명화된 이름과 이와 같은 정보가 결합되면 사망자가 특정될 수 있고, 이는 개인정보보호법상 위법의 소지가 있습니다. 《경향신문》이 모든 산재 사망자 유족의 동의를 얻었는지는 확인되지 않습니다.

"매년 1000명가량, 하루에 3명꼴의 노동자가 산재 사고로 숨진다

는 통계 숫자는 사람들에게 추상적으로 여겨질 수밖에 없다. 노동자 한 명, 한 명의 죽음을 구체적으로 기록해 보기로 했다." 이 기사를 작성한 기자가 한국기자상을 수상하며 제출한 공적 설명서에 기재된 취재 동기입니다.

참사 희생자들을 '158'이라는 추상적 숫자로 남겨서는 안 됩니다. 그 방법은 토론해야겠지만 희생자 한 명, 한 명의 삶과 죽음을 구체적으로 기록하고 기억하는 것이야말로 진정한 추모와 애도의 시작이기 때문입니다.

그런데 누가 그 시작을 막고 있는가.

●

## 명단

| 2022년 11월 29일 |

원희룡 국토교통부장관은 어제 "국무회의 의결 이후 몇 시간 내에 개별 명령을 시작할 수 있을 정도로 준비됐다"고 밝혔습니다. 전국의 개별 화물 노동자에게 업무 개시 명령을 전하도록 화주 운송 요청, 운송사 배차 지시 내용과 배차 지시를 받은 구체적인 화물 차주, 관련 연락처, 주소 등을 확보하고 있다는 설명입니다. 행정청이 발부하는 명령장은 원칙적으로 당사자에게 직접 송달되어야 하는데 이를 위해 화물 노동자 개인 정보를 국토부가 모두 확보하고 있다는 말입니다.

오늘 윤석열 대통령은 시멘트 운반 BCT 차량 화물 노동자들에게 업무 개시 명령을 발령했습니다. BCT 차량 운전자는 총 3000여 명, 화물연대 조합원만 해도 1000여 명에 이르는 것으로 알려져 있습니다. 정부가 이 명단을 파악하는 데 닷새도 채 걸리지 않았다는 것입니다. 국토부는 이분들 모두에게 직접 공무원들이 나서서 명령장을 전달할 계획이라고 합니다. 일, 참 잘합니다.

파업 때려잡는 데는 이토록 일사불란한 윤석열 정부가 158명 핼러윈 참사 희생자 유족들의 명단을 파악하고 그분들의 의사를 확인하는 일은 너무 어려운 일이라서 참사 한 달이 지나도록 하지 못했다고요? 이상민 장관은 왜 국무위원의 말을 믿지 않느냐고 버럭 화를 냈지만, 도대체 저는 믿을 재간이 없습니다.

능력이 없는 것이 아니라 의지가 없는 것이다.

●

## 앤디 번햄
| 2022년 12월 20일 |

1989년 4월, 영국 셰필드 힐즈버러Hillsborough 스타디움에서 94명의 관람객이 압사하고 이후 3명이 사고 후유증으로 사망한 힐즈버러 참사.

경찰은 당시 위급한 상황에서 통제와 관리를 전혀 하지 못했지만 힐즈버러 참사를 '만취한 폭도'의 짓으로 몰아가기 위해 최연소 사망자인 열 살 어린이를 포함해 모든 사망자를 대상으로 혈중 알코올 농도 검사를 했습니다. 경찰은 진술 164건 중 116건을 바꾸거나 삭제하여 비난의 대상을 리버풀 팬들에게 돌렸습니다. 마거릿 대처 수상은 경찰을 싸고돌았습니다.

앤디 번햄Andy Burnham. 2009년, 영국 문화언론체육부 장관이었던 그는 '정부 문서 30년 비공개' 원칙을 '20년'으로 바꿔 가며 힐즈버러 관련 문서 일체를 공개하고 인파 관리 전문가, 범죄학 전문가, 정보 추적 조사 전문가, 탐사 전문 기자, 의사, 인권 변호사 등으로 꾸려진 독립조사위원회가 출범하도록 했습니다.

위원회는 45만 쪽에 달하는 서류를 제출받아 웹사이트에 공개합니다. 집단 지성을 통한 대중 조사를 실시한 것입니다. 본인 이름이 적힌 서류가 모두 공개되자 거짓말을 했던 경찰 등 증인들이 진실을 말하기 시작했습니다. 그렇게 2년 9개월의 조사가 이어졌고 2012년 9월, 위원회는 395쪽의 최종 보고서를 발표했습니다. 참사 23년 만에 진실이 밝혀진 것입니다.

하원의원 앤디 번햄은 모든 형태의 공개 조사 및 범죄 수사 과정에서 공직자에게 '진실을 말할 의무'를 부과하고, 유족에게는 무제한의 공적 지원을 받는 법률 대리와 행정적 지원을 하며, 희생자들의 가족을 위한 공익 대변인을 지원하는 힐즈버러법 입법에 지금도 매진하고 있습니다.

지금 대한민국에 앤디 번햄은 있는가.

# 재난 안전의 시장화

| 2023년 2월 1일 |

"재난 안전과 관련한 시장화, 산업화에도 관심을 가져 달라." 윤석열 대통령이 지난 27일 이상민 행정안전부장관으로부터 '이태원 참사' 관련 후속 대책을 보고받고 한 당부 말씀입니다. 네, 대한민국 대통령은 분명 '재난 안전 시장화, 산업화'라고 말했습니다.

혹시 우리가 모르는 깊은 뜻이 있나 싶어 법률과 자료를 찾아봤습니다. 재난 안전과 관련하여 대한민국에는 두 가지 법률이 있었습니다.

하나는 '재난안전산업진흥법'. 이 법은 말 그대로 자연 재난과 사회 재난의 예방과 대응, 복구 관련 연구, 제조, 서비스업을 진흥하기 위한 법입니다. 문재인 정부 시절 입법되어 올 1월 시행되었습니다. 이태원 참사 후속 대책 보고 자리에서 재난 산업 진흥 방안을 당부하지는 않았을 겁니다.

두 번째는 '재난안전기본법'. 이 법 제2조는 재난을 예방하고 피해를 최소화하는 것이 국가와 지방 자치 단체의 기본적 의무라고 규정하고 있습니다. 제3조는 재난 안전 의무 이행의 주체는 국가와 지방 자치 단체이고 '재난 관리 주관 기관'은 정부의 중앙 행정 기관이라고 못 박아 놓았습니다.

그런데 재난 안전과 관련한 시장화 방안을 마련하라고요? 이게 대통령이, 심지어 이태원 참사 후속 대책을 보고받은 자리에서 할 수 있는 말인가요? 참사 유족들이 10월 29일 그날 밤 이태원에, 대한민국에 국가는 없었다고 절규하고 있는데 대통령이 이런 말을 할 수 있는 걸까요? 국가란 무엇인가?

도대체 윤석열 대통령에게 국가란, 국민이란 무엇인가.

●

# 이태원은요?

| 2023년 2월 8일 |

"제발 꺼내 주세요, 당신을 위해 무슨 일이라도 할게요."

규모 7.8과 7.5, 연이은 강진으로 무너진 건물. 그 잔해에 깔린 열 살도 채 되지 않은 시리아 소녀는 17시간째 어린 동생을 팔로 감싸고 제발 꺼내 달라고 애원했습니다. 트위터 이용자 주헤르 알모사가 공개한 영상 속의 어린 두 자매. 두 사람은 다행히 구조되었지만 부모님은 끝내 돌아오지 못했습니다. 감사하고 안타까운 일입니다.

대한민국 정부는 피해 지역에 구호 인력 118명, 인도적 지원금 약 63억 원을 지원하기로 했습니다. 잘한 일입니다.

윤석열 대통령은 국무회의에서 "이런 엄청난 인명 피해가 난 사건은 한 국가의 재난을 넘어서 국제적인 재난으로 보고 국제 사회에서 그 역할과 책임을 다해야 할 것입니다. 각 부처는 재난에 적극 협력하길 바랍니다"라고 강조했습니다. 당연한 말씀입니다.

그런데, 이태원은요?

국제 사회에서의 역할과 책임만큼이나, 아니 그보다 훨씬 더 중한 대한민국 대통령의 국민에 대한 책임과 역할은 대체 어떻게 다하실 건가?

•

# 내 나무

| 2023년 4월 5일 |

오늘은 하늘이 맑아진다는 날, 청명입니다. 농군들은 한 해 농사를 준비하고 아이를 낳은 엄마 아빠는 '내 나무'라는 나무를 심습니다. 후에 아이가 커서 혼인할 때 그 나무를 베어 장롱을 만들어 주기 위해서입니다. 자식을 위한 나무지만 '자식 나무'가 아니라 '내 나무'입니다. 오동나무, 능소화, 배롱나무 등을 많이 심었다고 합니다.

여기 한 장의 사진이 있습니다. 갓난아이와 여성 셋. 이제 막 돌이 지났을 남자아이를 한 여성이 안고 있습니다. 다른 여성은 아이 옆에서, 또 다른 여성은 아이 정면에서 아이와 눈을 마주치고 있습니다. 아이의 손을 살짝 잡아 보려는 것 같습니다.

아이를 안은 여성은 2014년 세월호 참사 고 임경빈 학생의 엄마 전인숙 님. 아이와 정면에서 눈을 마주치는 여성은 2018년 태안서 부발전 산재 사망 고 김용균의 엄마 김미숙 님. 옆에서 아이를 바라보는 여성은 2022년 이태원 참사 고 이지한의 엄마 조미은 님. 아들

사진 제공: 신유아

잃은 엄마들입니다.

예쁜 이 아이는 주환이. 2022년 동국제강 산재 사망 고 이동우 님의 아들입니다. 주환이는 아빠를 보지 못했습니다. 옅은 미소를 띤 엄마들의 눈동자에 어떤 마음이 담겨 있는지 저는 도무지 짐작할 수 없습니다. (이주환 엄마 권금희 씨의 요청으로 아기의 얼굴은 공개하지 않기로 했습니다.)

4·16은 9주기를 맞습니다. 어제 이상민 장관은 헌법재판소에서 중대한 법 위반은 없다고 항변했습니다. 국민의힘 주호영 원내대표

는 중대재해처벌법이 사장님들의 사기를 꺾는다며 대폭 개정을 공언했습니다.

저 사람들의 마음자리에, 그리고 이 땅 어디에 우리 아이들을 위해 '내 나무'를 심을 땅 한 뼘은 있는가.

●

## 기억, 책임, 약속

| 2023년 4월 17일 |

너는 돌 때 실을 잡았는데
명주실을 새로 사서 놓을 것을
쓰던 걸 놓아서 이리되었을까.


엄마가 다 늙어서 오래 품지도 못하고 빨리 낳았어.
한 달이라도 더 품었으면 사주가 바뀌어 살았을까.
엄마는 모든 걸 잘못한 죄인이다.


몇 푼 더 벌어 보겠다고 일하느라
마지막 전화 못 받아서 미안해.
엄마가 부자가 아니라서 미안해.
없는 집에서 너 같이 예쁜 애를 태어나게 해서 미안해.
엄마가 지옥 갈게.

딸은 천국에 가.

9년 전 안산 세월호 합동 분향소에 한 엄마가 적어 놓은 편지라고 합니다.

어제는 세월호 참사 9주기.

한덕수 국무총리는 세종에서 "세월호 참사 비극을 단 한 순간도 잊은 적 없다"고 말했습니다. 하지만 교육부총리는 안산 기억식에 참석하지 않았고, 윤석열 대통령은 별도의 메시지를 내지 않았습니다.

대한민국의 오늘을 절대 잊지 않겠습니다. 9년 전 그날, 그 바다를 지금도 기억하는 것처럼.

기억, 책임, 약속.

●

# 쫓겨난 사람들

| 2023년 6월 15일 |

쫓겨난 사람들, 어제 송경동 시인은 '2023 서울국제도서전'에서 사지가 들려 쫓겨났습니다. 부커상 최종 후보로 주목받은 《저주 토끼》의 저자 정보라 등 10여 명의 문학계 인사도 쫓겨났습니다. 행사에 참석한 대통령 부인 김건희 여사의 경호 때문이랍니다. 작가들은 피켓을 들지도, 구호를 외치지도 않았는데 사지가 들렸습니다.

작가들은 소설가 오정희 씨가 '2023 서울국제도서전' 홍보 대사로 부적합하다는 의견을 전달하고자 했습니다. 오정희 씨는 박근혜 정부 당시 한국문화예술위원회 위원으로 '아르코문학창작기금사업, 우수문예 발간지사업, 주목할 만한 작가사업' 등에서 사회 참여적 예술인으로 지목된 블랙리스트 예술가들을 사찰, 검열, 배제하는 데 앞장선 사람입니다.

여기 또 쫓겨난 사람들이 있습니다. 이태원 10·29 참사 유족들은 박희영 구청장 사퇴를 요구하며 용산구청에 드나들었습니다. 그런데 오늘 갑자기 구청 직원들이 길을 막아섭니다. 용산경찰서가 구청의 경찰 기동대 투입 요청에 조심스러운 태도를 보이자 구청 공무원들을 박 구청장의 방패막이로 내세운 것입니다. 실랑이와 몸싸움이 이어졌고 유족 중 한 분은 실신해 쓰러졌습니다.

노자 《도덕경》 임위장 편에는 '천망회회 소이불실 天網恢恢 疎而不失'이라는 말이 나옵니다. 하늘의 그물은 엉성해 보여서 악인들이 사람들을 속이고 세상까지 속이면서 한때 번영을 누리는 것처럼 보이지만 결코 그 그물을 빠져나가지 못하여 패망에 이르기 마련이라는 뜻입니다.

예술인들의 입을 막고 사지를 들어 능멸하여 쫓아내는 자,

자식 잃은 부모를 욕보이고 실신시켜 쫓아내는 자, 모두 들으라.

천망회회 소이불실.

# 각자도생

| 2023년 7월 17일 |

미호강 제방이 무너졌습니다. 이로 인한 오송읍 궁평2지하차도 침수로 지금까지 확인된 사망자는 13명. 미호강 다리 길이를 360미터에서 710미터로 연장하기 위해 새로 쌓은 제방이 무너진 것으로 보입니다. 공사 발주처는 세종시 행복청.

15일 04시 10분, 금강홍수통제소 홍수 경보 발령.

2시간 20분 뒤인 06시 30분, 금강홍수통제소, 청주시 흥덕구청에 주민 대피와 교통 통제 권고.

흥덕구청, 청주시 보고. 청주시, 오송읍 궁평2지하차도 교통 통제 권한이 충북도로관리사업소에 있다고 답변.

08시 45분, 참사가 발생한 궁평2지하차도 침수 신고 접수.

08시 50분부터 9시 45분까지 10명 구조, 1명 사망 상태.

김영환 충북지사는 구조가 이루어지던 시간, SNS에 '폭우 피해를 최소화하기 위해 최선을 다하겠습니다'라는 글을 남기고 9시 40분경 지하차도 참사를 보고받은 후 도청을 출발해 괴산군으로 갑니다.

지하차도 교통 통제 권한이 충북도로관리사업소에 있다는데, 금강홍수통제소가 주민 대피와 도로 통제를 권고한 6시 30분에 충북도가 통제만 했으면 되는데 김영환 지사님, 그 시각에 당신은 무슨 일을 하고 계셨나요?

김 지사님, 당신은 왜 지하차도 참사 현장이 아니라 괴산으로 가셨나요? 경기도에 살던 2020년 3월부터 은행에서 돈을 빌려 김 지사 부부 명의로 집중 매입한 1만 6302제곱미터의 괴산 땅이 먼저 떠오르신 건 아니겠지요?

누구를 탓하랴. 국민들은 생존 전쟁을 벌이고 있는 시간에 골프 치는 시장님, 남의 나라 전쟁터에서 '사즉생으로 싸우자'고 말하는 게 더 급한 대통령님도 계시는데.

2023년 대한민국 국민들의 생존 지침, 각자도생.

●

## 조명국
| 2023년 7월 18일 |

2022년 10월 30일.

새벽 이태원에서 많은 사상자가 발생했다는 소식을 접했다. 고인 및 유가족분들께 깊은 애도를 보낸다.

오늘 소식을 들으며 오래전 상주에서 있었던 사고가 생각났다. 내 고향 상주는 인구가 10만 명이 안 되는 시골인데 가을 즈음이면 자전거 축제라는 걸 하곤 했다. 아무튼 축제에 연예인을 초청했고 모처럼 유명인을 보기 위해 공연 장소에 1만 명이 넘는 사람이 모였고 사고가 났다.

2005년 중학생인 나도 현장에 있었다. 앞줄은 아니었고 뒷줄에… 그날따라 사람이 많이 모였던 것만 생각이 난다.

그래서 그런지 이태원 사고 소식을 듣고 마음이 안 좋았는지 모른다. 하 수상한 세월… 러시아와 우크라이나가 전쟁을 벌이고 국내에서는 어느 때보다 마약에 관해 민감해진 이 계절, 이 나날… 내가 아는, 또 내가 알지 못하는 모든 분들의 안녕을 빈다.

조명국. 1992년생, 상주고등학교, 충북대학교 졸업. 15일 아침, 청주시 흥덕구 오송읍 오송생명1로 충북창조경제혁신센터 출근길에 오송 궁평2지하차도 침수 사고로 사망.

7월 18일 발인. 여동생들은 우리 오빠가 이렇게 떠나게 된 원인을 찾아 달라며 운구차를 붙들고 오열했습니다. 상주 참사를 기억하고, 세월호 아이들을 가슴 아파했으며, 내가 알지 못하는 모든 분들의 안녕을 기원했던 청년 조명국 님, 안녕히 가세요. 여기서 우리는 우리가 해야 할 일을 해내겠습니다, 반드시.

●

## 자식 잃은 부모들과 싸우겠다는 정권
| 2023년 9월 13일 |

"엄마, 내가 수근이를 못 잡았어…" 지난 7월 19일, 구명조끼도

갖추지 못한 채 실종자 수색을 위해 내성천에 투입되어 급류에 휩쓸렸다 간신히 구조된 A병장이 어머니와 통화하며 꺼낸 첫마디입니다.

A병장은 구조된 후 천변 모래사장에 뉘어져 있다가 기자들의 눈을 피해 풀숲에 세워진 관광버스에 태워져 숙소로 복귀했습니다. 복귀한 A병장은 진술서부터 작성하라는 명령을 받았습니다. 적절한 의료 조치는 없었습니다.

어머니는 A병장을 사고 후 17일이 지난 8월 4일에 처음 만났습니다. "늘 잠꾸러기였던 제 아들은 집에 온 하루도 편하게 잠을 이루지 못하고 땀을 뻘뻘 흘리다 깨기도 하고 울면서 깨기도 했습니다." A병장은 지금 PTSD, 외상후스트레스증후군으로 입원 중입니다. 동료를 구하지 못했다는 자책과 생사를 넘나드는 사고 경험이 남긴 후유증.

오늘 A병장의 어머니는 해병대 1사단장 임성근 소장을 공수처에 업무상과실치상, 직권남용 혐의로 고발했습니다. 심장을 뜯어내는 심정이라며 어머니가 말씀하십니다.

"김계환 해병대 사령관과 임성근 해병 제1사단 사단장에게 묻습니다. 당신들은 지난 7월 19일 수해 복구 작전에 투입된 해병대원들을 전우라고는 생각하고 있습니까? 아니면 그저 당신들의 무사안일, 입신양명을 위한 도구였습니까? 돌아오지 못하는 채수근 상병과 그 복구 작전인지 몰살 작전인지 모를 곳에 투입되었던 대원들 모두 제 아들들입니다. 제 아들들 모두 정상으로 돌려놓으십시오."

이태원 참사, 오송 참사, 해병대 참사까지, 자식 잃은 부모들과 싸워 이겨 보겠다는 정권의 셈속. 가당치 않다. 그리고 참으로 가소롭다.

5장

·

# 그때는 맞고 지금은 틀린 정치

# 내력 테스트의 시간

●

마키아벨리는 《군주론》에서 '군주란 사랑받지 못하더라도 엄격해야 한다. 하지만 엄격하다고 해서 원한을 사서는 안 되며, 무엇보다 경멸의 대상이 되어서는 안 된다. 원한을 사면 반역이 일어나고, 경멸의 대상이 되면 권력을 잃게 된다'라고 했습니다.

노자는 '가장 위대한 군주는 백성들이 그가 있는지 없는지 모르는 사람이고, 그다음은 백성들이 군주를 가까이 여겨 받드는 사람이며, 그다음은 백성들이 두려워하는 지도자고, 가장 못난 군주는 백성들이 그를 믿지 못하기 때문에 경멸하고 업신여기는 사람'이라고 했습니다.

새가 울지 않을 때, 오다 노부나가는 '죽여 버려라'라고 명령하는 자이고, 도요토미 히데요시는 '울게 만들어라'라고 명하는 자이며, 도쿠가와 이에야스는 '울 때까지 기다려라'라고 말하는 자였습니다. 오다 노부나가는 배신으로 죽임을 당했고, 도요토미 히데요시의 후계자는 목숨을 잃었습니다. 오직 도쿠가와 이에야스만이 250여 년 지속된 '도쿠가와 막부'를 열었습니다.

대한민국은 지금 겁주고 협박하는 통치, 그 행태가 기이하고 믿을 수 없어 경멸과 업신여김의 대상이 되는 통치자를 견뎌 낼 구조와 역량을 가지고 있는지 시험대에 올랐습니다.

드라마 〈나의 아저씨〉의 건축구조기술사 박동훈은 "모든 건물은 외력과 내력의 싸움"이라며 인생도 마찬가지라고 말했습니다. 무슨 일이 있어도 내력이 세면 이긴다는 것입니다.

지금 우리는 대한민국의 국가 시스템과 민주주의 역량이라는 내력과 울지 않는 새는 '죽여 버려라'라거나 '울게 만들어라'라고 명하는 대통령과 그 추종자들이라는 외력이 충돌하고 있습니다. 내력이 외력을 버텨 내지 못하면 공동체의 자부심, 국민들의 삶, 나아가 공동체 그 자체도 무너질 수 있습니다. 하지만 내력이 외력을 버텨 낸다면 우리는 우리 공동체를 다시 쓸고 닦고 수선하여 일상을 회복하고 내일을 계획할 수 있을 것입니다.

그럴 수 있을까요? 2016년 겨울바람 속에 촛불을 들었던 동료 시민들, 어디 다른 나라로 이민을 가지 않았습니다. '87년 헌정 체제'가 시대에 뒤떨어졌다는 평가를 받기도 하지만, 그 체제가 정권 교체를 만들어 냈고 대통령 탄핵을 거치면서도 헌정 중단 없이 대한민국을 여기까지 끌어올린 것도 사실입니다. 저는 사회의 시스템, 그리고 무엇보다 우리 동료 시민들을 믿습니다.

물론 내력으로 외력을 버텨 내는 삶은 고단하고 힘겨울 수밖에 없습니다. 하지만 고단하다는 이유로 내가 살고, 일하고, 아이를 키우는 공간이 무너지게 놓아둘 사람은 없습니다. 우리 아이들에게 더 강한 내력을 가진 우리 집 대한민국을 건네주기 위한 고단함은 현세대가 마땅히 감당해야 할 몫입니다.

하여, 지금의 시간은 대한민국의 내력을 테스트하는 시간. 마침내 우리의 미래 세대와 함께할 더 튼튼하고 살 만한 공동체를 만들어 가는 새로운 성찰과 실천이 시작되는 시간이 되어야 합니다. 나는 가장 기쁜 마음으로 이 고단한 시간을 함께 견디고, 함께 건너가는 동료 시민들에게 감사의 인사를 건넵니다. 내일을 여는 정치는 바로 그 자리, 환대와 연대의 마음으로 서로의 손을 맞잡는 동료 시민들의 마음자리에서 시작되기 때문입니다.

모든 인생은 건물과 마찬가지로 외력과 내력의 싸움,

우리도 내력이 세야 이깁니다.

●

# 신박한 전경련

| 2022년 3월 30일 |

　한국경제연구원이 오늘 놀라운 보고서를 발표했습니다. 김현석 부산대 경제학부 교수에 의뢰한 '대통령 집무실의 용산 국방부 청사 이전에 대한 경제적 효과 분석' 결과 매년 관광 수입 1조 8000억 원을 포함 최대 3조 3000억 원의 국내총생산GDP 증가가 추정된다는 것입니다.《동아일보》를 비롯한 보수 언론은 이 보고서 내용을 대서특필했습니다.

　얼마 전 한국문화관광연구원은 대통령 집무실을 이전하면 청와대 관광 수입이 연간 3000억 원이 될 거라고 했는데 한국경제연구원은 관광 수입만 물경 6배 이상인 1조 8000억 원이라고 하니 참으로 거창한 추산입니다.

더 놀라운 계산법도 등장합니다. 청와대 이전으로 국민적 소통과 신뢰가 증대되어 국민들이 경제 활동을 더 열심히 하게 됨으로써 1조 2000억~3조 3000억 원의 GDP가 증가한다는 겁니다. 대박! 청와대 이전으로 국민들이 3조 3000억 원만큼 더 열심히 일하게 된다? 신박하지 않습니까?

한국경제연구원은 1961년 일본의 재벌 연합체인 '게이단렌'을 벤치마킹해서 설립된 전경련이 1981년에 설립한 연구소입니다. 초대 연구원장은 정주영 전 현대그룹 회장. 재계의 '맏형' 역할을 하던 전경련은 2016년 국정농단 사태의 주역으로 확인되면서 위상이 급추락했습니다.

삼성, 현대차, SK, LG 등 4대 그룹이 탈퇴해서 회장 선임도 제대로 하지 못했고 문재인 정부 들어 해외 순방 경제 사절단과 청와대 신년회, 여당 주최 경제 단체장 신년 간담회 등에서 배제되면서 '전경련 패싱'이라는 용어까지 등장했습니다. 얼마나 절치부심했겠습니까? 얼마나 마음이 급했겠습니까?

그러니 국민 여러분, 우리 대통령이 바뀌는 5년마다 청와대를 이전하기로 합시다. 그리고 그럴 때마다 신뢰 지수를 상승시켜서 3조 3000억 원만큼씩 더 열심히 일하도록 합시다. 땅 짚고 헤엄치기 아닙니까? 신박한 전경련 파이팅!

# 론스타 경제 라인

| 2022년 4월 5일 |

윤석열 당선자가 한덕수 총리 후보자를 필두로 내각 인선에 속도를 내고 있습니다. 걱정입니다. '론스타 경제 라인' 때문입니다.

정부는 2003년 자산 70조 원으로 평가되던 외환은행을 투기 자본 론스타에 1조 3000억 원에 팔았습니다. 론스타는 몇 년 뒤 외환은행을 다시 팔아 수 조원대의 차익을 챙겨 '먹튀'했습니다. 한 총리 후보자는 2002년 11월부터 론스타 대리인 김앤장의 고문으로 8개월간 1억 5000여만 원, 2017년 12월부터 최근까지 4년 동안 18억 원의 고문료를 받았습니다. 한 후보자는 김앤장이 론스타를 대리하는 사실을 몰랐다고 합니다. 〈블랙머니〉라는 영화가 나올 정도로 잘 알려진 이 사건을 김앤장이 대리하는 줄 몰랐다? 믿기 어려운 해명입니다.

경제부총리 후보 국민의힘 추경호 의원. 추 의원은 론스타가 외환은행을 인수하던 2003년 은행제도과장으로 론스타가 인수 자격이 없다는 보고서를 썼습니다. 그러나 소위 '조선호텔 10인 비밀대책회의'에 참석한 후 인수를 용인합니다. 2011년에는 금융위원회 부위원장으로 론스타의 한국 철수, 즉 먹튀를 허용했습니다. 2012년 론스타가 대한민국을 상대로 5조 원대 국제 중재를 신청한 후에는 박근혜 정부의 ISDS(국제 투자 분쟁) 대응 태스크포스 단장으로 정부

대응을 총괄했습니다. 시민 사회 단체와 전문가들은 론스타가 애초부터 외환은행 인수 자격이 없었다는 점을 주장해야 한다고 했지만 '조선호텔 10인 비밀대책회의'에 참석하여 인수를 용인한 추경호 단장이 그런 주장을 했다는 사실은 알려지지 않았습니다.

10년을 끌어온 국제 중재는 이제 판정만 남았습니다. 윤석열 대통령이 처리해야 할 첫 번째 중대 과제가 될 수 있습니다. 5조 원대 론스타 국제 중재 판정을 앞둔 지금 론스타 대리인 김앤장에게 약 19억 5000만 원을 받은 한덕수 총리, 그리고 처음부터 끝까지 론스타 사태에 개입했던 추경호 경제부총리로 이어지는 론스타 경제 라인이라니. 대체 윤 당선자는 무슨 생각인가? 머리가 지끈거린다. 신장식의 나라 걱정이었습니다.

●

## 그런 일은 일어나지 않을 것이다

| 2022년 4월 19일 |

검찰은 2019년 8월 27일, 조민 씨와 관련하여 4개 대학을 압수 수색했습니다. 의혹만으로 압수 수색하는 건 과잉 수사 아니냐는 기자들의 질문에 대해 검찰은 "국민적 관심이 큰 공적 사안으로서 객관적 자료를 통해 사실 관계를 규명할 필요가 크다는 점을 고려한 조치"라고 답했습니다.

이후 윤석열 검찰은 실제 봉사 활동, 인턴 활동을 했는지 확인하겠다면서 10여 개 금융 기관의 신용 카드, 체크 카드 사용 내역과 봉사 활동을 했다는 건물의 출입문 태그 기록까지 압수 수색해서 약 8년 전 조민 씨의 동선을 시분초 단위로 복원했습니다.

정호영 후보자 아들은 2015년 19학점을 수강하는 동시에 주 40시간 일하는 학생 연구원이었다고 합니다. 이게 물리적으로 가능한가요? 이 경력은 경북대 의대 편입 시험에 경력 사항으로까지 제출되었습니다. 이제 수사 기관은 '사실 관계 규명'을 위해 경북대는 물론이고 연구원 건물 출입 태그와 CCTV, 신용 카드 사용 내역을 모두 압수 수색해야 합니다.

저는 그러나, 이런 식의 압수 수색에 단호히 반대합니다. 한 사람의 사생활을 시분초로 복원하는 먼지떨이식 과잉 수사의 대상이 조민 씨든 정호영 후보자의 아들이든 인권 침해이기는 마찬가지이기 때문입니다.

하지만 윤석열, 한동훈 두 사람은 다릅니다. 일관성을 선택한다면 40년 친구가 아니라 친구 할아버지래도 압수 수색해야 합니다. 본질적으로 유사한 두 사안에 대해 이번에는 압수 수색을 하지 않는다면 조민 씨에 대한 가혹한 과잉 수사, 반인권 수사에 대해서는 사과해야 마땅합니다.

하지만 그런 일은 일어나지 않을 것이다. 압수 수색도, 사과도 없을 것이다. 이것이 윤석열 정부의 공정과 상식이다.

# 불체포특권

| 2022년 5월 16일 |

헌법 제44조 '국회의원은 현행범인 경우를 제외하고는 회기 중 국회의 동의 없이 체포 또는 구금되지 아니한다', 국회법 제26조 '체포동의안이 본회의에 보고된 때부터 24시간 이후 72시간 이내에 표결한다'고 규정하고 있습니다.

국회의원 불체포특권은 1603년 영국에서 국왕이 입법 방해 목적으로 의원들을 체포하는 일을 막기 위해 도입되었습니다. 1948년 제헌 때부터 지금까지 우리도 같은 이유로 불체포특권을 보장하고 있습니다.

불체포특권은 방탄 특권으로 남용되기도 했습니다. 하지만 최근에는 국민들의 눈길이 매섭기 때문에 함부로 사용되지 못합니다. 작년 4월 이상직 의원 체포 동의안은 찬성 206표, 반대 38표, 기권 11표로 통과되었습니다.

결국 불체포특권 논의의 핵심은 입법 방해 목적의 국회의원 체포와 방탄 국회 사이에서 어떻게 적합한 기준을 만들 것이냐 하는 것입니다. 불체포특권의 대상이 되는 범죄를 구체적으로 적시하고 입법 방해 목적인지 아닌지를 시민이 참여하여 심사하는 심의위원회를 국회에 설치하자는 등의 제도적 개선 방안이 검토되어 왔습니다.

어제 권성동 원내대표는 이재명 '방탄 국회'를 막기 위해 불체포특권 제한 법안을 제출하겠다고 했습니다. 그래서 두 가지 질문이 있습니다.

첫째, 왜 하필 지금인가요? 선거 전에는 국회 일정상 입법이 불가능한 법안을 왜 하필 지금 제출하는 것인가요? 진지한 제도 개선을 위해서인가요, 아니면 정치적 흠집 내기 목적인가요? 둘째, 지금 대한민국에서 법에도 없는 불체포특권을 사실상 가장 많이 보장받고 있는 분은 누구인가요? 여러 번 검찰이 출석을 요구했지만 출석하지 않은 피의자에게 검찰이 단 한 번도 체포를 시도하지 않은 분, 김건희 여사 아닌가요?

신장식의 질문이었습니다.

●

## 무투표 당선
| 2022년 6월 2일 |

지방 선거가 끝났습니다. 당선자들에게는 축하의 인사를, 낙선자들에게는 위로의 마음을 전합니다. 각 정당은 이번 선거에서 국민이 각자에게 내준 숙제를 풀어야 합니다. 숙제 검사는 2년 뒤 총선. 모든 정당들에게 뼈를 깎는 노력을 기대하겠습니다.

한편 한국 정치가 고민해야 할 구조적 과제도 있습니다. 4000여 명을 선출하는 이번 지방 선거에서 12%를 상회하는 후보자들이 선거의 출발선에 서기도 전에 이미 무투표 당선을 확정했다는 점입니다.

이전 지방 선거에서 무투표 당선자들은 주로 절대적 패권 정당이 있는 지역에서 발생했습니다. 그런데 이번에는 서울, 인천, 경기지역에서 180여 석이 무투표로 결정되었습니다. 정당 공천이 없는 1명의 교육감 후보자를 제외하고 나머지 508인은 모두 더불어민주당(282명)이나 국민의힘(226명) 소속입니다. 이들의 당선은 투표일인 어제가 아니라 공천된 날 확정된 것이고, 실질적으로 국민들의 투표권은 제약된 것입니다.

문제는 어제의 투표를 통해 확정된 당선자들도 거의 대부분 두당 소속이라는 점입니다. 국민들의 투표는 두 정당의 의석 점유율을 변동시키는 것 이상의 역할을 하기 어려운 구조입니다. 양대 정당의 선거 제도에 대한 암묵적 담합, 그리고 그러한 담합을 저지해야 할 제3정당의 무기력, 무능력 때문입니다.

그래서 생각해 봅니다. 우리는 정말 '지방 선거'라는 것을 치르기는 한 것일까요? 대선 연장전이라는 의미만 남고 양대 정당의 한국정치 지배 구조는 더욱 공고하게 된 지방 선거. 지역의 구체적인 절망과 고민은 소거된 채 7장의 투표 용지에 양자 선택의 그림자만 드리워져 있던 지방 선거.

이제 지방 정치를 위해 우리가 할 수 있는 일은 무엇일까, 한번쯤 생각해 봐야 할 때가 아닐까요?

# 기장의 품격, 대통령의 품격

| 2022년 7월 12일 |

"이 항공기는 정상적, 아 정상이지는 않지만 안전한 상태로 운행이 되고 있습니다." 순간 기내에서 웃음이 터졌습니다.

대한항공 KE9956편. 이스탄불 시간 7월 10일 18시 25분에 이륙해서 한국 시간 10시 30분에 인천공항에 착륙하는 비행편입니다. 승객 215명, 승무원 10명. 그런데 이륙 1시간 50분 만에 오른쪽 엔진에서 불꽃이 튀고 기내 모니터와 전등은 일시에 꺼져 버렸습니다. 승객들은 좌석 밑의 구명조끼를 꺼냈고, 스마트폰에 유서를 쓰고, 가족들의 손을 잡았습니다.

얼마 후 기장은 "위험한 상황이 진행되지 않을 것으로 예상되며, 항공기가 안전한 상태로 운항하고 있다"고 방송했습니다. 그리고 '아 정상이지는 않지만, 안전한 상태로 운행이 되고 있다'는 웃음이 터지게 한 방송이 이어졌습니다. 여객기는 2시간쯤 날아 아제르바이잔 바쿠공항에 착륙했고 어제 오전 승객들은 모두 안전하게 귀국했습니다.

승객들에게 위기를 솔직히 인정하고 설명하는 한편 안전하게 비행하겠다는 의지와 실력, 그리고 낙관적 태도를 보여 준 기장의 방송. 비행기 안을 패닉에 빠지지 않게 한 것은 바로 이 태도와 품격이었습니다.

윤석열 대통령은 "전 세계적으로 고금리 정책을 쓰고 있는 마당
에 생긴 문제들이기 때문에 이거를 근본적으로 어떻게 대처할 방도
는 없습니다"라고 말했습니다.

생각을 좀 해 보시라. 경제 위기에 처한 국민을 대하는 대통령의
태도와 품격은 어때야 하는가를.

●

# 29.2 대 1
| 2022년 7월 18일 |

2022년 국가직 9급 공무원 공개 채용 공고 인원은 5672명, 응시
인원은 16만 5524명이었습니다. 경쟁률 29.2 대 1.

6월 18일, 전국 17개 시·도 497개 시험장에서 실시된 지방 공무
원 9급 공개 채용 공고 인원은 2만 1945명. 응시 인원은 19만 9496명
이었습니다. 평균 경쟁률 9.1 대 1.

메가공무원 합격전략연구소 분석을 보면, 2021년도 합격생 중에
서 절반가량은 1년 반 넘게 시험 준비를 했습니다. 노량진에는 컵밥
포장마차가 즐비합니다. 시간도, 돈도 아껴야 하는 공시생들 때문
입니다.

특별한 수입은 없었지만 윤석열 후보에게 1000만 원을 후원금
으로 냈습니다. 대리 납부 의혹이 제기됩니다. 대통령실 특별 채용
이후에도 아버지 회사에서 감사직을 맡고 있었습니다. 국가공무원

법 제64조, 국가공무원복무규정 제25조 겸직금지규정 위반 가능성은 매우 분명합니다. 대통령, 여당 대표와 오랜 지인이라는 강릉 우사장의 아드님 이야깁니다. 대통령은 즉답을 피하고 대통령실 관계자와 권성동 당대표 직무대행은 아무 문제가 없다고 목소리를 높입니다.

"넣어 주라고 압력을 가했더니 자리 없다고 그러다가 나중에 넣었다고 하더라. 난 그래도 7급에 넣어 줄 줄 알았는데 9급에 넣었더라. 최저 임금보다 조금 더 받는다. 내가 미안하더라. 최저 임금 받고 서울에서 어떻게 사냐, 강릉 촌놈이."

대체 여당 대표는 누구에게 미안해해야 하는가.

●

## 국기 문란의 주범은 누구인가
| 2022년 8월 1일 |

치안감 인사안이 2시간 만에 바뀐 '치안감 인사 번복' 사건. 윤석열 대통령은 이를 '중대한 국기 문란'으로 규정했습니다. 경찰은 7월 30일 행안부에 파견되어 인사안을 경찰에 전달했던 치안정책관을 경징계하겠다면서 '행안부장관의 지시를 받은 치안정책관이 최종안을 확인할 책임을 다하지 않았'기 때문이라고 했습니다. 행안부장관의 잘못을 지적한 것으로 해석됩니다.

행안부는 즉각 '이상민 장관은 경찰 인사에 관해 치안정책관에게 도움을 받거나 서로 상의한 적이 없다'고 반박했습니다. 장관이 인사안에 관여하지 않았다는 것입니다. 경찰은 사실상 재반박을 포기했습니다.

행안부장관과 경찰의 말이 모두 진실이라고 합시다. 그러면 결국 인사안은 대통령실이 작성했다는 것이고, 대통령실의 최초 인사안은 2시간 만에 다른 인사안으로 바뀐 것입니다. 행안부장관이 인사안에 관여하지 않았다고 하니까요. 경찰은 치안정책관이 바뀐 인사안을 확인하지 않은 실수를 했는데, 왜 그런 실수를 했는지는 잘 모르겠고 고의는 없었다고 판단했습니다. 그냥 개인의 실수라는 겁니다.

대통령의 인사안을 누가, 왜 2시간 만에 번복했는가라는 진짜 국기 문란에 대해서는 들여다보지도 않고 개인의 실수라며 끝을 내버린 것입니다.

결국 대통령실의 누가, 왜, 무슨 목적으로 인사안을 번복했는지, 윤석열 대통령은 '개인의 실수'라는 사실 확인도 없이 누구에게 어떤 내용을 보고받았기에 이 사건을 '중대한 국기 문란'이라며 경찰을 몰아붙였는지 설명해야 하지 않나요? 장관도, 경찰도 국기 문란의 주범이 아니라면.

경찰 인사안을 2시간 만에 뒤바꾼 진짜 '국기 문란'의 주범은 누구인가? 신장식의 질문이었습니다.

거짓은 법이라는 옷을 입고 세상을 활보하고,

슬픔과 탄식에 빠진 진실은 수치심에 몸을 숨겼다.

# 벌거벗은 임금님

| 2022년 8월 3일 |

대통령의 휴가 독서 목록을 공개하는 전통은 1961년 미국의 잡지 《라이프》가 존 F. 케네디 미국 대통령의 애독서 10선 기사를 게재하면서 시작되었다고 합니다. 윤석열 대통령은 아직 휴가 독서 목록을 공개하지는 않았습니다. 오히려 대변인실은 출입 기자들에게 '대통령이 봤으면 하는 책을 권해 달라'고 했답니다. 저도 한 꼭지 추천합니다.

드디어 임금님의 행진이 시작되었습니다. 길가에 모여 있던 사람들이 외쳤습니다. "어머나, 임금님의 새 옷 좀 봐. 정말 근사해!" 누구도 자기 눈에는 아무것도 보이지 않는다는 말을 하지 않았습니다. 만약 그런 말을 했다가는 바보가 될 테니까요.
그때였습니다. "임금님은 아무것도 안 입었잖아."
마침내 한 꼬마가 말했습니다. 그리고 그 말은 순식간에 퍼져 나갔습니다.
"임금님은 아무것도 안 입었대. 저기 저 아이가 그러는데 아무것도 안 입었대. 사실은 내 생각도 그랬어."
"임금님이 벌거벗었다!"
그러자 사람들이 일제히 소리쳤습니다. 그 말을 들은 임금님은 온몸이 후들후들 떨렸습니다. 사람들의 말이 옳은 것 같았기 때문입니다.

'그렇다고 이 행차를 도중에 그만둘 수는 없다.'

임금님은 아까보다 더 당당하게 걸었습니다. 그리고 시종들도 여전히 임금님의 기다란 옷소매를 높이 쳐드는 시늉을 하면서 아주 의젓하게, 그리고 천천히 임금님의 뒤를 따라가고 있었습니다.

지금, 대통령에게, 마침내 진실을 말할 수 있는 한 꼬마가 있는가.

•

## 최동, 김봉진, 그리고 김순호

| 2022년 8월 8일 |

1990년 8월 7일, 이제 막 서른이 된 청년이 자신의 몸에 불을 댕겼습니다. 김봉진의 성균관대학교 1년 선배이자 인천부천민주노동자회 노동 운동 동지 최동 씨의 고문 후유증으로 인한 극단적 선택.

당시 인노회 부천 지역 조직을 총괄하던 김봉진은 1989년 봄에 갑자기 사라졌습니다. 조직원들, 심지어 함께 지내던 여성도 몰래 사라져 버린 것입니다. 그때를 전후해 인노회 구성원들은 대부분 잡혀 들어갑니다. 김봉진은 그해 여름 '탁 치니, 억 하고 쓰러졌다'는 거짓말을 지어낸 남영동 대공분실 홍승상 전 경감에게 '대공 특채'

됩니다. 그리고 대공분실에 끌려온 노조 활동가들을 수사·관리하는 대공3과 경찰 김순호가 됩니다.

다음 해인 1990년 9월과 11월, 김순호는 범인 검거 유공자로 내무부치안본부장의 표창을 받습니다. 대공 업무로 승승장구한 김순호는 입직 4년 8개월 만에 경위가 됩니다. 순경부터 보통 15~20년이 걸리는 계급입니다. 공안 사범 누구를 잡아서 상을 받았는지를 확인할 수 있는 공적 조서는 국회에 제출되지 않았습니다.

김순호 경찰국장은 1989년 치안본부 대공분실을 제 발로 찾아간 이유가 주사파와 결별하기 위해서라고 했습니다. 하지만 대법원은 2020년 재심 사건에서 인노회가 주사파 이적 단체는 아니라고 판결했습니다.

윤 대통령님, 그리고 이상민 장관님께 묻습니다. 14만 경찰 중에, 왜 하필 김순호인가요? 경찰국의 설립 의도가 의심받으면 그 수장이라도 믿을 만한 인품을 가진 사람이어야 하지 않나요? 하필 프락치로 의심받는 바로 그 사람을 임명하는 이유가 뭔가요?

대체 이해할 방도가 없다.

●

## 우물에서 나오는 진실

| 2022년 8월 11일 |

어느 날, 진실The Truth은 거짓The Lie을 만났다. 이후 오랜 시간을

함께 보냈고 어느 날 둘은 작은 우물을 발견했다. 거짓이 진실에게 "물이 너무 깨끗해요. 우리 함께 목욕해요!"라고 말했다. 진실이 직접 들여다보니 우물은 참으로 맑았다. 둘은 옷을 벗고 목욕을 시작했다.

그런데 갑자기 거짓이 우물 밖으로 뛰쳐나와 진실의 옷을 입고 달아나 버렸다. 분노한 진실이 우물에서 나와 울부짖으며 자신의 옷을 되찾기 위해 뛰어다녔다. 그런데 세상The World은 벌거 벗은 진실을 보자 그만 눈을 돌려 버렸다. 슬픔과 탄식에 빠진 진실은 수치심에 몸을 떨며 우물 속으로 다시 들어갔다. 그리고 다시는 밖으로 나오지 않았다.

한편, 도둑질한 진실의 옷을 입은 거짓은 온 세상을 활보했다. 세상은 진실의 옷을 입은 거짓을 신경 쓰지 않았다. 왜냐하면 세상은 벌거벗은 진실을 감당할 수 없었기 때문이다.

프랑스의 화가 장 레옹 제롬Jean-Léon Gérôme은 이 전설을 〈우물에서 나오는 진실Truth Coming Out of Her Well〉(1896)이라는 그림으로 남겼습니다.

피해자 구연상 교수가 엄연히 존재하는데도 국민대는 김건희 씨 논문을 표현의 자유, 대학의 자유까지 내세우며 표절이 아니라고 합니다. 한덕수 총리는 대통령의 사저가 이미 청와대 지하 벙커 수준이라 전화 지시에 아무 문제가 없다고 합니다. 김학의 전 차관은 오늘 최종 무죄 판결을 받았습니다. 소위 '별장 성접대 동영상'이 보

〈우물에서 나오는 진실〉, 장 레옹 제롬, 1896년,
프랑스 물랭 안 드 보쥬 미술관(Musée Anne de Beaujeu, Moulins) 소장.

도된 지 9년 만입니다.

거짓은 법이라는 옷을 입고 세상을 활보하고, 슬픔과 탄식에 빠진 진실은 수치심에 몸을 숨겼다.

●

## 알아서 하는 일

| 2022년 8월 29일 |

"이달 말까지는 마무리가 가능하지 않을까 생각한다." 지난 8월 16일, 김광호 서울경찰청장은 공식 기자 간담회에서 김건희 여사 사건 종결 시점을 특정했습니다.

서울경찰청은 허위 경력 사건과 관련하여 고발된 업무 방해와 사문서 위조·위조 사문서 행사, 사기 혐의에 대해 공소 시효 도과로 무혐의로 사건을 종결한다고 합니다. 김 여사는 이명수《서울의소리》기자의 '7시간 녹취록' 속에서 나온 발언으로 여러 번 고발당했으나 모두 무혐의 불송치되었습니다. 반면 이 기자는 통신비밀보호법 위반으로 검찰에 송치되었습니다. 경찰은 김 여사의 모친 최은순 씨의 양주 추모공원 편취 의혹과 김 여사가 최 씨와 사문서 위조 혐의 공범으로 고발된 사건도 무혐의 불송치했습니다.

단 한 번의 소환 조사도 없이 내려진 과감하고 전격적인 무혐의 불송치 결정. 이제 궁금한 것은 경찰에 남은 두 개의 사건, 양평군 공흥지구 개발 사업 특혜 의혹과 송파 아파트 차명 보유·탈세 의혹도 이달 말이면 마무리되는가 하는 것뿐입니다.

김 여사는 이명수 기자에게 이렇게 말했었습니다. "내가 정권 잡으면 거긴 완전히 무사하지 못할 거야. 권력이라는 게 잡으면 우리가 안 시켜도 알아서 경찰들이 입건해요. 그게 무서운 거지."

경찰이 알아서 하는 일이 누군가를 벌주는 일뿐이겠는가.

●

## 숙명여대 교수협의회

| 2022년 9월 15일 |

"혹자는 김건희 졸업생이 석사 논문을 쓴 당시에는 현재와 같은 연구 윤리 기준이 명시되지 않아 표절 검증이 어렵다는 의견을 제시한다. 그러나 시대를 불문하고 표절이 인간 양심과 윤리의 위배라는 통상적인 개념이 존재하는 한 시기를 이유로 표절 검증의 절차를 진행하지 않는 것은 타당하지 않다."

"논문 검증 결과에 대한 외부의 해석 역시 검증의 진행 여부를 결정하는 요소가 될 수 없다. 학문적 독립성과 자율성을 가장 중요한 가치로 삼아야 하는 대학이 외부의 시선에 좌고우면한다면 대학 스스로 그 존재의 목적을 상실하는 것이다. 논문 표절 의혹 검증은 대학의 근간인 교육과 연구의 정직성 및 공정성을 지키는 길이다."

숙명여대 교수협의회가 김건희 졸업생이 1999년 숙명여대 교육대학원에 제출한 석사 학위 논문 〈파울 클레Paul Klee의 회화의 특성에 관한 연구〉 표절 의혹에 대해 발표한 입장문 일부입니다.

인간의 양심과 윤리, 학문의 독립성과 자율성, 교육과 연구의 정직성과 공정성, 그리고 대학 스스로의 존재의 목적까지.

고색창연하여 더욱 소중한 저 일곱 가지 가치들이 지켜질 수 있을지, 그리하여 국민대와 숙명여대의 공통점과 차이점은 무엇일지, 지켜볼 일이다.

●

# 김문수

| 2022년 10월 3일 |

- 4대강 사업에 반대하는 신부 2명이 삭발했다. 신부가 삭발하면 절에 가야지.
- 세월호는 죽음의 굿판이다.
- 문재인 이분은 뭐 지금 당장 총살감이지.
- 민노총이 김정은 기쁨조 맞지요? 이런 친북 세력들이 대한민국 곳곳에 득실득실하고…
- 노동자들이 손해 배상을 가장 두려워한다. 민사 소송을 오래 끌수록 굉장히 신경이 쓰이고 가정이 파탄 나게 된다. 불법 파업에 손배 폭탄이 특효약이다.
- 이름이 누구요? 도지사인데 이름이 누구요, 지금 전화 받은 사람.

네, 노사정위원회에서 이름을 바꾼 사회적 대화 기구 경사노위(경제사회노동위원회) 신임 위원장 김문수 씨의 주옥같은 말씀들입니다.

여성가족부 해체가 미션인 여성가족부 장관, 핵 폐기장 건립 계획 없이 핵 발전을 친환경 에너지로 분류한 환경부장관, 손해 배상 폭탄으로 노동자의 가정을 파탄 내겠다는 경사노위 위원장, 윤석열 대통령은 대체 대한민국을 어디로 끌고 가고 싶은 것인가.

신장식의 나라 걱정이었습니다.

●

## 충성 경쟁, 조규홍 장관의 경우

| 2022년 10월 5일 |

"'아나바다'가 무슨 뜻이에요? 난 아주 어린 좀 영유아들은 집에서만 있는 줄 알았더니, 아기들도 여기 오는구나. 두 살 안 되는 애들도. 아, 6개월부터. 그래도 걸어는 다니니까. 걔네들은 뭐해요?" 지난달 27일 윤석열 대통령이 세종시 소재 어린이집에서 한 말입니다.

그런데 해당 행사를 준비한 보건복지부의 자료에는 '아나바다'의 뜻 표기는 물론, 해당 어린이집의 보육 대상이 0~5세라는 점도 명시되어 있었습니다. 논리적으로는, 보좌진이 보건복지부 자료를 대통령에게 전달하지 않았거나, 전달했지만 대통령이 읽지 않았거나, 읽었지만 새까맣게 잊었을 세 가지 가능성이 있습니다. 그 어느 쪽도 참담한 일입니다.

참담함을 더한 사람은 어제 임명된 조규홍 보건복지부장관입니다. 조 장관은 오늘 국정 감사에서 대통령의 어린이집 발언을 "(윤 대통령이) 가정 양육의 중요성을 설명한 게 아닌가 싶습니다"라고 해명했습니다. 2세 미만 영유아는 다 집에만 있는 줄 알았다는 무지한 말이 가정 양육의 중요성 설명이라고요?

충성 경쟁도 좀 적당히 하시라. 오버하다 '현타' 오면 공식 석상에 나오기조차 어려워진다. 김은혜 홍보수석처럼.

●

# 칠사당

| 2022년 10월 11일 |

강릉시 명주동에는 '칠사당七事堂'이라는 옛 건축물이 있습니다. 강릉 지방 수령이 7대 정무를 돌보던 관헌입니다. 《경국대전》은 '수령 7사'를 '농상성, 호구증, 학교흥, 군정수, 부역균, 사송간, 간활식'이라고 규정했습니다.

- 일사 농상성. 농업과 양잠, 즉 경제에 힘쓰라. 고물가, 고금리, 고환율이라는 퍼펙트 스톰 앞에 '좀비 아이디어'인 낙수 효과만 외치는 경제 대책.
- 이사 호구증. 인구를 늘리라. 국공립 어린이집 환경 개선을 공약했지만 내년 예산은 19% 삭감.

- 삼사 학교홍. 교육을 홍하게 하라. 입시 압박으로 목숨을 끊는 청소년들은 아랑곳없이 일제 고사를 부활하고 경쟁 교육에 힘쓰자는 대통령.
- 사사 군정수. 안보와 치안을 고치고 닦으라. 고조되는 군사적 긴장에도 불구하고 말 폭탄 외에 대책이 없는 군사 안보. 거꾸로 쏘는 미사일까지.
- 오사 부역균. 부역, 즉 세금 등 국가에 대한 의무 이행을 균등하게 하라. 법인세, 종부세 인하 등 빠른 부자 감세.
- 육사 사송간. 재판은 빠르게 해야 한다. 대통령 본인, 부인, 장모 앞에서 멈춰 서는 법치.
- 칠사 간활식. 행정 관리들의 부패를 없애라. 반복되는 대통령실의 사적 채용, 사적 공사 수주와 감사원, 검찰 등 사정 기관의 충성 경쟁.

조선 시대라면 포도대장은 이렇게 호통쳤으리라.
"저놈을 매우 쳐라!"

●

## 똘이 장군

| 2022년 10월 24일 |

지난 16일, 정진석 비대위원장은 "문재인 전 대통령이 김일성주

의를 추종하는 사람이 아닐까 의심하는 사람이 김문수, 한 사람뿐입니까?"라고 말했습니다. 이틀 뒤 18일에는 "민주당의 주류인 586 세력의 이념은 무엇이냐. 지금도 그때 가졌던 친북·자주 주사파적 생각이 옳았다고 주장하는 것은, 현대판 위정척사에 불과하다"라고 비판했습니다.

다음 날인 19일, 윤석열 대통령은 "북한을 따르는 주사파는 진보도 좌파도 아니다. 적대적 반국가 세력과는 협치가 불가능하다"라고 말했습니다. 같은 날 국민의힘 안병길 의원은 양곡관리법을 '양곡공산화법'이라고 했습니다.

그다음 날인 20일, 윤 대통령은 "주사파인지 아닌지는 본인이 잘 알 것"이라는 세상 무책임한 말을 했습니다. 그리고 오늘 아침, 정진석 의원은 지난 22일 시청 앞 집회에 대해 "국가 전복 세력들의 선동"이라고 평했습니다.

대통령과 여당 대표가 이런 생각이라면, 이제 곧 수사 기관들은 국민들 마음속 주사파를 탈탈 털고 싶을 겁니다. 1994년, 박홍 서강대 총장이 시작하고 청와대가 앞장섰던 주사파 대척결 소동 때처럼 보수 일간지들은 〈병균은 색출해야 한다〉는 사설을 쓰고, 극장에는 1970년대 반공 만화 〈똘이 장군〉 리메이크판 〈똘이 장군 2022〉가 걸릴 판 아닌가.

# 내 아이라면

| 2022년 11월 17일 |

- 아동이 빈곤이나 기아의 상징으로 표현되지 않도록 합니다. 절박한 위기 상황보다는 해결책을 강조합니다.
- 굶주리고 병든 아동의 이미지를 이용해 동정심을 불러일으 키는 방식은 탈피해야 합니다. 이러한 이미지는 개발 도상국 의 아동과 가족이 선진국의 원조에만 의지하는 듯한 잘못된 인상을 심어 줄 수 있습니다.
- 감정적인 반응을 이끌어 내기 위해 더 극심한 상황을 연출해 서는 안 됩니다.

국제 구호 개발과 인도적 지원 활동을 하는 140여 개 NGO 단체 연합체인 '국제개발협력민간협의회KCOC'가 제안한 '아동권리보호를 위한 미디어 가이드라인' 일부분입니다.

타인의 곤궁하고 취약한 상태를 사진, 그림, 영상 등을 통해 자극 적으로 묘사하고 동정심을 일으켜 금전적 이익이나 사회적 존경심 을 획득하기 위한 이기적인 행위, 즉 '빈곤 포르노'에 대한 논란이 끊 이지 않자 내놓은 대안입니다. '아동권리보호를 위한 미디어 가이 드라인'에는 아동 권리를 침해한 예시로 '건강한 성인 남성이 병든 소년을 안고 있는' 사진을 들고 있습니다. 특정 국가와 인종의 나약함을 강조했기 때문입니다.

김건희 여사가 캄보디아 프놈펜에서 심장병을 앓고 있는 14세 소년을 안고 있는 사진은 나쁜 사례 사진 속 주인공과 좌우만 다를 뿐 그 구도는 똑같습니다. 제 얼굴이 다 화끈화끈해집니다.

KCOC의 '아동권리보호를 위한 미디어 가이드라인'은 이렇게 시작됩니다. "'이 아이가 내 아이라면?'이라는 질문에서부터 시작하십시오." 당신의 아이라면, 그 사진을 찍게 하셨겠습니까?

신장식의 질문이었습니다.

●

## 드디어 눈이 내렸습니다
| 2022년 11월 25일 |

대통령실은 윤 대통령 취임 100일째인 지난 8월 17일, '윤석열 정부, 국민과 함께한 100일'이라는 자료를 발표했습니다. 윤석열 정부의 성과로 열 가지를 제시했는데 그중 하나가 '폭등한 집값과 전셋값을 안정시켰습니다'였습니다.

지금까지 이어지는 집값, 전셋값 하락이 정부의 의식적 노력 때문인가요? 석 달 만인 지난 11월 10일, 정부는 서울과 경기 하남, 광명, 과천, 성남 등 4곳을 제외한 나머지 지역을 규제 지역에서 해제했습니다. 주택담보대출 규제도 완화했습니다. 오히려 부동산 가격의 경착륙이 걱정입니다.

"6년간 중국에서 정식 수입이 금지된 한국 영화 서비스가 개시됐습니다. 한중정상회담에서 저희가 작은 시작이지만 큰 의미가 있습니다."

어제 김은혜 대통령실 홍보수석이 한중정상회담의 성과라며 홍상수 감독의 〈강변호텔〉이 중국에서 상영되기 시작했다고 자랑하며 한 말입니다. 하지만 〈강변호텔〉은 11월 15일 개최된 한중정상회담 열흘 전인 11월 4일부터 중국에서 서비스되고 있었습니다. 중국 당국의 심사를 통과한 것은 7월 말쯤으로 알려져 있습니다. 사실 확인도 제대로 하지 않은 무능인가요? 아니면 알면서도 성과를 포장하고 싶은 과장인가요? 그 어느 쪽이라도 국민들은 낯이 뜨거워집니다.

이러다 대통령실은 가을이 가고 눈이 내리면 '국민 여러분, 얼마나 기다리셨습니까? 대통령과 정부의 노력으로 드디어 아름다운 눈이 내렸습니다'라고 할 판 아닌가.

●

## 대통령의 일

| 2022년 12월 2일 |

11월 29일, 미국 상원이 동성 결혼 및 다른 인종 간 결혼을 보호하기 위한 결혼존중법안Respect for Marriage Act을 초당적 투표로 통과시켰습니다. 임신 중지 허용 판결을 뒤집은 보수적인 대법원이 동성

결혼을 합법화한 2015년 오버지펠 대 하지스 판결을 다시 뒤집더라도, 그 합법화를 돌이킬 수 없도록 아예 법으로 못을 박은 것입니다.

같은 날 백악관 루스벨트 룸. 바이든 대통령과 '빅 4', 케빈 매카시 공화당 하원 원내대표, 미치 매코널 공화당 상원 원내대표, 척 슈머 민주당 상원 원내대표, 낸시 펠로시 하원의장 겸 민주당 원내대표가 모였습니다. 결혼존중법안의 초당적 협력 이후 대통령이 직접 의회를 설득하여 코로나19와 우크라이나 관련 지출 예산을 늘리고 심각한 철도 파업을 피하기 위한 협력을 모색하는 자리였습니다. 미국 정치의 저력을 확인할 수 있는 모습입니다.

얼마 전 유인태 전 국회사무총장은 윤 대통령이 야당 대표를 만나지 않는 이유가 이재명이라는 '인간 자체를 싫어하기 때문'이라는 말을 들었다고 밝혔습니다. 대통령실은 야당 대표를 만나라는 조언을 들은 사실조차 없다고 딱 잘랐습니다.

사람이 사람을 싫어하는데 꼭 이유가 있어야 하는 것은 아닙니다. 하지만 대통령이 제1 야당 대표를 만나서 경제, 안보, 민생을 협의하는 일은 개인적인 좋고 싫고의 문제가 아닙니다. 그것은 대통령의 의무입니다.

하고 싶은 일만 하고 만나고 싶은 사람만 만나고, 국민이 뭐라든 좋아하는 후배는 어깨를 토닥여 주고 듣기 싫은 소리 하는 사람에게는 잔인한 수사를 밀어붙이는 일, 그게 대통령의 일은 아니라는 말씀입니다.

알아들으셨을까? 알아들을 리가 없다.

# 올해의 검색어

| 2022년 12월 13일 |

2022년 구글이 발표한 대한민국 뉴스·사회 분야에서 가장 많이 검색된 단어는 '①기후 변화 ②초단기 강수 예측 ③이태원 ④우크라이나 ⑤스승의 날 ⑥태풍 힌남노 ⑦청년희망적금 ⑧소상공인 방역지원금 ⑨루나 코인 ⑩포켓몬빵' 순입니다. 주요 검색어를 관통하는 키워드가 보입니다. 그것은 바로 '재난'입니다.

기후 변화, 초단기 강수 예측, 태풍 힌남노는 기후 재난. 이태원, 청년희망적금, 소상공인 방역지원금, 루나 코인은 사회, 경제적 재난. 우크라이나는 국제적, 군사적 재난.

재난은 발생 자체에 대비해야 하고, 발생하면 최선을 다해 대응해야 하며, 사후에는 분명한 대책을 만들어야 합니다. 정부의 가장 기본적인 임무가 바로 국민의 생명과 안전, 민생을 지키는 일이기 때문입니다.

올 한 해, 윤석열 정부는 국민이 안심할 수준의 대비, 대응, 대책 수립, 어느 하나도 제대로 해내지 못했습니다. 탄소 감축 목표를 하향 조정하고 친원전 정책을 표방함에 따라 오히려 기후 재난을 재촉했고, 이태원 핼러윈 데이는 거대한 사회적 참사가 되어 버렸습니다.

희망을 잃은 청년들은 코인 시장으로 몰려가 거대한 사기의 피해자가 되었고, 중소상공인들은 코로나19보다 더 독한 경기 침체의 나락으로 빠져들고 있습니다.

하지만 대비, 대응, 대책, 어느 것 하나도 제대로 해내지 못하면서 오직 정치적 유불리에 따라 즉흥적 대응만 반복하는 정부. 핼러윈 참사 유가족들에 대해 횡령, 종북의 굴레를 씌우는 것도 주저하지 않는 여당.

자격이 없다.

●

## 질병청장

| 2022년 12월 16일 |

'제 친누이는 2대 질병청장 임무를 맡은 백경란입니다.' 백 청장의 남동생이 코로나19 진단 키트 생산업체 사외이사로 지원하면서 직무 수행 계획서에 쓴 내용입니다. 백 청장은 동생이 직접 쓴 직무 계획서가 아니고 연봉을 받지 않았다고 해명했습니다. 담을 넘으려 했지만 도둑질에는 실패했으니 문제없다는 식의 변명입니다. 남동생 입사 지원 후 이 업체에 대한 질병청의 분석 의뢰가 6배 넘게 늘었습니다.

백 청장은 앞선 국정 감사에서는 정부 자문위원으로 일하면서 SK바이오사이언스, SK바이오팜, 신테카바이오 등 바이오 관련 주식을 취득해 이해 충돌 논란이 제기되었습니다. 야당은 관련 주식거래 내역 등을 제출하라고 촉구했지만 백 청장은 거부했습니다. 이에 여야가 만장일치로 미제출 시 상임위원회 명의로 고발하겠다고 엄포를 놓자 백 청장은 제출 기한인 10월 28일에서야 자료를 제출했습니다. 그러나 보건복지위는 자료 부실과 태도 등을 문제 삼아 고발을 의결했습니다. 여당 의원도 그냥 보고 있을 수 없는 지경이었던 겁니다.

대통령과 백 청장이 주창한 '과학 방역'의 실체는 여전히 오리무중인데 백 청장은 사의를 표했습니다. 대통령실은 곧바로 후임 청장으로 지영미 한국파스퇴르연구소장을 내정했습니다. 그는 윤 대통령과 대광초, 서울대 법대 동창으로 고등학교 시절 나란히 하교했고 대학 시절에는 함께 MT를 갔던 '55년 죽마고우' 이철우 연세대 로스쿨 교수의 부인입니다. 물론 자격을 갖춘 분일 수 있습니다.

하지만 여전히 의문은 남습니다. 대통령 지인들 중에는 왜 이리 대한민국의 장관, 청장 재목들이 차고 넘치는가. 심지어 죽마고우의 부인까지.

●

## 낙하산 캠프

| 2022년 12월 19일 |

"제가 집권하면, 그냥 놓겠습니다. 여기에다가 사장 누구 지명하고 이렇게 안 하고요. 캠프에서 일하던 사람을 시킨다? 저 그런 거 안

할 겁니다."

윤석열 대통령 후보가 작년 10월 6일에 했던 말입니다.

전문건설공제조합 이사장 이은재, 2020년 윤석열 당시 검찰총장의 호위 무사가 되겠다며 대검찰청 앞에서 '빨간 약' 본인 왈, '아까징끼' 혈서를 썼습니다.

한국가스공사 사장 최연혜, 전 한국철도공사 사장, 윤석열 대선 캠프 탈원전 대책 및 신·재생에너지 특별위원장.

한국지역난방공사 사장 정용기 전 의원, 윤석열 대선 캠프 상임 정무특보.

LH 사장 이한준, 윤석열 대선 캠프 부동산 공약 담당.

NH농협금융 회장에 단독 후보 이석준, 윤석열 캠프의 첫 영입 인사, 인수위 고문.

한국자산관리공사 감사 경윤호, 윤석열 대통령실 정무 2비서관.

수도권매립지관리공사 감사 김응박, 국민의힘 임이자 의원의 전 보좌관.

중소벤처기업진흥공단 감사 박정열, 국민의힘 전 경남도의원.

우리나라 전체 공공 기관 수는 370개. 이들 기관의 임원 공시 전부를 '한국공공신뢰연구원'이 조사한 결과 국민의힘과 윤석열 캠프, 인수위 출신을 합쳐 보니 84명. 윤석열 대선 캠프는 낙하산 캠프인가요?

대통령의 말, 깃털보다 가볍다.

# 천공

| 2023년 2월 2일 |

2021년 10월 11일, 국민의힘 대선 후보 토론회. 유승민 후보가 묻고 윤석열 후보가 답합니다.

"지난 번 토론이 끝나고 저에게 '천공은 미신이 아니다. 미신이라고 말하면 명예 훼손이 될 수 있으니까 천공 유튜브를 한번 보라. 그거 많은 사람들이 보고 천공을 따르는 사람들이 많다'라고 이렇게 말씀하셔서 제가 유튜브를 봤어요. 천공이란 사람이 이런 말을 해요. '내 손바닥이 빨간 이유가 손바닥에서 에너지가 나가기 때문이고 이걸로 암 걸린 환자가 피를 토하고 암이 나았다.' '김일성 3부자가 통일을 이뤄 내고 영웅 중의 영웅 집안이 탄생해서 노벨상을 받게 될 거다.' '기독교에서 성령을 받거나 무당한테 성령을 받거나 똑같다.' '백두산이 정월 초하루에 영하 수십 도가 돼도, 내가 가면 정법이 가면 칼바람이 멈추고 봄 날씨가 된다.' 좀 황당하지 않습니까?"

"저는 모르겠어요. 그런 거는 본 적이 없습니다."

"천공을 만나셨죠?"

"만난 적 있습니다."

"몇 번 만나셨습니까?"

"한 몇 번, 좀 오래됐습니다."

"부인 하고 같이 만났습니까?"

"그렇습니다."

대한민국 헌법 제20조 제2항, '국교는 인정되지 아니하며, 종교
와 정치는 분리된다.'

●

## 결혼 시키세요

| 2023년 2월 9일 |

2020년 4월 4일, 김만배 씨가 정영학 씨에게 이야기합니다.

"병채 아버지가 돈 달라고 그래. 병채 통해서."

"뭘? 아버지가 뭘 달라더냐?' 그러니까 '아버지한테 주기로 했던
돈 어떻게 하실 건지' 그래서 '한꺼번에 주면 어떻게 해. 한 서너 차
례 잘라서 너를 통해서 줘야지, 그렇게 주면 되냐?' 응? 다 달라고 한
거지."

병채 아버지 곽상도 씨가 김만배 등 대장동 일당에게 본인에게
주기로 했던 돈을 달라고 했고, 대장동 일당은 한꺼번에 주면 동티
나니 서너 차례 잘라서 아들 병채 씨를 통해 돈을 전하겠다고 이야
기한 겁니다.

정영학 녹취록에 모두 나와 있는 내용입니다. 유동규의 녹취록
에서 김만배는 '곽상도는 고문료 정도로는 안 되지'라고 말하고, 유

동규는 '아들에게 배당하는 식으로 하자'는 전달 방법을 제안하기도 합니다.

그런데 무죄랍니다. 병채 씨가 혼인하여 독립된 경제생활을 하기 때문이랍니다.

자, 이제부터 합법적으로 뇌물을 받고 상속세도 절약할 수 있는 방법을 알려드리겠습니다. 얼른 자식을 결혼시키세요. 검찰과 법원이 알려 준 방법이니 절대 안전할 겁니다.

공정과 정의는 대체 어디에 있는가.

●

## 생각하지 않음
| 2023년 2월 13일 |

사기, 기부금품법 위반, 업무상 횡령, 업무상 배임, 공중위생관리법 위반, 보조금관리법 위반, 지방재정법 위반, 준사기. 검찰이 윤미향 의원을 기소하면서 적용한 여덟 가지 법률입니다.

1심 법원은 위 혐의 중 개인, 단체 계좌를 혼용하여 정대협(한국정신대문제대책협의회)을 위해 사용했다는 점이 소명되지 않은 돈 1700만 원 횡령을 인정하여 벌금 1500만 원을 선고했습니다. 개인적으로 1억 넘는 돈을 정대협에 기부한 윤미향 의원이 1700만 원을 횡령했다? 상식의 눈으로는 쉽게 받아들이기 어려운 사실 인정입니다. 윤 의원은 추가 소명을 위해 항소했습니다.

언론이 단독을 달고 보도했던 '정대협 돈을 횡령하여 딸 유학비로 썼다, 개인용 아파트를 샀다, 맥줏집에서 3300만 원을 썼다, 아버지를 쉼터 관리인으로 등재만 하고 돈을 빼돌렸다, 남편 업체에 특혜를 줬다'는 등의 혐의는 아예 기소조차 하지 못했습니다.

윤석열 총장 등 검찰 수뇌부는 이 사건에 최지석, 이정배, 김영준, 김영주, 김현서, 유재근, 정경진, 임병일, 박원석, 차대원, 손지혜, 홍혜숙, 하언욱, 허강녕, 김지수까지 총 15명의 검사를 투입했습니다(강릉지청 전체 검사 수의 2배가 넘는 수입니다). 15명의 검사들은 검찰 수뇌부의 무리한 지시에 일언반구도 없이 윤미향과 정대협을 때려잡았습니다. 하지만 윤미향 마녀사냥의 중간 결산은 태산명동서일

泰山鳴動鼠一匹.

정치 철학자 한나 아렌트는 아우슈비츠에서 학살을 실행한 평범한 공무원들이 '그저 우리는 명령에 따랐을 뿐'이라고 변명하는 것에 대해 이렇게 말했습니다. 그들의 죄는 학살 명령의 반인간성, 그리고 그 명령을 따른 자신의 행위가 초래할 결과를 돌아보지 않은 '생각하지 않음'에 있다고.

'생각하지 않음'의 죄를 저지르는 사람이 어디 그때, 그 공무원들뿐이겠는가.

# 자격이 없다

| 2023년 2월 14일 |

13일, 제주에서 열린 국민의힘 전당대회 첫 합동 연설회, 최고위원 후보 태영호 의원이 갑자기 무릎을 꿇었습니다.

"4·3 사건의 장본인인 김일성 정권에 한때 몸담았던 사람으로서 유가족과 희생자분들을 위해서 진심으로 무릎을 꿇고 용서를 빕니다." 제주 4·3 사건 북한 지령설이 다시 등장한 것입니다.

대한민국 정부는 '제주 4·3 진상조사 보고서'에서 이 사건을 '1947년 3·1절 기념 행사에서 경찰 기마대에 어린아이가 다쳐 항의하는 도민들에게 경찰이 총을 쏘아 6명의 민간인들이 사망한 것을 시작으로 1954년 9월 21일까지 벌어진 무력 충돌과 진압 과정에서 주민들이 희생된 사건'이라고 정리했습니다. 북한 지령설 따위는 등장하지 않습니다.

하지만 태 의원은 오늘도 "나는 북에서 4·3을 유발한 장본인은 김일성이라고 배웠다"라면서 입장을 변경할 뜻이 없다고 큰소리쳤습니다. 태 의원님, 국민들은 당신이 북에서 무엇을, 어떻게 배웠는지 관심 없습니다. 당신이 대한민국 국회의원으로서 자격이 있는지에 관심이 있을 뿐입니다.

그래서 묻습니다. 이곳에 정착한 지가 언제인데, 국회의원 된 것도 이미 3년이나 지났는데, 당 최고위원 한번 돼 보겠다고 정치적 유불리나 따져 가며 제주도민들을 북측의 지령에 놀아난 빨갱이들의 후손이라는 구렁텅이에 또다시 끌고 들어가는 짓은 하지 말아야 한다는 것을, 왜 아직 못 배우셨는가.

자격이 없다.

●

## 공동묘지의 평화

| 2023년 2월 23일 |

오늘, 국군방첩사령부는 무속인 '천공'의 관저 개입 의혹을 구체적으로 제기한 부승찬 전 국방부 대변인의 성북구 자택을 군사기밀보호법 위반 혐의로 압수 수색했습니다.

오늘, 전북 지역 시민·사회 단체는 국가정보원이 전북 지역 농민 단체 전·현직 임원들에게 국가보안법 위반 혐의를 적용해 당사자들 몰래 10년간의 통신 자료를 갖고 있었고, 특정인에 대해서 감청까지 하는 등 내사를 진행했다며 인권 침해를 중단시켜 달라고 국가인권위에 진정서를 냈습니다.

오늘, 금속노조 경남지부 사무실이 국가보안법 위반 혐의로 압수 수색을 당했습니다. 민주노총 경남본부의 규탄 기자 회견이 이어졌는데 기자를 사칭하여 이 장면을 촬영하던 국정원 직원이 발각되었습니다. 국정원 측은 "당황해서 기자라고 말했다고 한다"는 입장을 전했다고 합니다.

어제 MBN은 방첩 당국이, 북한이 이태원 참사를 정치적으로 악용해 대규모 촛불 시위를 일으키라는 지시를 한 것으로 보고 창원 간첩단 사건과 제주 간첩단 사건을 조사하고 있다고 단독 보도했습니다.

"딱 사이즈가 '건폭'이네." 윤석열 대통령이 21일 국무회의에서 건설 현장 노조의 불법 행위 실태를 보고받자마자 한 말입니다.

풍자 가라사대, 딱 보면 사이즈가 나오는 대통령님의 놀라운 혜안과 뜻에 따라 방첩 당국과 검경은 이 땅의 모든 간첩과 건폭을 색출하여 처단할 것이니, 이제 곧 대한민국에 평화가 도래할 것으로되, 그 평화는 바로 '공동묘지의 평화'일 것이다.

●

## 화암사 수바위

| 2023년 2월 28일 |

강원도 고성군 설악산 신선대 등산로 초입에는 신라 시대인 서기 769년, 고승 진표율사가 창건한 화암사라는 절이 있습니다. 화암사는 민가와 멀리 떨어져 있어서 스님들은 시주를 구하기 어려워 항상 굶주렸습니다. 어느 날 두 스님이 같은 꿈을 꿉니다. 백발노인이 절 근처에 있는 수도장인 '수바위'에 작은 구멍이 있으니 끼니마다 그 구멍에 지팡이를 세 번 돌리라고 합니다. 잠에서 깬 두 수도승은 한달음에 수바위에 올라가 시키는 대로 했더니 과연 두 사람 몫의 쌀이 쏟아져 나왔습니다. 두 스님은 시주 걱정 없이 용맹 정진할

수 있었습니다.

몇 년 후 한 객승이 수바위에서 쌀이 나온다는 이야기를 듣고 화암사를 찾습니다. 객승은 수바위 구멍에 지팡이를 여섯 번 돌리면 네 사람분의 쌀을 얻을 수 있다는 욕심이 생겼습니다. 객승은 스님들이 잠든 틈에 수바위에 지팡이를 넣고 여섯 번 돌렸습니다. '쩡' 벼락같은 소리와 함께 수바위에 피가 흘렀습니다. 쌀은 더 이상 나오지 않았습니다.

어제 원주지방환경청이 추진 40여 년 만에 설악산 오색 케이블카 '조건부 동의' 입장을 냈습니다. 한국환경연구원KEI은 '자연환경에 미치는 부정적 영향이 큰 케이블카를 설치하는 것은 부적절하다'는 의견을 내는 등 모든 연구 기관의 의견은 부정이었습니다. 하지만 윤석열 대통령, 김진태 지사의 케이블카로 돈을 벌 수 있다는 공약은 과학보다 힘이 셉니다.

'수바위'를 피 흘리게 하고 영영 입을 다물게 한 이유가 당장 네 사람분의 쌀을 얻겠다는 객승의 욕심이라는 것을 이해할 수 있을까. 알 리가 없다.

●

## 그때는 맞고 지금은 틀리다?

| 2023년 3월 24일 |

어제 헌재는 검찰 수사권 일부 박탈 법률안 표결 과정에서 권한

침해는 있었으나 중대하지 않아 해당 법률은 무효가 아니라고 결정했습니다.

오늘 《조선일보》는 "절차 위법을 인정하면서 그런 절차로 만든 법이 유효하다는 모순적 결정" "꼼수 처리 눈감아 준 헌재" "술은 마셨지만 음주 운전 아니라는 결정" "김학의, 윤미향, 곽상도 이어 검수완박… '비상식적 판결' 잇단 논란"이라는 살기등등한 사설과 기사를 쏟아 냈습니다.

예전에는 어땠을까요? 2009년 한나라당이 종편을 만들기 위해 밀어붙인 미디어법 의결 과정에서 대리 투표 등 절차상 하자로 국회의원의 심의·표결권이 침해되어 무효라는 권한 쟁의 청구가 있었습니다. 헌재는 권한 침해는 있으나 법률은 무효가 아니라는 어제 결정과 똑같은 취지의 결정을 했습니다.

당시 《조선일보》는 '헌법재판소가 법의 표결 절차에 하자가 있다고 했으나 국회에서 정상적인 법안 심의 절차를 따랐다면 애초에 이런 일이 벌어질 까닭이 없었다. 국회를 난장판으로 만들고 그 난장판 때문에 법안 처리가 무효라고 주장하는 것도 허용될 수 없다'고 했습니다.

《중앙일보》는 '일각에서는 헌재 결정을 자의적으로 해석해 새로운 논란을 유발하려고 한다. 권한 침해를 인정했으니 법안 자체도 당연히 무효라는 주장이지만 이는 아전인수식 해석일 뿐'이라고 일갈했습니다. 절차상 하자가 있다는 이유로 법안 처리가 무효라고 주장하는 아전인수식 해석은 허용될 수 없다는 단호한 선언입니다.

그때는 맞고 지금은 틀리다? 세상 참 편하게들 사신다.

•

# 시진핑기념관

| 2023년 4월 6일 |

"서울대가 도서관에 '시진핑기념관'을 운영하고 있다. 친북 세력이 있는 곳에 늘 친중 세력이 있다. 이들은 안으로부터 체제 전복을 시도하고 기생충처럼 들러붙어 국민 혈세를 빨아먹으며 갖은 교활한 방법으로 우리 아이들에게 친중, 친북 사상을 세뇌시키고 있다." 어제 국민의힘 정경희 의원이 대정부 질문에서 한 말입니다.

2014년, 박근혜 대통령 초청으로 한국을 국빈 방문한 시진핑 주석은 서울대에서 강연하면서 중국을 소개하는 도서와 영상 자료 1만 점 기증을 약속했습니다. 약속했던 자료를 받아서 보관하는 곳이 '시진핑 기증 도서 자료실'입니다. '시진핑기념관'은 서울대에 없습니다.

박근혜 전 대통령과 시 주석에 대해 《조선일보》는 '시 주석은 박 전 대통령을 중국 국민과 나의 '라오펑유老朋友(오랜 친구)'라고 부른다'고 소개했고, 《중앙일보》는 '정치 명망가 자제로 태어났지만, 시련을 겪은 성장 배경도 비슷하고 감정 절제에 능하며, 작심한 말은 다른 사정 보지 않고 모두 하는 성격도 닮아 있다. 10년 가까이 쌓아온 두 정상 사이의 남다른 신뢰가 양국 관계에 긍정 요인으로 작용하고 있다'고 격찬했습니다. 보수 언론들은 서울대 '시진핑 기증 도서 자료실'을 양 정상과 두 나라의 긴밀한 관계의 상징이라며 한껏 추켜세웠습니다.

정경희 의원님, 그렇다면 체제 전복을 시도하는 기생충 친중, 친북 세력의 우두머리는 박근혜 전 대통령이고 그 선전 매체는 《조선일보》《중앙일보》인가요?

하기는 "동성애 교육은 김일성을 위대한 수령이라 세뇌하는 것과 다르지 않다"고 국회에서 말씀하셨던 분에게 무엇을 더 기대하겠는가.

●

## 무데뽀 순교자

| 2023년 4월 10일 |

어제 대통령실은 최근 중도층의 대거 이탈에 이어 보수층마저 이탈 폭이 커진 여론 조사 결과에 대한 논평을 요청받았습니다. "별로 참고하지 않는다." 대통령실 핵심 관계자가 한 말입니다.

"수치 자체는 그전부터 크게 신경 쓰지 않았다." 2021년 7월 13일, 여론 조사 결과가 윤석열 후보에게 불리하게 나오자 본인이 한 말입니다.

"지지율이 10%로 떨어져도 한일 관계를 개선하겠다. 한일 관계 개선은 여론과 관계없이 옳은 일이고 꼭 해야 하기 때문이다." 지난해 윤 대통령이 측근들에게 한 말이라고 합니다.

대한민국 국민들의 여론은 신경 쓰지 않고, 참고하지 않고, 그 뜻과 관계없이 할 일을 하겠다는 윤석열 대통령. 손호철 서강대 명예교수는 이와 같은 태도를 '순교자주의'라고 평가했습니다.

"순교자주의란 여론 등과 상관없이 자신이 옳은 일을 위해 순교를 하고 있다고 생각하는 것으로서 종교인에게는 중요한 덕목일지 모른다. 그러나 정치인의 경우 민주화 투쟁 등에 있어서 필요할 때도 있지만 민심에 반하고 틀린 것도 자신이 옳다고 생각해 무데뽀로 나갈 수 있다는 점에서 매우 위험한 성향이다."

지금 국민들에게 필요한 사람은 '무데뽀 순교자'가 아니라, '민주공화국 대통령'이다.

•

## 대법관 임명 제청 거부권?
| 2023년 6월 5일 |

〈尹 대통령, 사상 첫 '대법관 임명 제청 거부권' 검토〉

TV조선의 단독 보도 기사 제목입니다. 이 기사 제목은 틀렸습니다. 대통령에게 그런 거부권은 없기 때문입니다. 대통령의 거부권은 오직 법률에 대해서만 발동할 수 있습니다. 심지어 대통령이 거부한 법률조차 국회의원 과반 출석에 3분의 2 이상이 다시 찬성하면 대통령은 공포를 거부할 수 없습니다. 그럼에도 불구하고 대통령실은 지금 '대법관 임명 제청 거부권' 행사라는 취지의 발언을 이어 가고, 언론은 무비판적으로 받아쓰고 있습니다. 대통령의 헌법상, 법률상 절차 이행 의무에 대한 사보타주를 '거부권'이라는 말로 포장하는 눈속임입니다.

김명수 대법원장이 제청한 대법관 후보가 대통령 마음에 들지 않을 때 대통령은 국회에 임명제청동의안을 보내지 않는 방식으로 절차를 사보타주할 가능성이 높습니다. 이러면 국회는 청문과 동의 절차를 시작할 방도가 없습니다.

김명수 대법원장이 제청을 철회하고 대통령 마음에 드는 후보를 다시 제청하지 않는 한, 이 사보타주는 김 대법원장의 임기가 끝나는 9월까지 이어질 수 있습니다. 마침내 9월, 대통령이 새 대법원장을 임명하고 그로 하여금 대통령 마음에 쏙 드는 대법관을 제청하도록 할 수 있겠지요.

대법원에 구멍이 숭숭 뚫리든, 그래서 결과적으로 국민의 재판받을 권리가 침해되든 말든 대통령의 관심은 오직 내 맘에 쏙 드는 대법관일 뿐.

헌법 정신, 삼권 분립, 사법부의 독립 따위 안중에 없는 권력, 헌법과 법률 절차마저 사보타주할 수 있다는 권력자를 역사는 무엇이라 불렀는가.

# 사랑은 지치는 법이 없다

| 2023년 6월 14일 |

한덕수 총리는 국회에서 "오염수, 과학적으로 처리되고 WHO 음용 기준 맞다면 마신다"고 말했습니다.

용산구청은 박희영 구청장 출근 저지와 사퇴를 촉구하는 10·29 참사 유족들을 용산구청에서 퇴거시키기 위해 경찰 기동대 출동을 요청했습니다.

여당 의원들은 급기야 이동관 특보와 그 아들이 정치적 의도와 가짜 뉴스의 피해자라고 합니다. 대통령실 관계자는 정순신 사태와는 질적으로 다르며 의혹이 해명되었다고 답합니다. 임명에 문제없다는 겁니다.

아직 본격적인 더위도 오지 않았는데도 열불이 차오르는 분들께 천주교 신부님들의 미사 강론 말씀 한 대목을 전합니다.

"지난 1년 동안 그는 윤리, 선, 신앙, 정직을 비웃으며 도덕적 타락의 상태를 별로 부끄러워하지 않았다. 우리가 서로를 필요로 하고, 타인과 세상에 대한 책임이 있으며 착하고 성실한 것이 가치 있다는 인류의 오랜 경험을 한껏 조롱하였다. 한 인간으로서야 언제까지나 형제로 받아들이겠지만 개인적 이익을 지키려고 서로 다투게 하고, 새로운 형태의 폭력과 잔인함이 발생하도록 만드는 그를 차마 인정할 수 없다. 이유는 오직 하나, 그가 하느님을 무시하고 하느님의 사랑에 등을 돌렸기 때문이다.

슬프다. 너도 잘살고 나도 잘살되 올바로 잘사는 아름다운 세상을 만들자는 꿈. 너만 목숨이 있다더냐. 하늘을 날아다니는 것들, 땅 위를 기어다니는 것들, 물속에서 헤엄치며 살아가는 것들도 제각각 귀한 목숨을 가졌으니 다 같이 잘살되 올바로 잘사는 세상을 이루자는 아름다운 꿈이 왜 이렇게 어려운가. 사람이 사람답기란 이토록 힘든 일일까. 하지만 우리는 믿는다. 비극과 몰락의 시간 속에 환희와 영광의 때를 간직하는 무덤의 비밀을. 발악發惡하는 자에게는 발선發善으로 맞서자. 사랑은 지치는 법이 없다. 꺾이지 않는 사랑을 나누어 갖자."

창립의 초심을 떠올리며,

2023년 6월 12일 원주교구 봉산동성당에서 천주교정의구현전국사제단,

아멘.

•

## 대한민국 정부의 일베화

| 2023년 6월 29일 |

"남북 관계는 적대 관계다. 김정은 정권이 타도되고 북한 자유화

가 이루어져서 남북한 정치 체제가 '1체제'가 되었을 때 통일의 길이 열린다." 극우 유튜버의 발언이 아닙니다. 윤석열 대통령이 무려 대한민국 통일부장관으로 지명한 김영호 씨의 말입니다.

김영호 씨는 박근혜 대통령 탄핵 결정에 대해서는 이렇게 말합니다. "체제 전복 세력에게 붉은 카펫을 깔아 주는 결과를 가져왔다. 이제 한국 사회는 젖은 스펀지에 붉은 잉크를 한 방울 뿌리면 스펀지 전체가 금방 붉어지는 것처럼 전체주의의 일상화에 무방비 상태로 노출됐다."

강제 징용 배상 판결에 대해서는 이렇게 말했습니다. "대법원 판사들이 내린 판결문을 보시게 되면 전부 다 반일 종족주의적인 생각에 사로잡혀 있다. 정상적인 교육을, 법률 교육을 받은 법관들이, 10위권의 경제 대국을 자랑하는 대한민국의 법관들이 썼다고 볼 수 없는 판결문이다."

헌법 제4조 평화 통일 규정, 남북 관계는 평화 통일을 지향하는 과정에서의 특수 관계라는 헌법재판소의 해석마저 부정하는 반헌법적 발상도 불사하는 극우 뉴라이트의 세계관이 뼈에 각인된 통일부장관, '문재인은 간첩'이라는 경찰제도발전위원장, 전 정권을 반국가 세력이라고 규정하는 대통령까지. 대한민국 정부의 '일베화'라는 말이 예사로 들리지 않습니다.

이제 주석궁에 탱크를 몰고 들어가야 통일이라는 말이 나올 차례인가.

도도한 민주화의 흐름을 거스르면
결국 그 거대한 물결에 휩쓸려 사라진다.

# 우물에 독 풀기

| 2023년 6월 29일 |

"민노총이 김정은 기쁨조 맞지요? 노동자들은 손해 배상을 가장 두려워한다. 민사 소송을 오래 끌수록 굉장히 신경이 쓰이고 가정이 파탄 나게 된다. 불법 파업에 손배 폭탄이 특효약이다." 노사정 사회적 대화 기구인 경제사회노동위원회장 김문수의 발언입니다.

"게이는 평생 기저귀를 차고 산다." 국가인권위원회 이충상 상임 위원의 말입니다. 차기 인권위원장이 될 거라는 예상이 파다한 분입니다.

"5월 광주민주화운동에 북한이 본인들의 의도대로 개입하고자 했을 가능성이 있다." 김광동 진실화해위원장의 말입니다.

"제가 와서 보니까 총경 이상 경찰 간부들이 대가리 빡빡 깎고 데모를 했다. 세상에 경찰이 정복을 입고." 경찰제도발전위원회 박인환 위원장이 경찰직장협의회에 대해 한 말입니다.

"남북 관계는 적대 관계다. 김정은 정권이 타도되고 북한 자유화가 이루어져서 남북한 정치 체제가 '1체제'가 되었을 때 통일의 길이 열린다." 윤석열 대통령이 오늘 지명한 김영호 통일부장관 후보의 말입니다. 주석궁에 탱크 밀고 들어가야 통일이라는 식의 냉전적 사고방식입니다.

해당 기구의 설립 취지에 반하는 인사들을 투입하여 아무도 그

우물물을 마시지 못하게 하는 '우물에 독 풀기'입니다. 민주화의 성과인 인권위, 경사노위, 진화위, 통일부 무용론을 나오게 하여 이를 빌미로 조직 자체를 해체하거나 무력화하려는 '우물에 독 풀기, 우물 부수기'라는 겁니다.

그러나 기억하시라. 도도한 민주화의 흐름을 거스르는 사람, 그 누구도 결국 그 거대한 물결에 휩쓸려 사라졌다는 사실을.

●

## 반국가 세력
| 2023년 6월 30일 |

2023년 3월 1일, 미국 연방하원의원에 법안이 하나 발의됩니다. 의안 번호 HR 1369 '한반도 평화법안'. 주요 내용은 한국 전쟁 종전 선언과 북-미 연락 사무소 설치 추진입니다. 대표 발의자 브래드 셔먼 의원 외 민주, 공화 양당 의원 19명이 발의한 이 법안에 대한 지지 서명 의원은 33명까지 늘어났습니다. 트럼프, 바이든 두 대통령도 종전 선언을 지지했으니 민주, 공화 양당에 골고루 지지 서명 의원이 포진한 일은 이상하지 않습니다.

"왜곡된 역사의식, 무책임한 국가관을 가진 반국가 세력들은 종전 선언을 노래 부르고 다녔습니다." 윤석열 대통령의 자유총연맹 창립 기념식 연설. 이 연설로 미 연방하원의원 33명은 '무책임한 반국가 세력'이 되어 버렸습니다. 윤 대통령이 '한미 동맹 70주년 기념 미국 상·하원 합동 회의 연설'에서 '세대를 이은 한미 동맹의 증인들'이라며 박수를 보냈던 앤디 김 의원과 메릴린 스트릭랜드 의원도 33명 중 한 사람입니다. 이들은 미국에서 종전 선언과 평화 협정을 줄기차게 지지해 온 '평화의 챔피언', 'HR 1369의 전도사'라 불립니다.

자, 이제 대통령실은 미 연방하원의회에 경고의 메시지를 날립시다. '한반도 평화법안'이 통과되면 거부권을 행사하겠다고. 종전 선언을 전도하는 앤디 김, 브래드 셔먼 의원 등 33명 의원들은 압수 수색하고 구속 기소하는 것으로 합시다. 반국가 세력에 대한 투쟁에는 한 치의 물러섬도 없어야 한다는 것이 윤석열 대통령의 신념이자 국정 철학 아니겠습니까?

뭘 알고나 떠드시라.

•

## 혓바닥이 왜 이렇게 길어
| 2023년 7월 6일 |

'오컴의 면도날', 14세기 영국의 논리학자 윌리엄 오컴William of Ockham의 이름에서 따온 용어입니다. 여기서 면도날은 필요하지 않은 가설을 잘라내 버린다는 뜻으로 '같은 현상을 설명하는 두 개의 주장이 있다면 간단한 쪽을 선택하라'는 뜻입니다. 후쿠시마 핵 오염수 방류에 대한 질문도 무척 간단합니다.

기시다 일본 총리님, 그렇게 안전한 물이라면 왜 일본에서 농업 용수나 공업용수로 쓰지 않고 바다에 방류하나요? 윤석열 대통령님, 후쿠시마 핵 오염수 방류에 찬성해서 한국이 얻게 되는 국익은 무엇인가요? 회 먹방, 물 먹방에, 가짜 뉴스 고소 고발에, 대통령 탄핵 음모, 괴담 운운까지 중언부언하지 말고 그냥 저 간단한 질문에 간단하게 답변해 주세요.

서울-양평 고속도로 종점 변경에 대한 질문은 더 간단합니다.

양서면에서 강상면으로 서울-양평 고속도로 종점이 바뀌었을 때 누가 이익을 보나요? 도로 사용자인가요? 토지 소유자인가요? 이 질문이 어려우세요? 이 간단한 질문에 면도날 같이 간단한 답변을 하면 되는데 장관직도 걸고, 뭣도 걸고 왜 자꾸 뭘 걸겠다는 건가요?

말은 길어지고 행동은 괴상스럽고 거칠어지는 천하의 높으신 분들께 영화 〈타짜〉의 선수 '고니'의 대사를 돌려드립니다.

"천하의 아귀가 헛바닥이 왜 이렇게 길어?"

●

## 양천구시설관리공단
| 2023년 7월 27일 |

2023년 3월 13일, 양천구시설관리공단은 청년고용촉진특별법 청년 채용에 공개 경쟁 채용 공고를 냈습니다. 그런데 이 채용, 좀 이상합니다. 1차 서류 심사 평가 항목, 2차 면접 심사 평가 항목을

모두 살펴봐도 정량 지표는 자격증 보유 여부 딱 하나뿐입니다. 나머지는 모두 정성 평가. 채용권자의 마음에 달려 있는 겁니다.

채용 결과는 더 고개가 갸웃해집니다. 42 대 1의 경쟁률을 뚫고 합격한 수험 번호 1번, 정 모 합격자, 그분의 어머니는 국민의힘 최혜숙 양천구의원입니다. 최 의원에게 기자가 '엄마 찬스' 아니냐고 묻자 이렇게 답합니다. "아들이 채용에 지원한 사실도 이번에 알게 됐다."

본인이 양천구의원인데 초임 3000만 원 이상인 관내 공공 기관에 아들이 지원한 사실을 몰랐다? 이해가 되시나요?

채용 결정권자인 양천구시설관리공단 박태문 이사장. 이분은 모텔 지배인으로 성매매 장소를 제공한 범죄 행위로 유죄 판결을 받았습니다. 그런데 그는 처벌 이후 배짱 좋게 구의원에 출마하고 당선됩니다. 하지만 공보물에 성매매특별법 위반 범죄 정보를 축소, 허위 기재해서 의원직이 박탈됩니다. 이런 분이 어떻게 양천구시설관리공단 이사장이 되었냐고요? 국민의힘 이기재 양천구청장 선거 캠프 출신이거든요.

얼마 전 김민석 전 국민의힘 강서구의원이 현직 구의원 신분으로 사회 복무 요원을 겸직하면서 논란을 일으킨 곳도 양천구시설관리공단입니다.

누가 함부로 공정과 상식, 이권 카르텔 척결을 운운하는가.

후안무치, 적반하장.

# 눈 가리고 아웅

| 2023년 7월 31일 |

다들 자녀 1인당 1억 5000만 원 정도는 물려줄 돈 가지고 계시죠? 없다고요? 이런… 자식들 결혼시킬 생각이 없으시군요. 지난주 목요일, 기획재정부가 '2023 세법 개정안'을 발표했습니다. 기재부는 세법 개정 방향 중 하나로 '미래 대비'를 제시하면서 결혼, 출산, 양육 지원 정책에 혼인 증여 재산 공제액을 1억 5000만 원으로 올린다고 발표했습니다. 신혼부부는 양가로부터 각 1억 5천만 원, 합계액 3억 원까지 세금 없이 부모에게 현금을 받을 수 있게 된 겁니다. 심리적 G8 국가의 국민이니까 이 정도 현금은 금고에 다들 쟁여 두고 계신 거죠?

참으로 꼼꼼한 우리 정부는 원활한 가업 승계 지원을 위해, 기업 재산 가액 60억 원에서 300억 원 사이의 증여세율을 20%에서 10%로 절반 뚝 잘라 주겠답니다. 이 대책은 무려 경제 활력 제고, 기업 경쟁력 제고 정책으로 분류되어 있습니다.

자, 국민 여러분. 경제 활력을 위해, 기업 경쟁력 제고를 위해 자식에게 물려줄 300억 원 가치를 가진 기업을 운영하기로 합시다. 이게 어려우세요? 그럼 저출생 문제를 해결하고 대한민국의 미래를 대비하기 위해 자식 한 사람당 1억 5000만 원, 그러니까 둘이면 3억 원 정도는 물려줄 수 있는 현금을 꼭 준비하도록 합시다.

이 대책들은 분명 경제 활성화, 저출생 문제 해결을 위한 겁니다. 부자 감세라는 괴담을 퍼뜨리는 자, 이 정부는 반드시 색출하여 법적 책임을 지게 할 겁니다. 믿으세요. 가짜 뉴스와 괴담에 현혹되지 마시고.

눈 가리고 아웅도 정도껏 하시라.

●

## 장태희

| 2023년 8월 2일 |

지난 5월 20일, 장태희 씨에게 교통사고가 일어났습니다. 뇌사, 원망해도 바꿀 수 없는 상황. 장 씨의 가족은 함께 TV를 보다가 장 씨가 했던 말이 유언인 듯 떠올랐습니다. "죽으면 한 줌 흙으로 돌아가는데, 나도 좋은 일 할 수 있으면 좋겠어."

장 씨는 지난 7월 15일 심장, 간장, 신장을 기증했습니다. 4명이 새 삶을 얻었습니다. 스물아홉, 1남 1녀 중 막내, 디자인 전공.

"이식을 기다리는 또 다른 생명을 살릴 수 있다면 좋을 일 아닐까요? 딸의 몸 일부라도 어디선가 살아 숨 쉬고 있다는 게 조금이라도 위로가 됩니다. 다음에는 더 긴 생을 가지고 태어나거라. 우리 딸, 사랑해!" 어머니 한정예 씨의 마지막 인사말. 저도 장태희 님의 명복을 빕니다.

한편, 장기이식법 시행 첫해인 2000년에 231건으로 증가하던 뇌사자 장기 이식은 2017년에 2344건으로 정점을 찍은 뒤 감소합니다. 2022년에는 1608건. 감소의 이유가 뭘까요? 문화적, 구조적 원인도 있지만 수술 방에 닥친 현실은 만성적인 인력 부족, 외과 계열 전공의 확보가 어려워서 수술이 지체된다는 겁니다. 사정이 이러니 이식 대기 중 사망자 수는 늘어납니다. 장태희 씨 같은 분이 여럿 있어도 이식 수술이 재깍재깍 이루어지지 않는다는 겁니다.

강남 높다란 빌딩에는 성형외과, 피부과 간판들이 빼곡한데 장기 이식 수술 방 의사들은 부족한 현실, 의료 산업화를 앞세우며 의료를 돈벌이 수단으로 취급하는 정부.

어디부터, 누구부터 바뀌어야 할까. 난형난제.

●

## 명태 새끼 노가리
| 2023년 8월 3일 |

생태, 동태, 코다리, 북어, 황태, 먹태… 모두 명태를 이르는 말입니다. 그렇다면 노가리는? 네, 노가리도 명태입니다. 노가리는 명태 새끼. 이 자명한 사실을 서울대 해양학과 김완수 교수와 허성회 대학원생은 무려 논문으로 입증해야 했습니다. 정부가 노가리는 명태 새끼가 아니라고 박박 우겼기 때문입니다.

1978년 발표된 해당 논문은 "수산자원보호령에서 27센티미터 이하의 어획을 금지했다. 그러나 수산 당국은 노가리를 어획해도 무방하다는 해석을 내려 1974년 어획금지규정을 폐기했다'라고 밝혔습니다.

하지만 군사 독재 정권 내내 노가리 어획은 계속되었습니다. 수산청의 실적 부풀리기, 그리고 정치적 정당성이 취약한 독재 정권이 어민들을 꼬드기기 위해서였습니다. 한 해 최고 21억 마리에 이르던 명태 어획량 중 19억 마리가 노가리였으니 명태는 정말로 씨가 말랐습니다.

지난 2일 정부와 여당은 일정 기간 어획을 금지하는 금어기, 치어 보호를 위한 몸길이 제한 규정을 모두 없애고 어선별 할당 어획량 한도에서 마음껏 물고기를 잡을 수 있도록 하는 '어업 선진화안'을 내놓았습니다. 박대출 정책위 의장은 "어업 현장의 자율성과 효율성이 향상되고 '글로벌 스탠더드'에 맞추면 통상에서도 협상력을 높일 수 있다"고 말합니다.

이거 사실 후쿠시마 오염수 방류로 분노한 어민들을 달래려는 것 아닌가요? 어족 자원 보호, 어업의 백년대계는 내 알 바 아니고, 언제라도 저인망으로 치어까지 싹 다 훑을 수 있게 해 줄 테니 당장 당신의 지갑을 채우시라! 그리고 총선에서 국민의힘을 지지해 달라! 이 말 아닌가요?

우리 바다를 더는 망치지 않으려면, 정부 여당은 이 말을 새겨들으시라. 명태 새끼 노가리!

●

# 비겁하다

오늘 오후 1시 3분, 일본 정부와 도쿄전력이 기어코 후쿠시마 제 1원자력 발전소의 방사능 오염수 방류를 시작했습니다. 어제 차관 급인 박구연 국무조정실차장은 '과학적, 기술적 문제는 없다. 다만 정부가 방류를 찬성 또는 지지하는 것은 아니다'라고 말했습니다. 비겁한 말장난입니다.

오늘 한덕수 총리는 대통령 대신 '과도하게 걱정하실 필요는 없 다는 것이 전 세계 전문가들 공통된 의견'이라는 담화를 발표했습 니다. 비겁한 거짓말입니다. 유수의 과학 학술지 《사이언스》《네이 처》에는 다른 의견이 담긴 논문이 훨씬 더 많이 실려 있습니다. 여 당 김기현 대표는 기자들이 오염수 방류 찬성이냐 반대냐를 묻자 '대변인에게 물어보라'고 합니다. 비겁한 떠넘기기입니다.

이종섭 국방부장관은 본인 결재를 번복하기 위해 법무관리단장, 차관으로 하여금 해병대 사령관, 박정훈 수사단장에게 전화질, 문 자질을 하게 합니다. 장관 본인 명의의 명령 번복, 이첩 보류 문서를 하달하면 직권남용죄가 적용되는 것을 피하기 위한 비겁한 꼼수로 보입니다.

국방부 조사단의 '임성근 사단장 봐주기' 사건 이첩에 대한 비판 이 일자 국방부차관과 법무관리단장은 국회에서 조사단의 결정이

지, 본인들은 관여한 바 없다고 답변합니다. 비겁한 책임 전가입니다.

이 모든 사건에서 보이지 않는 사람이 있으니, 바로 윤석열 대통령입니다. 대한민국이 발칵 뒤집어지는 사건이 계속되는 내내 꽁꽁 숨어 있던 윤 대통령은 오늘 제4차 규제혁신전략회의를 주재하면서 '킬러 규제' 혁파를 외쳤습니다. 비겁한 딴청 부리기입니다.

대통령, 국무총리, 장관, 차관까지 모두 비겁하다. 참으로 비겁하다.

●

## 시라까와 요시노리
| 2023년 8월 28일 |

"정평 바맥이에서 500명 일병과 쌈하여 107명 잃고 내 아들 양순이 죽고, 거차 의병은 6명이 죽고 중상되기 8명이 되었다. 그때 양순은 중대장이었다. 나는 군대를 데리고 장진 남사로 내려와서 실령 어구에서 접전하여 16명의 일병을 죽이고 총 16개, 철궤 6개를 앗았다."

'홍범도 일기'의 한 대목입니다. 의병 대장 홍범도는 아들이자 전우인 중대장 열일곱 살 홍양순을 이 전투에서 잃었습니다. 그리고 다음 날 전투를 이어 갑니다.

"6월 7일 상오 7시에 북간도의 주둔한 우리 군 700명이 왕청현註

淸縣 봉오동을 향하여 행군할 새 불의에 동 지점을 향하는 적군 300명을 발견한지라. 동군을 지휘하는 홍범도, 최명록 양 장군은 직접 적을 공격하여 급 사격으로 적 120여의 사상자를 내었으며, 적의 궤주함에 따라 바로 추격전을 펼쳐 현재 전투 중에 있다."

대한민국 임시정부 기관지《독립신문》85호가 전하는 광복군 대장 홍범도의 봉오동 전투 전황입니다. 상해 임시정부 수립 이후 독립 전쟁론에 입각한 무장 투쟁의 시작이라는 역사적 의미가 각인된 전투입니다.

국방부와 육군사관학교가 교내에 설치된 독립군 영웅 김좌진, 홍범도, 지청천, 이범석 장군과 신흥무관학교 설립자 이회영 선생의 흉상을 철거·이전하고 교내에 백선엽의 흉상 설치를 추진하고 있습니다.

"우리들이 추격했던 게릴라 중에는 많은 조선인이 섞여 있었다. 주의 주장이 다르다고 해도 한국인이 독립을 위해 싸우고 있었던 한국인을 토벌한 것이기 때문에 이이제이以夷制夷를 내세운 일본의 책략에 완전히 빠져든 형국이었다. 그렇다 하더라도 동포에게 총을 겨눈 것은 사실이었고, 비판을 받더라도 어쩔 수 없다." 백선엽 자서전《젊은 장군의 조선전쟁》의 한 대목입니다.

젊은 장군 백선엽, 아니 간도 특설대 '시라까와 요시노리' 중위가 광복군 대장 홍범도를 또다시 토벌하는, 대한민국의 오늘입니다.

# 노덕술

| 2023년 9월 1일 |

자택 이화장으로 들어서는 그를 이승만 전 대통령이 반갑게 맞이하며 말합니다. "그대 같은 애국자가 있어 내가 발 뻗고 잘 수 있어요."

그가 반민특위 특경대에 체포된 직후 개최된 국무회의에서 이승만 대통령은 "피검에 관하여는 그가 치안 기술자임을 비추어 정부가 보증하여서라도 보석하도록 함이 요망. 불법 조사관 2명 및 그 지휘자를 체포하여 의법 처리하여 계속 감시하라"고 지시합니다. 이 대통령이 직접 석방을 지시한 사람, 노덕술. 고문 살인과 사건 조작 기술자, 친일 경찰 노덕술입니다.

이어 이승만 대통령이 "친일파를 청산하는 것은 사회 혼란을 야기하고 민심을 이산시킨다"라고 말하자 친일파들은 반공국민대회를 열고 "민족 분열의 법을 만든 소장파 국회의원들은 공산당 프락치"라고 주장합니다. 1949년 6월 6일, 경찰은 기어코 반민특위를 습격합니다. 검찰은 반민특위법을 만든 의원들을 남로당의 '국회 프락치'라며 기소했습니다. 친일 청산을 주장하는 사람들을 빨갱이로 만든 장면입니다.

방면된 노덕술은 경찰로 근무하다가 헌병대장으로 복무한 후 고향 울산 국회의원 선거에 '빨갱이 때려잡던 반공 투사'를 구호로 출마하기도 합니다. 막강한 권력과 부, 천수를 다 누린 노덕술은 69세에 사망합니다.

"공산 전체주의 세력과 그 기회주의적 추종 세력, 그리고 반국가 세력은 반일 감정을 선동하고, 한일 협력 체계가 대한민국과 국민을 위험에 빠뜨릴 것처럼 호도하고 있습니다." 윤석열 대통령의 연설입니다. 이승만의 재림.

빨갱이 때려잡던 애국자 노덕술은 누구의 이름으로 재림할 것인가.

●

## 대통령의 국정 철학과 이념
| 2023년 9월 14일 |

"제일 중요한 게 이념입니다. 철 지난 이념이 아니라 나라를 제대로 끌고 갈 수 있는 그런 철학이 이념입니다."

윤석열 대통령의 말입니다. 동의합니다. 정권에게는 자신만의 국정 철학과 이념이 있어야 합니다. 그래야 국정 운영 기조를 수립할 수 있고 그 기조의 실현에 적합한 고위 정무직 공직자를 임명할 수 있기 때문입니다. 그래서 대통령의 철학과 이념은 인사를 통해 확인됩니다. 윤 대통령이 국방부장관 후보자로 신원식 의원을 지명했습니다. 이를 통해 확인할 수 있는 윤석열 대통령의 철학과 이념은 무엇일까요?

작년 10월, '대통령 직속 군사망사고진상규명위원회'는 1985년 박격포 오발 사고 진상 규명 결정문에 '지휘관과 간부들은 망인의 사인을 불발탄을 밟아 사망한 것으로 왜곡·조작함으로써 사고의 지휘 책임을 회피한 것으로 볼 수 있다'고 적시했습니다. 당시 중대장은 신원식 중위.

신 후보자는 박정훈 전 해병대 수사단장을 '삼류 저질 정치인의 길을 걷기로 작심한 거냐'고 깎아내렸습니다. 홍범도 장군 흉상 철거에는 진작부터 선봉에 서 있었습니다. '문재인은 간첩', '초대 악마 노무현', '12·12 쿠데타는 전두환 씨가 나라를 구하기 위해 나온 사건', '5·18 특별법은 좌파의 교묘한 담론과 공작에 보수 쪽에서도 세뇌를 당한 것'이라는 등의 프로 '막말러' 본성을 줄기차게 보여 주기도 했습니다.

국회 입성 직전인 2019년 9월, 그는 전광훈 목사의 태극기 집회에서 이렇게 외칩니다. "문재인이 멸망을 기다리고 문재인이 모가지 따는 건 시간문제입니다. 안 내려오면 쳐들어간다, 붕짜자 붕짜!"

신원식 후보에게 투영된 대통령의 국정 철학과 이념, 무식하고 저렴하다.

# 누칼협

| 2023년 9월 18일 |

'누칼협', 2021년 온라인 게임 유저들 사이에서 쓰이면서 유행이 된 말로 '누가 칼 들고 협박했나?'라는 뜻입니다. 한국 사회의 문제점을 지적하면 '한국에 살라고 누가 칼 들고 협박했나? 억울하면 이민 가'라는 식입니다. 소소한 일상의 불만부터 불합리함에 대한 호소, 정치적 주장까지 다른 사람의 입을 틀어막을 때마다 '누칼협'은 소환됩니다. '네 선택에 따른 결과잖아, 그러니까 징징대지 마.'

논리학에서는 '누칼협'을 '매듭 자르기의 오류' 또는 '논점 일탈의 오류'라고 평가합니다. 현재의 문제에 대한 해결 방법을 찾기보다는 이미 벌어진 과거 사건의 책임을 당사자에게 뒤집어씌움으로써 문제를 제기한 상대방의 의견, 나아가 존재 자체를 묵살하는 비논리라는 겁니다.

"누가 (단식 중단을) 막았느냐. 아니면 누가 (단식) 하라고 했느냐." 어제 대통령실 핵심 관계자가 이재명 대표의 단식에 대해 한 말입니다.

"수사가 예정되고 소환 통보가 된 이후 본인이 스스로 만든 상태 아닌가. 그런 부분도 충분히 고려되어야 하겠다." 의식을 잃고 병원으로 후송된 오늘 아침, 기어코 야당 대표에 대한 두 번째 구속 영장을 청구한 오늘 아침, 한동훈 법무부장관이 한 말입니다.

이재명 '누칼협'. '이재명 대표 단식하라고 누가 칼 들고 협박했나? 구속 영장은 바로 이럴 때 치라고 있는 거야'라는 뜻으로 읽힙니다. 단식 투쟁의 원인, 야당 대표의 주장, 지금의 정치 실종 상태에 대한 해결책을 찾기는커녕 야당의 존재 자체를 묵살하는 비논리적, 폭력적 조롱입니다. 인간에 대한 예의? 있을 리가 없다.

●

# 이균용 2
| 2023년 9월 19일 |

'송구하오나 자료 보존 기한이 도과하여 문의하신 자료들을 제출 드리지 못함을 양해해 주시기 바랍니다. 학부생 인턴의 경우 많은 문의를 받고 있어 별도 공고하지 않습니다.' 국회가 이균용 대법원 장 후보 아들이 학부 1학년 때 김앤장에서 인턴으로 근무한 사실과 관련된 자료를 요청하자 김앤장이 제출한 답변입니다.

자, 이제 공고 없는 인턴 채용에 '아빠 찬스'가 있었는지 김앤장 변호사들, 아빠의 동료 판사들을 소환 조사하도록 합시다. 인턴 업 무 내용은 학부 1학년이 할 만한 것이었는지, 정해진 근무 시간은 확실히 채웠는지 확인하기 위해 김앤장과 아빠의 법원 사무실, 자 택, 아들의 집, 학교, 회사를 압수 수색하도록 합시다. 신용 카드 사 용 내역을 분 단위로 확인해서 실제 정해진 근무 시간을 다 채웠는 지 확인합시다. 아들과 가족들이 사용하는 신용 카드의 발급사를 모두 압수 수색하면 됩니다.

아들이 김앤장 인턴 확인서를 학교나 회사에 제출했다면 모두 압수 수색합시다. 혹시 부실한 서류가 제출되었다면 공무 집행 방해, 업무 방해, 사문서 위조 및 동행사 등의 혐의로 본인과 관련자 모두를 기소하기로 합시다. 엄마, 아빠, 아들을 수사하다가 딸과 관련된 자료가 나오면 마저 탈탈 터는 것도 잊지 말아야 합니다. 자식들은 입학이 취소될 수도 있고 아빠도 공직에서 물러나야 할 수도 있을 겁니다. 김앤장 변호사들도 면허가 박탈될 수도 있겠네요.

가혹하다고요? 최강욱 의원도 인턴 확인서 잘못 써 줬다고 의원직을 잃었는데요? 이게 대한민국 검찰과 언론이 확립한 소위 '조국 룰' 아닌가요?

그들의 공정, 그들의 정의, 시시하다.

•

# 이균용 3

| 2023년 9월 20일 |

"'어떻게 신고하는지 몰랐다'라고 하는 말이 통한다고 생각하십니까?"

"어쨌든지 뭐 대단히 송구스럽게 생각합니다."

"사퇴하실 의향 있으세요, 없으세요?"

"아무튼 뭐 죄송합니다."

"위법한 일이잖아요, 지금. 알았든지 몰랐든지 간에."

"아무튼 저의 뭐 불찰입니다."

이균용 후보의 '아무튼 뭐 송구, 죄송, 불찰' 3단 콤보 답변입니다. 공직자윤리법에는 재산 신고 의무 규정은 있지만 누락이나 허위 신고에 대한 처벌 조항은 없습니다. 신고 누락에도 이 후보자 처벌은 불가능해 보였습니다. 그런데 아니었습니다. 형사 처벌 사례가 있습니다. 조국입니다.

항소심 진행 중인 조국 가족 사건 1심 재판부는 공직자윤리법에 재산 신고 누락 처벌 규정이 없다는 사실이 확인되자 조국 부부의 재산 신고 누락 또는 미비가 공직자윤리심사위원들의 공무를 방해했다며 공무 집행 방해 유죄를 판결했습니다. 그렇다면 이균용 대법원장 후보는 대한민국 공정과 정의의 기준 '조국 룰'에 따라 위계에 의한 공무집행방해죄 피의자가 되는 겁니다. 이럴 땐 압수 수색 또한 '국룰'입니다.

아들의 국외 근로 소득 3억 5000만 원 미신고, 딸의 해외 계좌 늑장 신고, 국내에 있던 딸에게 2020년부터 3년간 매년 1만 달러 해외 송금. 생활비를 보내 줬어야 했다던 딸은 2021년에 9000만 원 펀드 투자, 땅 투기 의혹, 형사 처벌 가능성이 언급된 부인의 증여세 탈루 의혹, 뉴라이트의 식민지 근대화론에 근거한 1948년 건국론과 일본군 위안부 매춘부론 등 위법 사실과 의혹이 눈덩이처럼 커져만 가는 이균용 대법원장 후보.

지금까지 이런 대법원장 후보는 없었다. 이 사람은 법관인가, 잡

범인가. 극한 직업, 대한민국 국민.

•

# 의심, 소명, 증명
| 2023년 9월 27일 |

법원이 이재명 대표 구속 영장을 기각했습니다. 검찰은 '법원이 위증 교사 혐의가 소명됐고, 백현동 개발 비리에 이 대표의 관여가 있다고 볼 만한 상당한 의심이 있고, 대북 송금 의혹 사건에서 주변 인물에 의한 부적절한 개입을 의심할 만한 정황을 인정하면서도 구속 영장을 발부하지 않은 것은 모순'이라고 반박했습니다. 의심, 소명, 증명, 이 세 법률 용어의 차이를 모르는 국민들을 호도하는 짓입니다.

구속 영장은 혐의가 '소명'과 동시에 증거 인멸 또는 도주의 염려가 있어야 발부됩니다. 대법원은 '소명은 증명보다 한 단계 낮은 개연성, 대개 그럴 것이라는 추측 정도의 심증'이라고 정의했습니다. 즉, 수사는 한번 해 볼 만하다는 뜻입니다.

'의심'은 '소명보다 훨씬 더 낮은 가능성', 즉 수사를 하려면 다른 정황이나 증거가 필요하다는 뜻입니다. '증명'은 'beyond reasonable doubt', 합리적 의심을 넘어설 정도의 확신을 뜻합니다.

법원은 이 대표의 위증 교사 혐의가 '소명'은 되지만 증거 인멸의 우려가 없고, 백현동과 대북 송금 관련 혐의는 '의심'할 정황은 있으나 '소명'이 되지 않는다고 판단하면서도 증거 인멸 염려마저 없다고 굳이 써 줬습니다.

아마도 피의자가 이재명 대표가 아니었다면, 법원의 기각 사유는 '위증 교사 혐의는 소명되는 것으로 보이나 증거 인멸 염려가 없고 나머지 혐의는 소명되지 않으므로 나아가 살펴보지 아니하고 영장을 기각한다'라는 딱 한 문장이었을 겁니다.

그나마 법원이 검찰 체면을 세워 주느라 길게 기각 사유를 써 주었는데 그걸 두고 '모순'이고 '야당 대표 봐주기'라고요? 의심만으로도 구속할 수 있다면 대한민국에 남아날 사람이 있나요?

국민 세금으로 월급 받아먹고 사는 자칭 '최고'의 법률가 집단이 할 소리인가. 대한민국 검찰, 뻔뻔하다.

●

## 이권 카르텔

| 2023년 10월 11일 |

"거짓 선동과 날조로 민주주의를 위협하는 세력들은 전체주의를 지지하면서도 겉으로는 민주주의 운동가, 인권 운동가 행세를 하는 경우가 대부분이다." 4월 19일, 윤석열 대통령의 4·19 기념사의 한 대목입니다.

"민간단체의 도덕적 해이와 혈세 누수가 만연했다. 부정과 부패의 이권 카르텔은 반드시 부수어야 한다." 6월 13일, 윤 대통령이 국무회의에서 한 말입니다.

대통령님의 지엄한 명을 받들어 정부는 가짜 인권 운동가, 부정과 부패의 이권 카르텔을 때려잡기 위한 조사와 추징에 나섰습니다. 앗! 그런데 국세청의 2022년 추징 세액 323억 원 중 시민 단체들이 속한 '기타 법인'의 추징액은 1억 3700여만 원, 전체 추징액의 0.4%, 총 3건에 불과했습니다.

그럼 나머지는요? 교육 법인 추징액이 전체의 42.5%, 137억 5500여만 원으로 가장 많았고, 학술 장학 법인이 34.2%인 110억 3800여만 원, 종교 법인이 12.3%인 39억 6700여만 원 순이었습니다. 대통령의 엄포는 기실 시민 단체를 낙인찍고 공격하기 위한 거짓말이라는 사실이 드러난 것입니다.

한편, 올해 자유총연맹, 새마을운동중앙회, 바르게살기운동협의회 등 '3대 관변 단체'가 받는 보조금 총액은 231억 원. 강석호 자유총연맹 총재는 지난 1월부터 7월까지 식사비로 2592만 원을 지출했는데 1건당 25만 원꼴입니다. 1월 11일에는 참치집에서 한 끼에 104만 원을 지출했지요. 특급 호텔이나 고급 일식집, 회원제 클럽 식당 등에서 자주 사용했습니다. 지난 3월 자유총연맹이 정관에서 '정치적 중립' 조항을 삭제한 이유를 "윤석열 대통령의 뜻을 받든 것"이라고 말해 논란이 됐던 장철호 사무부총장의 연봉은 7638만 원.

입만 열면 반공과 자유를 부르짖는 가짜 애국자, 부정과 부패의 이권 카르텔의 주범은 대체 누구란 말인가.

6장

가출한 국격을 찾습니다

# 감당할 수 있겠습니까?

●

소설가 박준에게는 진술 공포증이 있습니다. 한국 전쟁이 벌어지고 고향 마을에 대한민국 경찰대와 인민공화국 공비가 번갈아 마을을 점령하던 어느 날 밤, 일군의 무리가 박준의 방문을 왈칵 열어젖힙니다. 눈이 부시도록 밝은 전짓불을 박준의 얼굴에 비추며 묻습니다.

"넌 누구 편이야!"

박준은 대답할 수 없었습니다. 전짓불 뒤에 가려진 사람이 경찰대인지 공비인지 구별할 수 없기 때문입니다. 박준은 그 절망적인 순간의 기억을, 사람의 얼굴을 가린 전짓불에 대한 공포를 생생하게 기억하게 되었습니다. 그날 밤 전짓불 앞에 선 이후 그는 진술 공포증을 앓게 됩니다. 1971년 발표된 이청준의 소설 《소문의 벽》이야기입니다.

우리 현대사는 종종 국민들에게 전짓불을 들이대며 둘 중 하나를 선택하라고 강요했습니다. 시간이 흘러 이제는, 목숨을 걸고 둘

중 하나를 선택해야 하는 '전깃불의 공포'가 오지 않으리라고 생각했습니다. 하지만 윤석열 대통령은 국민들에게 둘 중 하나를 선택하라고 합니다. 멸공이냐 아니냐, 반중이냐 아니냐, 한미일이냐 아니냐, 친윤이냐 아니냐.

윤석열 대통령은 강제 징용 일본 가해 기업이 피해자들에게 배상하라는 대법원의 판결과, 일본과의 협력이라는 명제가 동시에 성립할 수 있다는 사실을 인정하지 않습니다. 심지어 일본의 책임을 분명히 묻자는 사람들뿐 아니라 책임과 협력이 모두 중요하다는 사람들마저 '반일 죽창 세력'이라거나 기회주의 세력이라고 낙인찍습니다. 정부는 도쿄전력의 홍보 대행사가 되어 핵 오염수를 걱정하는 국민들을 괴담에 속은 어리석은 자, 반일을 선동하는 반국가 세력이라고 몰아붙입니다.

대한민국이 처한 지정학, 정치, 경제, 외교적 조건에서 등거리 외교, 균형 외교가 필요하다고 주장하는 사람들에게도 한미일을 선택하지 않는 공산 전체주의 세력, 그 추종 세력, 반국가 세력이라고 을러멥니다. 여기에 실리와 균형은 설 자리가 없습니다.

한반도의 군사적 긴장은 높아져 가는데 대통령은 최전방 부대에 가서 '1초도 기다리지 말고 총을 쏘라'고 지시합니다. 중대장, 소대장이나 할 법한 말입니다. 세상을 딱 둘로 갈라 네 편 내 편으로 나누는 무능력하고 무지한 리더는 전쟁의 공포를 현존하는 위험으로 만들었습니다.

군 통수권자만이 할 수 있는 명령인 '부대 열중 쉬어'를 한번 빼먹

더니 원래 하지 않아야 하는 일처럼 보이게 할 요량인지 올해 국군의 날 행사에서도 모른 척 입을 꾹 닫고 있습니다. 대통령의 체면이 군 통수권자와 군대 사이의 명령 체계보다 중요하다는 발상입니다. 민간인을 특별한 사유 없이 대통령 1호기에 태우더니, 해외에 나간 김에 호객꾼이 불러 기꺼이 명품 숍에 따라 들어갔다고 해명 아닌 해명을 내놓습니다. 조문 외교에서 조문은 생략해 버리는 행보에 대해서도 납득할 만한 설명을 하지 못합니다.

국격을 실종시키는 상상 이상, 상식 이하의 행태를 비판하는 사람들에게는 바로 그 잣대, 네 편이냐 내 편이냐는 잣대를 들이댑니다. 그래서 당신은 친윤이요 반윤이요? 친윤이 아니라는 말이오? 그렇다면 너는 공산 전체주의 세력, 반국가 세력. 징계, 압수 수색, 구속, 기소!

영화 〈매트릭스〉의 가상 현실은 0과 1, 두 개의 숫자로 이루어진 디지털 시뮬레이션입니다. 하지만 대한민국 국민들의 현실은, 네 편 내 편을 나누어야 세계를 인지할 수 있는 대통령과 한 시대를 살아가는 것입니다.

그래서 묻습니다. 윤석열 대통령님, 감당할 수 있겠습니까? 5년짜리 계약직 공무원에 불과한 귀하께서 나라를 두 쪽 내고 한반도의 미래와 우리의 생존, 동료 시민들의 공동체에 대한 자부심을 땅에 떨어뜨린 무도와 무지의 비참한 후과를 말입니다.

네 편이냐 내 편이냐 잣대를 들이대는 현실에

실리와 균형은 설 자리가 없습니다.

# 어느 나라 장관 후보자인가

| 2022년 5월 3일 |

"일본이 잘못했다고 해도 1965년에 청구권 자금을 받아서 포항 제철(현 포스코)을 짓고 여러 발전을 이뤘다. 일본에서 돈을 받아 발전한 기업들이 우선적으로 피해자를 지원해야 한다."

어제 박보균 문화체육관광부장관 후보자가 일제 강제 징용자 보상 문제에 대해서 "명쾌하게 사과받아야 하지만 보상 문제에서는 일본에 의지하지 말고 우리가 우선 주자는 것"이라고 주장하면서 덧붙인 말입니다. 1965년 한일 청구권 협정으로 강제 징용 피해자의 일본 전범 기업에 대한 청구권도 소멸했다는 입장을 전제로 한 주장입니다.

그러나 대한민국 대법원은 2018년 10월 30일, 일제 강제 징용 피해자들의 청구권은 박 후보자님이 이야기한 1965년 한일 청구권 협정에 의해서 사라지지 않았다는 사실을 분명히 했습니다. 그리고 강제 징용 가해자인 전범 군수 사업체 일본제철 주식회사의 후신인 신일철주금 주식회사가 강제 징용 피해자들에게 손해를 배상하라고 판결했습니다.

그런데 박보균 후보자가 쓴 '황폐하, 황태자 부부는 아름다운 커플'이라는 칼럼에서 주장한 소신, 그리고 어제 청문회에서 한 발언은 대한민국 대법원 전원합의체 판결을 정면에서 부인하는 것입니다. 오히려 1965년 한일청구권협정으로 강제 징용 피해자들의 청구권이 완전히 소멸했다는 일본 정부의 입장과 궤를 같이합니다.

그래서 묻습니다. 박 후보자님, 당신은 어느 나라 장관 후보자입니까.

•

# 바보 같은 짓

| 2022년 6월 22일 |

"우리가 지난 5년 동안 바보 같은 짓을 안 하고 원전 생태계를 더 탄탄히 구축했더라면…" 오늘 윤석열 대통령이 창원에서 한 말입니다.

98.1%. 사용 후 핵연료, 즉 고준위핵폐기물 보관 시설의 사용 비율입니다. 대한민국에는 별도의 고준위핵폐기물 보관 시설이 없습

니다.

1978년 원전을 가동한 이후 2017년까지 발생한 사용 후 핵연료는 총 45만 3819다발. 이 모두가 각 발전소의 임시 창고에 보관되어 있습니다. 임시 창고의 남은 수용 한계는 단 1.9%.

고준위핵폐기물에서 방사선이 나오지 않는 데 걸리는 시간은 10만 년. 10만 년의 위험한 숙제를 풀 대책도 없이 '원전, 좋아, 빠르게 가!'라고만 외치면 고준위핵폐기물 저장 시설이 하늘에서 뚝 떨어지나요? 위험천만한 핵 쓰레기를 껴안고 살아야 할 후손들을 우리는 대체 무슨 낯으로 볼 수 있을까요.

지금 누가 바보 같은 짓을 하고 있는가.

●

## 의전
| 2022년 6월 29일 |

에티켓이 개인 관계에서 지켜야 할 예절이라면, 프로토콜 즉 의전은 국가 간의 관계, 공식 행사에서 지켜야 할 규범을 뜻합니다. 의전에는 다섯 가지 핵심 고려 사항이 있습니다.

상대에 대한 존중, 상호주의, 문화의 반영, 서열, 오른쪽 상석 원칙입니다. 영문 첫 자를 따서 5R 원칙이라고 부릅니다. 대한민국 외교부 의전장실이 2016년 '국가 의전과 글로벌 매너'라는 자료로 정리해서 발표한 내용입니다.

이 자료의 72쪽 '대화 매너', '인사' 편의 프로토콜은 이렇습니다.

- 손을 잡으면서 눈을 마주치는 것이 좋은 첫인상을 남긴다.
- 남녀 모두 장갑을 벗는 것이 예의. 단, 여성은 정장을 하여 팔꿈치까지 오는 긴 장갑을 끼고 있을 때는 장갑을 벗지 않아도 된다.

바이든 미 대통령은 윤 대통령과 눈을 마주치지 않았습니다. 노룩 악수. 김건희 여사는 지난 한미정상회담에서 바이든 대통령과, 그리고 어제 스페인 국왕과 흰 장갑을 낀 채로 악수를 했습니다. 팔꿈치까지 오는 긴 장갑을 낀 것도 아니었습니다.

외교부 의전장실에 묻습니다. 몇 년 사이에 의전 프로토콜이 바뀌었나요? 아니면 대통령 부인에게 프로토콜을 따를 수 없는 특별한 이유가 있는 건가요? 혹시 외교부 의전장실에서 김건희 여사에게 장갑을 벗으셔야 한다는 말조차 하지 못한 건가요?

프로토콜이 바뀐 것이 아니라면 국가 간의 관계, 공식 행사에서 지켜야 할 규범을 두 번이나 위반하도록 놓아두는 것은 국격을 떨어뜨리는 일 아닌가요?

왜 부끄러움은 우리들의 몫인가.

# 이게 최선입니까?

| 2022년 7월 7일 |

대통령실은 오늘 선임행정관으로 임명되어 김건희 여사 보좌 업무를 하는 윤석열 대통령 친인척 최 모 씨 논란에 대해 "비선은 공적 조직 내에 있지 않을 때 최소한 성립되는 것"이라고 해명했습니다. 최 씨는 채용 절차를 밟은 공무원이라는 겁니다. 이어서 관계자는 "공적 업무를 두고 비선이라고 표현하는 것은 명백한 오보·허위 사실이고 악의적 보도"라고 불쾌감을 표했습니다.

그런가요? 그렇다면 나토 정상회의에 공적 채용 절차 없이 무보수 자원봉사를 했다는 '기타 수행원' 신 모 씨는 공적 조직에 있지 않은, 이분은 비선인가요? 이분이 무보수 자원봉사로 담당했던 대체 불가능한 전문적이고 공적인 업무는 무엇인가요?

국민들은 대통령과 그 배우자의 국정 운영에 공사 구분이 흐릿하다는 의문을 제기하고 있는 겁니다. 하지만 대통령실의 답변은 어깃장과 딴청. 이러니 국민들은 대통령 내외의 일정이 공적 체계를 통해 투명하게 처리되어야 한다고 목소리를 높일 수밖에 없습니다.

하지만 오늘 대통령실은 제2부속실에 대해 "만들 계획이 없다. 부속실 내에서 대통령을 보좌하면서 김건희 여사 업무가 생기면 충분히 지원이 이뤄지고 있다"고 말했습니다. 충분히 지원이 이루어지고 있다고요? 이건 또 무슨 근거 없는 자신감인가요?

근자감, 딴청, 어깃장, 여기에 쇠심줄보다 질긴 고집까지. 계속 이렇게 갈 수 있을 거라 생각하나요? 정말 이게 최선입니까?

●

## 한가하다
| 2022년 8월 4일 |

대통령은 지금 휴가 중입니다. 대통령실 관계자는 "윤 대통령은 작년 6월에 정치를 시작한 이후 거의 휴식을 취하지 못하셨고, 대통령 취임 이후부터 일정이 하루에 몇 개씩 될 정도로 바쁘셨다. 거의 매일 대통령실에 오시고 그런 바쁜 일정을 소화하시고 있다"라고 밝혔습니다.

일정이 많았다면 제대로 쉬어 줘야 한다는 것은 긴 설명이 필요 없습니다. 그래서 직접 세어 봤습니다. 제20대 대통령실 누리집 공개 일정표에 의하면 윤석열 대통령은 5월에 28개, 6월에 35개, 7월에 53개, 5월 10일 취임 후 8월 4일 오늘까지 87일간 총 116건의 공개 일정을 소화했습니다. 하루 평균 1.3개, 대통령실에 매일 출근하고 평균 1.3개의 공개 일정을 수행하는 것을 두고 휴식을 취하지 못할 정도의 바쁜 일정이라고 평가할 수 있을지 의문입니다.

더 놀라운 점은 대통령실의 8월 공개 일정표가 텅 비어 있다는 것입니다. 아무것도 없습니다. 그냥 8월 일정표가 통째로 텅 비어 있습니다. 세 가지 가능성이 있습니다. 실제는 바쁜 일정이 있지만 실무상 누락했을 가능성, 하루하루 즉흥적으로 일정이 결정되기 때문에 사전 공개가 어려울 가능성, 그리고 실제 일정이 없을 가능성. 어느 쪽이든 대통령의 8월 일정표가 텅 비어 있는 것은 참으로 이해하기 어렵습니다.

낸시 펠로시 미 하원의장이 한국을 방문한 어제, 대통령 부부는 지지자가 기획했다고 알려진 연극을 한 편 보고 배우들과 술을 한잔하셨습니다. 공개 일정표에는 없는 일정입니다.

대통령실은 무능하고, 대통령은 한가하다.

●

## 글로벌 호구

| 2022년 8월 22일 |

윤석열 대통령은 광복절 경축사에서 일본을 '세계 시민의 자유를 위협하는 도전에 맞서 함께 힘을 합쳐 나아가야 하는 이웃'이라고 규정했습니다. 강제 징용공 판결 현금화 문제에 대해서는 "일본이 우려하는 주권 문제의 충돌 없이 채권자들이 보상을 받을 수 있는 방안을 지금 깊이 강구하고 있다"라는 분명한 유화적 입장을 밝혔습니다.

그러나 일본의 보수 강경파 언론 《산케이신문》은 지난 20일, 〈文 정부 "日 초계기에 추적 레이더 쏴라" …사실상 교전 지침〉이란 제목의 《중앙일보》 18일 자 단독 보도를 근거로 "윤 대통령은 잘못을 시인하고 사죄해야 한다"고 주장했습니다.

윤 대통령은 지난 5월, 바이든 대통령과의 정상회담에서 한미 관계가 글로벌 포괄적 전략 동맹 관계로 격상되었다고 선언하고 나토 참석, 인도태평양경제프레임워크 참여 등 미국의 요청에 적극적으로 부응했습니다.

그런데 조 바이든 미국 대통령은 지난 18일 '인플레이션 감축법'에 서명했습니다. 북미에서 조립하지 않은 전기 자동차에 대한 보조금 지급을 중단하는 내용이 포함된 이 법에 따라 한국 전기 차는 대당 약 1000만 원의 보조금 지급 대상에서 제외되어 직접적인 타격을 입을 수밖에 없습니다.

'저자세 외교다, 중국과의 관계를 고려치 않은 위험한 현상 변경이다'라는 비판을 무릅쓰고 추진한 윤석열 정부의 대미, 대일 정책. '호랑이 입'이라는 뜻이었지만 '남을 잘 믿고 순진하며, 쉽게 속고 당하는 사람'이라는 뜻까지 가지게 된 그 말, 우리가 지금 그 말이 가리키는 그 자리에 있는 것은 아닐까.

●

## 어느 장단에
| 2022년 9월 20일 |

"긴밀한 소통을 통해 사드 문제가 한중 관계에 걸림돌이 되지 않도록 해야 할 것."

윤석열 대통령이 지난 16일, 리잔수 중국 전국인민대회 상무위원장을 만난 자리에서 한 말입니다.

중국 언론《환구시보》는 "윤 대통령의 발언은 한국이 민감한 사안에 대한 중국 정부의 입장을 수용하고 더 잘 이해했음을 보여 주는 것"이라며 윤 대통령이 중국 정부의 사드 3불1한 입장을 수용했다고 분석했습니다. 윤 대통령이 펠로시 미 하원의장은 패싱하고 리잔수 중국 전국인민대회 상무위원장은 직접 만났기 때문에 이러한 분석은 합리적으로 보입니다. 성주 사드 기지 운영 정상화 작업이 8월부터 시작되면서 더욱 얼어붙은 중국 관계가 해빙 무드를 타는 줄 알았습니다.

그런데 윤 대통령은 리잔수 상무위원장 회담 이틀 뒤 공개된 미국《뉴욕타임스》인터뷰에서 문재인 정부가 미중 사이에서 너무 모호한 태도를 취했다고 비판하면서 "나는 미중 관계에서 더욱 분명한 입장을 취할 것이다. 사드에 대해서는 어떠한 타협도 있을 수 없다"고 말했습니다. 노골적인 친미 반중 입장입니다.

중국을 만나서는 중국이 듣고 싶은 이야기, 미국 언론을 만나서는 미국이 듣고 싶은 이야기, 대체 어느 장단에 춤을 추라는 말인가. 아니, 중국과 미국을 포괄하는 대한민국의 외교 정책이라는 것이 있기는 한가.

전용기를 타는 대통령 부부를 볼 때마다 걱정하고 가슴 졸이는 일은 왜 국민들의 몫인가.

이제 진보, 보수를 떠나 공동체의 생존과 미래를 걸고
엄중히 물어야 할 때입니다.

●

# 할 말이 없다
| 2022년 9월 22일 |

"국회에서 이 새끼들이 승인 안 해 주면 바이든은 쪽팔려서 어떡하나."

할 말이 없다.

●

# 아부
| 2022년 9월 26일 |

1956년 8월 1일 자 국회 속기록에는 유옥우 의원의 이익흥 내무장관에 대한 대정부 질문이 남아 있습니다. "이승만 대통령이 광나루에서 낚시를 하던 중 방귀를 뀌자 옆에 있던 당시 경기도지사였던 이익흥 내무장관이 '각하 시원하시겠습니다' 하고 아부했다는데, 그런 사람이 대통령을 보필하고 장관 노릇을 하면 대한민국의 명의名義가 서겠는가!"

아부에 대해서는 제주에 왁자하게 전해지는 이런 이야기도 있습니다. 박정희 대통령이 제주에서 술을 마시다 안주를 나르고 있던 공무원 A씨를 불렀습니다. "자네도 한잔하게." A씨가 납작 엎드려 "각하 감읍하옵니다" 하고 술잔을 받았는데 손을 부들부들 떨어서

술잔의 술이 반이나 쏟아졌습니다. A씨가 대통령 앞에 엎드린 채 울상을 짓자 박 대통령은 "괜찮다"며 그를 물러가게 하고 수행원들에게 "제주도에 저런 착하고 순박한 공무원이 있다니…"라고 말하며 특명을 내려 승진시킵니다. 나중에 A씨는 제주시장까지 출세 가도를 달렸다고 합니다.

그런데 실은 A씨는 순박해서 권력자 앞에서 벌벌 떤 것이 아니라 평소 술을 너무 많이 먹어서 손을 떠는 수전증이 있었다는 것입니다.

누군가는 '바이든'이라는 단어는 안 듣기로 작정을 한 것 같습니다. 하지만 또 누군가는 제주 공무원 A씨처럼 아부의 의도 없이 그저 청음 능력이 일반 국민에 비해 현저하게 떨어지는 것은 아닐까요? 이렇게 생각하니 답답하고 미식거리던 속이 좀 가라앉습니다. 이번 한 주를 버텨 줄 비책을 발견한 신장식의 오늘이었습니다.

●

## 대안적 사실

| 2022년 9월 27일 |

"대통령은 왜 대변인에게 거짓말을 시킨 겁니까?"

"그렇게 과한 표현을 쓰지 마시죠. 당신은 거짓말이라고 하지만 대변인은 '대안적 사실'을 제시한 것입니다."

2017년 1월, 미국의 온라인 커뮤니티에는 1월 20일에 열린 트럼프의 취임식 인파 사진과 오바마 전 대통령의 취임식 인파 사진을 비교하며 '트럼프 취임식에 몰린 인파 수가 현저히 적다'는 조롱 섞인 게시물이 쏟아졌습니다.

트럼프 대통령의 불편한 심기를 살핀 참모들과 여당 정치인들이 반격에 나섭니다. 선봉장은 숀 스파이서 백악관 대변인. "사람이 적어 보이는 건 바닥에 잔디 보호를 위한 흰 커버를 깔아서 그렇게 보이는 것"이라며 "이처럼 취임식의 열기를 축소하기 위한 시도들은 졸렬하고 부당하다"라고 일갈했습니다.

하지만 사진이나 지하철 이용객 공식 집계 등 객관적이고 확실한 증거는 백악관 측의 거짓말을 분명하게 드러냈습니다. 이런 가운데 NBC '밋 더 프레스' 앵커 척 토드의 질문에 캘리앤 콘웨이 백악관 선임고문이 '대안적 사실'이라는 답변을 하자 앵커는 웃음을 터뜨리며 "대안적 사실은 사실이 아니라 거짓말falsehood이죠"라고 말합니다.

날리면? 아, 말리믄? 발리면? 2022년 9월, 바야흐로 대한민국에 '대안적 청취'의 세상이 열렸도다.

●

## 욕설 사건, 거짓말 사건

| 2022년 9월 28일 |

윤석열 대통령의 해외 순방 중에 발생한 '핫 마이크' 사건. 대통령

실과 여당은 이 사건을 '한미 동맹 훼손 시도 사건', '자막 조작 사건'이라고 규정했습니다. '바이든'이라고 보도하는 언론과 그렇게 듣는 국민들을 한미 동맹 훼손 시도 세력으로 몰아붙인 것입니다.

'십자가를 밟는 자 살 것이요, 그렇지 않은 자 죽을 것이다.' 구한말 천주교 신자를 가려내 학살했던 '십자가 밟기'처럼, 대통령실과 여당은 보수 세력의 만능 치트 키인 '한미 동맹'을 끌어들였고, 십자가 역할에 '바이든'이라는 단어를 들이댔습니다. '날리면'이라고 듣고 보도하는 자 애국자요, '바이든'이라고 듣고 보도하는 자 한미 동맹을 훼손하는 좌파, 빨갱이라고 몰아붙이는 고답적 프레임 씌우기입니다.

그런데 말입니다. 대통령이 '국회에서 의원들이 승인 안 해 주면 체면이 깎여서 어떡하나'라고 말했다면, 저 말 속의 국회가 대한민국 국회든, 미국 의회든, 체면이 깎이는 주체가 바이든 미국 대통령이든, 윤석열 대통령이든 아무런 문제가 없습니다. 결국 대통령의 욕설과 거짓 해명을 가리기 위해 한미 동맹을 끌어들인 것이 아닌지 의심은 짙어 갑니다.

그렇습니다. 이 사건은 '한미 동맹 훼손 시도 사건'도, '자막 조작 사건'도 아닙니다. 이 사건은 '욕설 사건', '거짓말 사건'입니다.

이것이 본질이다.

# 전술핵

'미국에 전술핵 배치와 핵 공유를 강력하게 요구하겠다.' 작년 9월에 발표한 윤석열 대통령 후보의 외교 안보 공약입니다.

'이 공약을 발표한 사람이 미국의 정책이 무엇인지도 모른다는 것이 놀라울 따름이다.' 미국 국무부 마크 램버트 부차관보는 이렇게 조롱했습니다. 이후 윤 후보는 전술핵 배치 공약을 전면 삭제했습니다.

'우리나라와 미국 조야의 여러 의견들을 잘 경청하고 또 따져 보고 있습니다.' 어제 전술핵 재배치에 대해 윤 대통령이 밝힌 입장입니다. 전술핵 배치를 어떻게 진행할지 용산과 여당이 깊이 공유하고 있다는 언론 보도가 뒤를 이었습니다. 대통령실은 논의 사실을 부인했지만 여러 가능성을 검토하고 있다고 뒷문을 활짝 열어 두었습니다.

오늘 존 커비 백악관 국가안보회의NSC 전략소통조정관은 한국 정부가 전술핵 배치를 요청했느냐는 질문에 대해 '한국의 입장과 희망은 한국 측이 말하도록 하겠다. 우리의 목표는 한반도의 완전하고 검증 가능한 비핵화이고 외교적 길을 가겠다'라고 답했습니다. 이를 두고 《조선일보》는 '즉답을 피했다', 《뉴스1》은 '신중한 입장이다'라고 평했습니다.

그런데 말입니다. 외교적 수사를 걸어 내면 백악관의 입장은 '자기들끼리 찧고 까부는 이야기를 왜 백악관에 물어보나요? 그건 용산에 물어보세요. 미국의 목표는 한반도 비핵화라서 전술핵 배치 안 합니다. 후보 때도 이해 못 하고 전술핵, 전술핵 하더니 또 그러시네'라고 해석되는데, 제가 이상한 건가요?

무엇이 신중한 답변이고 무엇이 짜증과 조롱인지 구분이 안 가세요? 문해력 교육이 필요한 쪽은 어디인가.

●

## 어느 나라 외교부 장관인가

| 2022년 12월 9일 |

"어린 나이에 일본 나고야 미쓰비시 공장에서 2년 동안 눈물로 세월을 보냈지. 당시 밤마다 폭격기가 날아오면 방공 구덩이에 숨어 죽음의 공포에 떨었어. 지금도 밤에 잠을 못 자."

12월 10일 세계 인권의 날에 수여되는 대한민국 인권상 수상자로 결정되었다가 수상이 보류된 아흔다섯 살, 양금덕 할머니의 말씀입니다.

양금덕 할머니는 강제 징용 피해자이자 문제 해결을 위해 평생 헌신한 공로를 인정받아 대한민국 인권상 수상자로 선정되었고 행사 참여 안내까지 받았습니다. 그런데 12월 6일 국무회의에 양금덕 할머니 수상 안건이 상정되지 않았습니다. 외교부가 보류 의견을 냈기 때문입니다. 윤석열 대통령이 추진하는 소위 한일 관계 복원을 위해 일본의 심기를 거스르지 않으려는 의도인가요? 그래서 아예 수상을 취소할 생각인가요?

2018년 11월, 대법원은 미쓰비시중공업에 배상 명령을 내렸지만 지금까지 판결은 이행되지 않았습니다. 박진 외교부장관은 지난 8월, 양금덕 할머니 등 강제 징용 피해자들에게 배상금을 지급하기 위해 미쓰비시중공업의 한국 재산을 팔 것인지를 결정하는 판결을 앞둔 대법원에게 판결을 미뤄 달라는 취지의 의견서를 제출했습니다.

미쓰비시가 한국 사법부를 우롱하는 사이 원고 5명 중 김중곤, 이동련 어르신이 세상을 떠났는데 판결을 더 미뤄 달라고요? 강제 징용 피해자들은 '대한민국 정부는 지금 우리가 죽기를 기다리는 것이냐고 묻고 있습니다.

박진 장관은 대체 어느 나라 외교부장관인가.

●

## K-네오콘
| 2023년 1월 18일 |

네오콘Neocon. 미국 부시 전 대통령의 정치·외교·안보 노선입니다. 네오콘은 세상을 미국의 친구와 적으로 구분하고 압도적 군사력으로 중국, 북한, 이라크, 이란 등 소위 '악의 축'을 제압하여 '레짐

체인지Regime Change', 즉 체제를 바꾸기 위해 전쟁을 불사했습니다. 네오콘은 '악의 축'을 축출하기 위해 '자유' 세력이 '연대'해야 한다면서 전 세계 국가들에게 질문했습니다. 당신은 미국의 친구인가? 아니라고? 그럼 당신은 미국의 적! 일단 한 대 맞고 시작하자! 깡패의 논리입니다.

네오콘의 위세는 부시 대통령이 물러나면서 약화되었습니다. 하지만 네오콘으로 인해 미국의 국제 정치적 위상은 추락했고 이라크, 아프가니스탄 등에서의 막대한 전쟁 비용은 지금도 미국 정부의 재정적 부담으로 남아 있습니다.

자유 21번, 연대 7번을 사용하며 전 자유 세력의 연대를 부르짖은 유엔총회 연설, 아랍에미리트의 적은 이란이라는 연설, 종북 주사파와 협치는 없다는 선언, 이준석과 유승민에 이어 나경원 몰아붙이기까지.

윤석열 대통령은 지금 국제 관계를, 아니 세상을 '악의 축'과 자유 연대 세력, 아니 윤석열의 친구와 적이라는 이분법으로 바라보고 있는 것은 아닌가요? 핵무기를 두려워하지 말고 확전을 각오하는 호전성마저 장착하셨으니, 바야흐로 철 지난 네오콘식 깡패 논법이 K-네오콘으로 부활한 것인가.

위험하다.


고귀한 거짓말: 네오콘은 대량 살상 무기WMD를 이유로 이라크와 전쟁을 일으켰습니다. 하지만 대량 살상 무기는 없었습니

다. 얼마 후 전쟁을 일으킨 당사자들은 이미 그 사실을 알고 있었다는 점도 밝혀졌습니다. 하지만 네오콘은 '악의 축'을 제압하기 위한 '고귀한 거짓말'은 문제될 것 없다고 하면서 이 '고귀한 거짓말' 때문에 결과적으로 이라크 여성들의 인권이 향상되지 않았느냐고 반문했습니다.

●

## 해명 부대, 물타기 부대, 소송 부대
| 2023년 1월 20일 |

"원전을 조금 더 확대해 나갈 생각을 갖고 있다." 다보스포럼에 참석한 윤석열 대통령이 클라우드 슈밥 세계경제포럼 회장과 대담하면서 한 말입니다. 하지만 대한민국에 윤 대통령 임기 중 원전 추가 건설 계획은 없습니다. 대통령실 관계자는 부랴부랴 "정책 방향을 말씀하신 것으로 이해한다"고 설명했습니다.

그 며칠 전, 윤 대통령은 아랍에미리트 전쟁 발생 시 자동 개입 인계 철선이라고 알려진 아크부대에서 '아랍에미리트의 적은 이란'이라는 발언을 했습니다. 대통령실은 '장병들의 사기 진작을 위해 한 말', 여당 비대위원은 쉼표로 적이라는 말을 정정했다고 해명했습니다. 이란으로서는 납득하기 어려운 변명입니다.

그 며칠 전인 11일, 윤 대통령은 외교부·국방부 업무 보고에서 "우리 자신이 자체 핵을 보유할 수도 있다"고 말했습니다. 미 국방부 패트릭 라이더 대변인은 즉각 핵확산금지조약NPT 위반, 동북아핵 도미노 우려의 이유로 비판 논평을 했습니다. 대통령실은 '의지의 표현'이라고 해명했습니다.

풍자 가라사대, '드래곤힐' 주변에 3개의 부대가 포진했으니 1진은 해명 부대요, 2진은 물타기(마사지) 부대, 3진은 소송 부대니라. 세부대는 쉴 새 없이 출동해야 했으되 전과는 미미하였다. 잦은 출동과 무리한 전투에 기진한 장병들은 오늘도 쉬지 않는 그분의 입을 원망스럽게 바라볼 뿐이도다.

●

# 어느 나라 정부의 녹을 먹는가

| 2023년 3월 6일 |

"일본 피고 기업의 참여를 견인하는 데 매몰될 필요가 없다. 우리가 먼저 담대하게 발표하는 것을 검토해 보라." 지난 1월 하순, 윤석열 대통령이 박진 외교부장관에게 한 지시입니다. 오늘 자《한국일보》단독 보도.

오늘 대통령의 이 뜻대로 박진 장관이 발표한 입장의 뼈대는 '제3자에 의한 병존적 채무 인수', 한일 재계 단체인 전경련-게이단렌의 '미래청년기금(가칭)' 조성입니다. 대법원 판결의 기본 전제를 깡그리 뒤집어 버린 입장입니다.

전범 기업들이 피해자들에게 1억 원에서 1억 5000만 원의 위자료를 지급하라는 강제 징용 대법원 판결의 기본 전제는 두 가지입니다. 첫째, 일본의 식민 지배는 불법이다. 둘째, 1965년 한일 청구권 협정에도 불구하고 전범 기업 피해자 개인의 손해 배상 청구권은 여전히 살아 있다.

그런데 오늘 대한민국 정부는 대한민국 사법부가 2000년에 시작해서 2018년에 이르는 긴 기간의 고심 끝에 판결한 대법원의 강제 징용 판결을 뒤집은 겁니다. 삼권 분립, 사법부의 독립은 전면 부정당했습니다. 일본 정부와 전범 기업들의 주장은 고스란히 받아들였습니다. 이제 일본 정부와 전범 기업들은 식민 지배가 합법이라고, 대한민국 정부도 다 인정한 일이라고 세계만방에 광광댈 겁니다.

당신들은 대체 어느 나라 정부의 녹을 먹고 있는가.

●

## 후쿠자와 유키치 로드
| 2023년 3월 20일 |

"조선 인민은 소와 말, 돼지, 개와 같다. 조선은 야만국보다는 요마 악귀의 지옥국이다." 지난 17일, 윤석열 대통령이 연설한 장소인 게이오대학교의 설립자 후쿠자와 유키치의 말입니다.

후쿠자와 유키치는 계몽된 일본이 저열한 아시아를 식민 지배하여 근대화시키고 구라파와 경쟁해야 한다는 소위 '탈아입구'론을 주창했습니다. 그는 계몽과 식민의 첨병을 양성하고자 게이오대학교를 설립했습니다. 그는 육식이 금지되어 있던 일본에서도 고기를 먹어야 서구와 경쟁할 수 있다는 주장을 했고, 이에 따라 스키야키에는 드디어 고기가 들어가고, 돼지고기를 튀긴 돈가스, 오므라이스 등 일본화한 서양 음식이 널리 퍼졌습니다. 일본 1만 엔 지폐의 주인공도 후쿠자와 유키치입니다.

"용기는 생명의 열쇠." 윤 대통령이 게이오대학교 연설에서 인용한 이 말을 한 오카쿠라 덴신은 후쿠자와 유키치의 사상을 발전시킨 인물입니다. 덴신은 전형적인 조선 멸시론, 조선 침략론자이자 '대동아공영권'의 힘으로 영미를 귀축하자는 제국주의자입니다. 덴신이 말한 '용기'는 아시아를 식민화하고 영미를 귀축하기 위해 총을 들 용기를 뜻합니다.

후쿠자와의 '육식론'에 따라 만들어진 스키야키와 돈가스, 오므라이스를 먹고 그가 설립한 게이오대학교에서 그의 후계자 오카쿠라 덴신의 말을 인용하는 연설을 한 윤 대통령의 일정은 '후쿠자와 유키치 로드', 즉 조선은 일본의 식민 지배 덕에 근대화되었다는 '식민지 근대화론'의 길입니다.

대통령님, 이 '후쿠자와 유키치 로드', 누가 성안했나요? 일본의 제안을 수용한 건가요? 그렇다면 당신들은 일본에 조롱당한 바보들입니다. 대통령실이 주도적으로 작성했나요? 그렇다면 당신들은 일본 극우의 세계관을 신념화한 사람들입니다.

차라리 바보이길 바라는 마음, 처참하다.

# 영토 보전의 의무

| 2023년 3월 22일 |

"기시다 총리는 한국 측에 위안부 문제에 관한 양국 간 과거 합의를 꾸준히 이행할 것을 촉구하고, 시마네현 다케시마 문제에 대한 일본의 입장도 전달했다. 이어진 기자 회견에서 이러한 문제의 해결에 대해 우려가 있다는 질문에 기시다 총리는 '이 문제를 주저 없이 논의할 것'이라고 말했다." 일본 공영 방송 NHK 모리 히로키 기자의 3월 20일 자 기사 일부입니다.

그다음 날인 3월 21일, 박진 외교부장관은 국회에서 "독도든 위안부 문제든 정상회담의 정식 의제로 언급된 바 없다"고 답했습니다. 이어 기시다 총리가 정상 간 자리에서 언급하지 않았느냐는 질문에 "제가 말씀드리기는 적절치 않다"고 했다가 재차 질문이 나오자 "제 기억에는 없다"는 흐릿한 답변을 내놓았습니다.

대통령이 나서야 합니다. 만약 기시다 총리가 기자들 앞에서 하지도 않은 말을 했다는 뻔뻔한 거짓말을 했다면 대통령은 강력한 항의와 후속 조치를 내놓아야 합니다. 한편, 기시다 총리의 말이 사실이라면 윤 대통령은 일본군 성노예 문제, 독도 영유권 침해 발언에 대해 대한민국 대통령으로서 항의는 했는지, 뭐라고 응수했는지 낱낱이 밝혀야 합니다.

대한민국 헌법 제66조 제1항, 대통령은 국가의 원수이며 외국에 대하여 국가를 대표한다. 제2항, 대통령은 국가의 독립·영토의 보전·국가의 계속성과 헌법을 수호할 책무를 진다.

윤석열 대통령은 정녕 국가를 대표하여 영토 보전의 의무를 다했는지, 국민들이 눈을 부릅뜨고 확인해야 하는 것은 바로 이것이다.

●

## 했나요, 안 했나요?

| 2023년 3월 30일 |

"시간이 걸리더라도 한국 국민의 이해를 구해 나가겠다."《교도통신》보도에 따르면 스가 요시히데 일본 전 총리 등이 후쿠시마 오염수 방류에 대해 한국 정부의 이해를 요청하자 윤석열 대통령이 내놓은 답변이라고 합니다.

대통령실은 오늘 '후쿠시마산 수산물이 국내로 들어올 일은 결코 없을 것'이라고 기자들에게 문자 메시지 공지를 했습니다. 왜 대통령실은 엉뚱하게 수산물이 들어올 일 없다는 입장을 밝히나요? 정말로 중요한 것은, 오염수 방류에 대해 대통령이 국민의 이해를 구하겠다는 말을 했는지, 안 했는지 여부입니다.

2015년 일본은 한국의 후쿠시마 수산물 수입 금지에 대해 WTO(세계무역기구)에 제소합니다. WTO는 한국이 일본 수산물에 대해서만 추가 핵종 검사 등의 엄격한 기준을 적용하는 불공정 무역 제한 조치를 했다며 일본 손을 들어줬습니다. 절치부심한 한국

정부는 2심에서 '일본 내 환경 오염으로 인한 잠재적 위험'을 주장했습니다. WTO는 '방사능 수치 검사만으로는 안 된다. 오염수 유출 자체가 위험이다'라는 우리 주장에 손을 들어줬습니다.

그런데 앞으로 일본이 다시 WTO에 한국을 제소하고 '대한민국 대통령은 오염수 방류에 대해 자국민을 설득하기로 했다. 오염수 방류가 환경 오염으로 인한 잠재적 위험 요소가 아니라는 뜻'이라고 주장한다면, 어떻게 될까요? WTO는 일본 손을 들어줄 수밖에 없습니다. 그때 가서 윤 대통령은 '나는 금지하려고 했는데 WTO가 결정했으니 어쩔 수 없다. 그게 보편적 가치다'라고 하실 건가요? 손 안 대고 코 풀겠다는 건가요?

오염수 방류 저지, 오염수 방류에 대한 단호한 반대 없이 수산물 수입 금지는 불가능에 가깝습니다. 그래서 묻습니다.

윤 대통령님, 국민의 이해를 구하겠다는 말, 했나요, 안 했나요?

●

## 창피하다

| 2023년 4월 11일 |

"이스라엘, 영국, 프랑스는 대통령실을 이전했냐." 급조된 대통령실 이전으로 도청에 취약한 것 아니냐는 기자들의 질문에 대통령실 핵심 관계자가 내놓은 반박입니다. 왜곡과 물타기입니다.

《뉴욕타임스》가 보도한 유출 문건의 영국 부분은 영국의 남중국

해 관련 정책을 분석한 내용이고, 프랑스 부분은 '프랑스군이 우크라이나에 있다'는 사실 보고입니다. 영국은 중국과의 관계 악화를 피하기 위해 내용을 부인한 것이고 프랑스는 단 한 명의 군인도 우크라이나에 없다는 공식 입장을 유지한 것입니다.

이스라엘 부분은 총리의 사법 개혁을 이스라엘 정보기관 리더들이 반대하며 이들이 반대 시위에 영향을 미치려 한다는 분석입니다. 이스라엘 정부는 정보기관의 국내 정치 개입을 인정할 수 없으니 내용을 부인한 겁니다. '시긴트Sigint(신호를 감청하는 방식으로 수집된 정보)'라는 기재가 있지만 특정인의 말이 인용되지는 않았습니다.

하지만 한국 부분에는 김성한 안보실장, 이문희 외교비서관, 임기훈 국방비서관의 대화가 따옴표 안에 직접 인용되어 있습니다. 대통령실이 도청당하지 않고서는 불가능한 형식과 내용이라는 겁니다. 미 국방부는 유출된 정보는 대부분 진본 내용이 맞다고 언론에 설명했는데 정부 여당은 '도감청 의혹은 터무니없는 거짓'이라면서 '한미 동맹 이간질', '반미, 종북 단체와 무엇이 다른가'라는 말을 쏟아 냅니다.

당사자가 훔쳤다는데, 장물도 뻔히 보이는데, 장물에 '짝퉁'이 하나라도 섞여 있으면 도둑질은 없던 일이 되나요? 왜 우리가 나서서 피의 실드Shield를 시전하나요? 대한민국의 주권과 국익은 거기에 있기는 한가요?

길 때 기더라도, 최소한 지킬 건 지켜야 하지 않는가.

창피하다.

# 엉망진창

| 2023년 4월 12일 |

어제 워싱턴 D.C.에 도착한 김태효 국가안보실 1차장은 미국의 도청 논란에 대해 "미국이 우리에게 어떤 악의를 가지고 했다는 정황은 발견되지 않고 있다"고 강조했습니다. 논리적으로 이런 질문이 이어집니다. 아예 도청이 없었다는 건가요, 아니면 '악의의 도청'이 아니라 '선의의 도청'을 했다는 건가요?

미국 NSC 존 커비 전략소통조정관은 일부 변조는 있을지 모르나 진본 문건이 유출되었고 보안 사고라는 점에 변명의 여지가 없다는 취지의 답변을 했습니다. 따라서 후자의 답변, 즉 도청이 없었다는 말을, 저는 도저히 믿을 재간이 없습니다. 그렇다면 윤석열 정부는 '선의의 도청'과 '악의의 도청'을 나누는 어떤 기준을 갖고 있나요? 미국이 하면 도청도 '선의'가 되는 건가요?

한편 《연합뉴스》는 대통령실 고위 관계자가 "비 온 뒤 땅이 굳는 것처럼 한미 동맹은 더욱 굳건해질 것"이라고 말했다고 보도했습니다. 논리적으로 이런 질문이 이어집니다. 비가 오기는 왔다는 것이지요? 어떤 비가 온 건가요? '선의의 도청'이라는 비가 왔다는 말인가요? 도청도 미국이 하면 한미 동맹을 더욱 굳건하게 만드는 영험한 효과가 있는 건가요?

이어서 고위 관계자는 "논란이 마무리돼 가는 단계로 보고 있다"

는 말도 했답니다. 미국 법무부는 이제야 진상 조사에 들어갔는데 윤석열 정부는 무슨 용빼는 재주가 있어서 벌써 마무리 단계에 들어갈 수 있나요?

최소한의 성의도, 논리도 순서도 다 엉망진창.

●

# 작작들 하시라

| 2023년 4월 20일 |

"경제도 그렇고 인구수도 그렇고 한국이 더 강대국이란 말이에요. 그런데 러시아가 한국을 경제적으로 제재한다는 게 저는 약간 이상하게 들리거든요. 약소국이 강대국을 제재하는 것처럼." 국립 외교원 김현욱 미주연구부장이 오늘 아침 방송 인터뷰에서 한 말입니다. 팩트부터 틀렸습니다.

러시아의 인구는 약 1억 5000만 명으로 세계 9위, 명목 GDP(국내 총생산)는 1조 6475억 6800만 달러로 세계 11위, 달러 대비 물가 수준 기반 구매력 GDP 4조 4474억 7700만 달러로 세계 6위, 국토 면적은 1709만 8242제곱킬로미터로 세계 1위.

대한민국의 인구는 약 5000만 명으로 세계 29위, 명목 GDP는 1조 7219억 달러로 세계 12위, 달러 대비 물가 수준 기반 구매력 GDP 2조 9240억 달러로 세계 14위, 국토 면적은 10만 431제곱킬로미터로 세계 108위.

자부심도 좋고 정신 승리도 알아서 하시는데요, 외교관 양성과 외교 정책 수립을 임무로 하는 외교부 산하 기관 국립외교원 미주 연구부장님께서, 러시아가 약소국이라고요? 팩트 체크를 이런 식으로 하신다면, 도대체 윤석열 정부는 어떻게 국제 정치 현실을 냉정하게 판단하고 어떻게 대한민국 국민들의 생명과 안전을 지킬 수 있나요?

국립외교원은 '그런 건 난 모르겠고 미국이 뒤통수를 치든 말든 미국 옆에 딱 붙어서 러시아랑도 그냥 한판 붙어!'라고 외치는 듯한 대통령을 그저 결사 옹위하는 기관으로 바뀐 건가요?

작작들 하시라.

●

## 궤도 이탈
| 2023년 4월 21일 |

1988년 7월 7일, 노태우 전 대통령이 '7·7 선언', 이른바 북방 외교 노선을 발표합니다. 소위 '자유 진영' 중심 외교를 벗어나 공산권 국가와 관계를 개선하겠다는 것입니다. 1990년 소련, 1992년 중국과 수교했습니다.

"나는 후진타오 주석과의 회담을 통해 창조와 실용의 '치治'라는 정치 철학을 공유하고 있다는 것을 느낄 수 있었습니다. 한중 간 새로운 협력의 시대를 열어 가겠습니다." 2008년 5월 27일, 이명박 대통령이 베이징에서 한 연설입니다. 한중 관계는 동맹 바로 다음 단계인 전략적 협력 동반자 관계로 격상되었고, 중국은 우리의 최대 무역 흑자국이 됩니다.

아시아인프라투자은행AIIB. 중국의 시진핑 국가주석이 2013년에 제안하고 2015년에 출범한 아시아-태평양 지역의 다자 개발 은행입니다. 미국은 반대했지만 박근혜 정부는 가입했습니다. 2021년 현재, AIIB 가입국은 103개국. 미국, 일본 주도의 아시아개발은행 ADB 가입국은 68개국.

노태우, 이명박, 박근혜 정부가 중국과 러시아가 예뻐서, 김대중, 노무현, 문재인 정부가 친북, 친중이라서 실리 외교, 등거리 외교를 했던 것이 아닙니다. 우리 공동체의 안전, 경제적 생존에 필요했기 때문입니다.

그런데 윤석열 정부는, 북중러를 적으로 돌리고 일본과 군사 훈련을 하고 군사 기밀을 퍼 주는 일에 거리낌이 없습니다. 강대국 일방에 휩쓸리지 않고 실리 외교를 추구해 온 지난 35년 역대 정부의 공통 궤도를 일거에 이탈하여 우리 공동체를 위험에 빠뜨리는 데 채 1년이 걸리지 않았습니다.

이제 진보, 보수를 떠나 공동체의 생존과 미래를 걸고 엄중히 물어야 할 때입니다. 당신들은 대체 작금의 상황을 어떻게 책임질 것인가.

우리가 베팅할 곳은
오직 대한민국의 국익과 미래다.

# 똘이 장군의 귀환

| 2023년 4월 24일 |

　윤석열 대통령이 오늘 방미 일정에 올랐습니다. 대통령이 가는 곳, 만나는 사람은 모두 이유가 있기 마련입니다. 제가 주목한 일정은 하버드대학교에서 조지프 나이Joseph Nye 석좌교수와 토론하고 '자유를 향한 새로운 여정'이라는 연설을 한다는 4월 28일입니다.

　조지프 나이는 그냥 교수가 아닙니다. 1992년 클린턴 행정부의 국방부 국제안보담당 차관보로 동아시아 정책을 주도했던 현실 정치인이기도 합니다. 그는 30년 전 이미 중국이 G2로 부상하는 것을 차단하기 위해 일본과 한국을 미국의 하위 동맹으로 확실히 편입시켜서 대중국 봉쇄 전략을 실행함으로써 미국이 동아시아의 패권, 전 세계 단일 패권을 강화해야 한다는 전략, 소위 '나이 이니셔티브'를 주창했습니다.

　4월 28일, 조지프 나이 교수는 대중국 봉쇄를 위한 한미일의 단결을 이야기할 것으로 보입니다. 윤 대통령은 자신의 중국, 러시아 외교 강경 노선을 국제적 석학에게 인정받았다고 홍보할 겁니다. '자유를 향한 새로운 여정'이 어떤 내용일지도 예상해 볼까요? 보편적 가치에 기반한 '자유 진영'의 단결로 '권위주의' 진영의 잘못을 바로잡자는 내용일 겁니다.

　나이 교수와의 토론부터 연설까지 28일 일정에서는 1970, 1980년

대 자본주의 대 공산주의의 냉전적 대결 구도의 2023년판 부활의 메시지가 나올 가능성이 매우 높습니다. '자유를 향한 새로운 여정' 이 아니라 반공 투사 뜰이 장군의 시대착오적 귀환이 되지 않을까 걱정이 앞섭니다. 과연 뜰이 장군은 2023년의 대한민국을 구원할 수 있을 것인가?

말을 말자.

●

# 제2의 NLL

| 2023년 4월 27일 |

'윤 대통령은 핵확산금지조약NPT상 의무에 대한 한국의 오랜 공약 및 한미 정부 간 원자력의 평화적 이용에 관한 협력 협정 준수를 재확인하였다.' 한미가 발표한 워싱턴 선언의 한 대목입니다. 한국의 NPT 탈퇴 금지, 자체 핵무장 금지, 전술핵 재배치 요구 금지를 못 박은 것입니다. 《조선일보》는 '핵 족쇄 강화'라고 평했습니다.

누구에게 족쇄를 채운 것일까요? 윤석열 대통령입니다. 위 문장의 백악관 제공 영문판 주어는 'President Yoon'입니다. 용산 대통령실도 같습니다. 이상합니다. 왜 주어가 한국 정부가 아니라 윤 대통령일까요?

윤 대통령은 작년 12월, "한미가 미국의 핵전력을 '공동 기획-공동 연습'하겠다"고 말했습니다. 바이든 대통령은 단칼에 '노NO!'라고 답했습니다. 올 1월 초, 윤 대통령은 바이든의 'NO!'에도 불구하고 한 술 더 떠 "전술 핵배치를 한다든지 자체 핵을 보유할 수도 있다"고 말합니다.

미국은 기존 한국 정부의 입장, 한미 협정, 국제 협약을 싹 다 무시하는 'President Yoon'을 한미 동맹마저 멋대로 흔드는 호전적이고 위험한 인물로 본 것 같습니다. 워싱턴 선언에 한국 정부가 아니라 굳이 'President Yoon'이 핵 관련 한미 간의 기존 협정을 재확인했다는 문구를 넣은 이유는 그래야 설명이 됩니다.

이승만 대통령이 무력 북진 통일을 외치자 미국은 이 대통령의 호전적, 돌발적 군사 행동을 막으려고 북방한계선NLL을 그었습니다. 워싱턴 선언은 어쩌면 윤 대통령에게 '선 넘지 마!'라고 핵 함구령을 내린 제2의 NLL입니다.

그러니 이제 그만 좀 핵핵 거리고, 진도 좀 나가자, 대한민국!

●

## 무엇을 위한 동맹인가

| 2023년 4월 28일 |

'자유의 동맹, 행동하는 동맹' 윤석열 대통령의 미 상·하원 합동 의회 연설의 제목입니다. 윤 대통령은 이 연설에서 '자유'를 46번, '동맹'을 27번 사용했습니다. 그래서 묻습니다. 대통령의 자유 그리고 동맹은 무엇입니까?

듣기 싫은 뉴스를 권력을 앞세워 가짜 뉴스라고 규정할 수 있는 자유, '날리면'이라고 듣지 않았다는 이유로 MBC 기자를 전용기 탑승에서 배제하고, 언론중재위원회, 방송위원회 등 소관 기관이 엄연히 존재함에도 행안부, 국민통합위원회 등 온갖 부처를 동원해서 가짜 뉴스 척결 사업을 펼치는 권력의 자유를 자유라 부를 수는 없습니다. 또 자유 진영과 북중러 '공산 전체주의' 진영으로 갈라치고 경제적, 군사적 갈등을 부추기는 자유 역시 그 의미가 쪼그라든 자유일 뿐입니다.

자유는 그 자체로 목적이 아니라 생존과 행복을 위한 전제 조건이자 수단이라는 의미에서 가치 있는 것이 아닐까요? 자유 없이 행복할 수 없지만 자유만으로 행복할 수도 없기 때문입니다.

대통령님, 당신이 말하는 동맹은 또 무엇입니까? 한미 동맹이라는 것이 도청도 모르쇠 하고, 우리 기업의 막대한 손해 정도는 감수해야 하고, 대한민국의 발전이 국민들의 피와 땀 덕이 아니라 오롯이 한미 동맹 덕이라고 칭송하며 스스로 자부심을 깎아내려야 하는 지고지순한 가치인가요? 대통령님, 동맹은 그저 우리 공동체의 생존을 위한 수단일 뿐입니다. 대통령은 그깟 수단에 불과한 동맹을 지고지순한 목적이자 가치인 양 떠받들고 다닐 권한까지 부여받지는 않았습니다.

권력자의 자유, 냉전의 도구로 쪼그라든 자유, 수단과 목적이 뒤집어진 동맹. 이토록 앞뒤 없이 거꾸로 선 나라를 국민들은 얼마나 더 버텨 내야 하는가.

# 누가 감히 상상할 수 있었겠는가

| 2023년 5월 9일 |

"기시다 총리는 강제 동원 피해자들이 '혹독한 환경에서 힘들고 슬픈 경험을 하신 데 대하여 가슴 아프게 생각한다'고 했습니다. 어두운 과거의 역사를 외면하지 않고 진정성 있는 마음으로 대한다면, 한일 양국이 당면한 어려움을 극복하고 새로운 미래를 열어 갈 수 있을 것입니다." 윤석열 대통령의 오늘자 국무회의 모두 발언의 한 대목입니다.

먼저 사실 관계를 바로잡습니다. 기시다 총리는 누구에 대해, 무엇 때문에 가슴이 아픈지 특정하지 않았습니다. 기시다 총리는 기자들이 누구에 대해서 가슴 아픈 것이냐는 질문에 대해서도 일본에서 이야기하는 징용공인지, 한국의 강제 동원 피해자들인지 밝히지 않고 뭉갰습니다. 아베 총리 이후 일본은 강제 동원 자체를 인정하지 않음에도 불구하고 윤 대통령이 기시다 총리의 발언을 강제 동원 피해자들에 대한 것으로 해석하는 것은 오독입니다. 그것도 고의적 오독.

윤 대통령은 기시다 총리의 발언을 진정성 있는 사과로 읽었습니다. 하지만 《요미우리신문》은 "기시다 총리는 상대 입장을 배려하는 것의 중요성을 잊어서는 안 될 것"이라고 했고, 《도쿄신문》은 사설에서 기시다 총리가 "더 직접적으로 반성과 사죄 의사를 밝혀야 하지 않았을까"라고 했습니다. 기시다의 진정성을 일본 언론보다 훨씬 더 잘 느끼는 윤 대통령의 대일 감수성이 참으로 놀랍습니다.

윤 대통령은 "불과 얼마 전까지만 해도 상상할 수 없었던 일들이 지금 한일 간에 이루어지고 있습니다"라고도 했습니다.

반복되는 문해력 테스트부터 핵인지 감수성, 진정성인지 감수성, 사과인지 감수성이 필요한 느낌 충만 외교까지. 하기는 누가 감히 상상할 수 있었겠는가.

●

## 이딴게 다 무어란 말인가

| 2023년 3월 16일 |

지난 8일, 안덕근 산업통상자원부 통상교섭본부장은 중국 투자 제한, 초과 이익 공유, 미 국방부의 반도체 생산 시설 접근 허용 등 미국 반도체법의 극단적 보조금 지급 기준 문제를 해결하기 위해 워싱턴 D.C.를 찾아갔습니다. 반드시 성과를 내야 하는 상황입니다.

그로부터 일주일 후인 어제, 라민 툴루이 미 국무부 경제·기업 담당차관보는 외신 센터 브리핑에서 "보조금 지급 기준은 보조금을 신청하는 미국 기업과 외국 기업에 동등하게 적용된다"고 강조했습니다. 단기간의 예외조차 인정할 수 없다는 말입니다. 안덕근 본부장의 워싱턴 방문은 완전히 실패했습니다.

같은 날 《로이터통신》은 삼성전자가 미국 텍사스 테일러시에 건설 중인 반도체 공장 건설 비용이 당초 예상보다 약 10조 5000억 원 증가한 32조 8000억 원 이상이 될 것이라고 보도했습니다. 미국의 물가 상승 때문입니다. '깡패 같은 짓'이라는 평가를 받는 보조금 지급 기준을 삼성전자가 모두 준수했을 때 받을 수 있는 보조금은 직접 보조금 3조 원, 대출·보증 등 간접 보조금 4조 원 정도. 건설 비용 상승액에도 미치지 못합니다.

이미 공장을 짓기 시작한 삼성전자, R&D 센터를 짓기로 한 SK 등 반도체 기업들은 이제 와서 접을 수도 없습니다. 그저 계산기만 이리저리 두드려 보며 정부의 제대로 된 협상을 기대할 수밖에 없습니다. 지난 2월, 반도체 수출은 42.5%, 작년 2월 대비 5조 7750억 원 감소했습니다.

IRA(인플레이션 감축법)도, 반도체 보조금 기준도 해결하지 못하는 판에 돈가스와 오므라이스 환대, 여사님의 화과자, 아름다운 나라 일본의 추억, 12년 만의 미국 국빈 방문… 이딴 게 다 무어란 말인가.

●

## 또 버림받았다는 서러움
| 2023년 5월 24일 |

"나라에 또 버림받았다는 서러움에 다들 엉엉 우셨어요." 한국원폭피해자협회 유영희 사무국장의 말입니다.

히로시마와 나가사키 원폭 한국인 피해자는 약 10만 명. 5만 명이 사망했고 생존자 4만 3000명이 귀국했습니다. (사)한국원폭피해자협회는 귀국한 원폭 피해자들이 '상부상조'와 '핵금평화'를 내걸고 만든 단체입니다.

합천에 사는 원폭 피해자 14명은 지난 18일 히로시마행 비행기에 올랐습니다. 78년 만에 한국 대통령의 위령비 방문, 게다가 일본 총리와 합동 참배가 이뤄지는 '역사적 순간'을 두 눈으로 보고 싶었기 때문입니다. 대표자 한 명만이라도 합동 참배와 간담회에 참석할 수 있도록 지난 4일부터 대통령실, 외교부, 해당 재외 공관에 수차례 간절히 요청했습니다. 하지만 피해자들은 아무런 연락도 받지 못했습니다. 윤 대통령이 히로시마 잔류 원폭 피해자들과 위령비를 참배하는 동안 이들은 통제선 너머에서 위령비를 바라보며 쓸쓸히 참배했습니다.

한국원폭피해자협회는 한국인 원폭 피해의 본질을 이렇게 서술하고 있습니다. '일본 제국주의 전쟁의 희생양으로 일본에 강제 동원되어, 1945년 8월 무더운 여름날 이국만리 일본의 히로시마와 나가사키에서 인류 역사상 최초의 핵무기인 원자폭탄에 우리 동포 10만여 명 희생.'

일본 제국주의 전쟁의 희생양, 강제 동원, 이 말이 일본에 누가 될까 걱정이 크셨나요? 피해만 있고 반성은 없는 일본의 들러리로도 모자라 늙고 병든 몸을 이끌고 히로시마로 날아간 한국인 원폭 피해자들을 기어코 엉엉 울게 했어야만 하는가.

# 어느 나라 정당인가

| 2023년 6월 7일 |

지난달 후쿠시마 앞바다에서 잡힌 우럭에서 기준치의 180배인 1만 8000베크렐의 방사성 세슘이 검출됐습니다. 쥐노래미에서도 1200베크렐의 세슘이 나왔습니다. 도쿄전력이 내놓은 대책은 우럭잡이 그물.

올해 3월, 도쿄전력이 원자로 안에 로봇을 투입해 내부 상황을 촬영했을 때 원자로 바닥이 훼손됐을 가능성이 제기됐습니다. 정화되지 않은 방사성 물질들이 그대로 파손된 틈으로 새어 나갈 수도 있다는 것. 도쿄전력은 원전 밖으로 방사성 물질이 날아가도 주변에 큰 영향이 없다고 발표했지만 일본 원자력규제청은 재검토하라고 지적했습니다.

일본 입헌민주당 중의원 아베 도모코, "교반 설비가 없어서 지금처럼 섞지 않고 있고, 그러면 정작 방출할 때 결과적으로 다른 결과값이 나오리라 충분히 생각할 수 있지 않나요?"

도쿄전력 관계자 스즈키, "그럴 가능성을 부정할 수 없죠. 전혀 없다고는 말씀드릴 수 없습니다."

국제원자력기구IAEA는 오염수 시료 채취 절차가 적절했다고 봤지만, 일본 야당마저 지금 방식으로는 오염수 탱크 윗물만 살짝 채취하여 탱크 아래에 모인 방사성 물질이 채취되지 않는다고 비판하고 있는 것입니다.

하지만 오늘 국민의힘 '우리 바다 지키기 검증 TF' 회의에서 윤재옥 원내대표는 "IAEA도 안전 점검을 실시하고 오염수 샘플을 정확히 분석했다"고 말했습니다. 박대출 정책위의장은 민주당과 시민단체가 '오염수 괴담을 퍼뜨리며 국민 수산물 소비에 얼음물을 끼얹고' 있다고 목소리를 높였습니다.

어느 나라 정당인가.

●

## 독도가 사라졌다

| 2023년 6월 8일 |

일본 정부는 작년 12월 26일, '국가 안전 보장 전략', '국가 방위 전략', '방위력 정비 계획' 등 안보 관련 3대 핵심 문서를 개정 발표했습니다. 일본은 이 문서에 적 기지 공격 능력의 보유와 방위비의 대폭 확대를 명시하는 동시에, '일본의 고유 영토인 다케시마 영유권 문제'를 해결하기 위해 의연하고 끈질기게 노력한다는 강한 표현을 마다하지 않았습니다.

기시다 총리는 지난 5월 초 방한했을 때 우원식 의원의 '고유 영토인 다케시마'라는 표현을 개정해야 한다는 요청을 단칼에 거절했습니다.

오늘 김태효 대통령실 국가안보실 1차장이 '윤석열 정부의 국가

안보 전략'을 브리핑했습니다. 그런데 110쪽에 달하는 이 문서 어디에도 '독도'라는 단어는 없습니다. 전임 박근혜 정부, 문재인 정부는 '국가 안보 전략'에 '일본의 부당한 독도 영유권 주장과 역사 왜곡 문제에 단호히 대처한다'라고 직접 적시했습니다. 그러나 '윤석열 정부의 국가 안보 전략'에서는 독도가 사라졌습니다.

'윤석열 정부의 국가 안보 전략' 문서에는 "어두운 과거의 역사를 외면하지 않고 진정성 있는 마음으로 대한다면, 한일 양국이 당면한 어려움을 극복하고 새로운 미래를 열어 갈 수 있을 것"이라는 대목만 있을 뿐, 독도는 없습니다.

대한민국 헌법 제66조 제2항 '대통령은 국가의 독립·영토의 보전·국가의 계속성과 헌법을 수호할 책무를 진다.'

독도도, 그를 수호할 대통령의 책무도 실종된, 2023년 6월 8일 대한민국의 오늘이었습니다.

●

# 어디에 베팅할 것인가

| 2023년 6월 12일 |

"중국의 패배에 베팅하는 이들은 나중에 반드시 후회한다." 싱하이밍 중국 대사가 이재명 민주당 대표를 만나 한 말입니다.

국민의힘 김기현 대표는 "이 대표가 중국 대사에게 우리나라 국내 정치에 관여하라고 멍석을 깔아 준 행동은 그냥 넘어갈 수 없는 실책이다. 이 대표는 중국 공산당 한국 지부장인가?"라고 목소리를 높였습니다.

"It's never been a good bet to bet against America. (미국에 반해 베팅하는 것은 결코 좋은 베팅이 아니다.)" 오바마 정부의 부통령이던 바이든이 2013년 12월에 방한해서 박근혜 대통령 면전에서 한 말입니다.

바이든 대통령은 작년 5월, 윤석열 대통령과의 회담 뒤 열린 공동 기자 회견 모두 발언에서 10년 전과 거의 같은 문장을 언급했으며, 지난해 11월, 미시건주 SK실트론CSS 공장 방문 당시에도 같은 말을 했습니다.

김기현 대표님, 그럼 박근혜, 윤석열 두 대통령도 미국이 국내 정치에 관여하라고 멍석을 깔아 준 것인가요? 두 분 다 미국 민주당 한국 지부장인가요?

바이든 대통령이 중국과의 해빙을 언급하자 토니 블링컨 국무장관은 곧 중국을 방문합니다. 중국과 무역 갈등이 가장 크고 길었던 호주는 돈 패럴 통상부장관이 지난달 11일, 4년 만에 베이징을 방문해 왕원타오 중국 상무부장과 만나 무역 협력을 확대하기로 했습니다. 한가하게 미중 미러링 게임에 편승해서 정쟁이나 할 때가 아니라는 말씀입니다.

지금 우리가 베팅할 곳은 어디인가? 중국? 미국?

아니! 우리가 베팅할 곳은 오직 대한민국의 국익과 미래다.

# 한반도형 헬싱키 협정?

| 2023년 7월 3일 |

"1975년 헬싱키 협정을 맺은 것처럼 북핵, 인권 문제를 묶어서 논의하는 '한반도형 헬싱키'를 고려해야 한다." 김영호 통일부장관 후보자가 지난 30일, 기자의 질문에 내놓은 답변입니다. 제 귀를 의심했습니다. 헬싱키 협정을 뭐라고 생각하길래 북한 체제를 파괴해야 통일이 된다는 사람이 저런 이야기를 하는지 이해할 수 없었기 때문입니다.

헬싱키 협정은 1972년 11월부터 약 3년에 걸친 준비 후 유럽 33개국과 미국, 캐나다 등 35개국에 의해 1975년 8월 채택된 다자간 협정입니다. 이 협정은 제2차 세계 대전 후 확정된 유럽 국경선의 불가침성을 인정할 것과 조인국들이 인권과 기본적 자유를 존중한다는 약속입니다. 이 협정은 냉전 시대 한가운데에서도 수차례 후속 회의를 거쳐 마침내 1990년 파리 정상회의에서 유럽의 냉전 해체를 선언하며 막을 내렸습니다.

따라서 '한반도형 헬싱키'를 고려한다면 윤석열 정부가 제일 먼저 할 일은 신냉전을 부추기는 냉전적 대북 정책을 폐기하고 평화 체제 지향의 대북 정책으로 돌아가는 것입니다. 둘째, 6자 회담을 복원하여 다자간 협정의 틀을 만들어야 합니다. 셋째, '힘에 의한 평화', '북한 인권 규탄'만을 부르짖는 것이 아니라 헬싱키 협정처럼 군사 안보 바스켓Basket, 경제·과학·환경 바스켓, 인권 바스켓을 구분하고 연계하는 전술, 즉 군사 안보와 인권을 분리하고 남북 경제, 과학, 환경 교류를 적극적으로 추진해야 합니다.

한반도의 평화를 위해 진짜 중요한 것은 '보편적 가치'라느니, '자유와 인권'이라느니 '헬싱키 협정'이니 '뉴욕 이니셔티브'니 하는 그럴듯한 말의 성찬이 아니라, 쉰내 풀풀 나는 반공 투사 똘이 장군식의 냉전적 사고방식을 바꾸는 것입니다. 누구부터? 대통령 본인부터!

●

## 누구에게 봉사하는가

| 2023년 7월 4일 |

"사람 취급을 못 받고 있는 것 같다. 아버지가 원하는 것은 사과와 일본 기업의 배상이다." 외교부가 어제 강제 징용 피해 위자료 법원 판결금을 강제 징용 기업 대신 법원에 공탁하자 피해자 이춘식 할아버지 가족이 한 말입니다. 도대체 왜 대한민국 정부가 이렇게 안달을 하는지도 의문이지만, 법원에 공탁을 하면서 내놓은 논리도 가관입니다.

외교부는 민법 제487조 '변제자는 채권자를 위하여 변제의 목적물을 공탁하여 그 채무를 면할 수 있다'는 조항을 들었습니다. 하지만 민법 제469조는 '당사자의 의사표시로 제삼자의 변제를 허용하지 아니하는 때는 제3자는 돈을 대신 갚을 수 없다'고 명토 박아 두

었습니다. 양금덕 할머니와 이춘식 할아버지 등은 제3자인 대한민
국 정부가 대신 돈을 갚는 것을 거부한다고 내용 증명 우편까지 보
냈습니다. 그런데도 외교부는 억지를 부리며 쫓기듯 공탁한 것입
니다.

　오늘 광주지방법원은 대한민국 정부의 공탁을 받아 주지 않았습
니다. 강제 징용 피해 당사자의 제3자 변제 거부 의사가 분명하니
대한민국 정부, 억지 좀 그만 부리라는 뜻입니다. 하지만 외교부는
오늘도 '법리상 승복하기 어렵다. 즉시 이의 절차에 착수하겠다'며
강한 유감을 표했습니다.

　헌법 제7조, '공무원은 국민전체에 대한 봉사자이며, 국민에 대
하여 책임을 진다.'

　외교부 공무원 여러분, 여러분들이 봉사해야 할 대상은 국민이
지 대통령이 아닙니다. 그러니 아부도, 실드도 좀 적당히 치시라.
대통령께서도 기껏 5년짜리 권력이라고 말씀하지 않으셨던가.

●

## 신종 친일파 민족 반역자
| 2023년 8월 4일 |

　"여러분! 헌법에서 명시된 바와 같이 1919년 건립된 대한민국 임
시정부의 법통을 승계한 것이 오늘의 대한민국입니다. 이게 우리의
정체성입니다. 그런데 요새 또 다른 이설이 등장했습니다.

첫째, 대한민국이 1948년에 건국됐다는 이설입니다. 이렇게 되면 1910년부터 1945년까지 일제가 통치한 것이 정당화됩니다. 그렇게 되면 독도는 일본 땅이 됩니다. 위안부 할머니 문제나 강제 징용 문제는 일본 신민 간의 문제이지 우리가 간여할 일이 아니게 됩니다. 그래도 괜찮아요?

둘째, 1948년 이전에는 나라가 없었다는 이설입니다. 1965년 한일 국교 정상화 때 체결된 한일기본조약에 의하면 우리 정부는 대한제국이 대한민국과 연속되어 있으므로 대한제국 시절 일본이 강제로 체결한 을사늑약, 한일합병조약 등등은 모두가, 체결 당시 이미 무효라고 주장하고 있습니다. 그러나 대한민국이 1948년 건국되었다면 일본은 조약이 실제적으로 실효성이 상실될 때, 다시 말해서 대한민국이 건국되었을 때 이 조약들의 효력이 없어졌을 뿐이라고 주장합니다.

나는 과연 대한민국 1948년 건국론을 주장하는 사람들이 이런 점까지 생각하고 이설을 주장했는지 묻고 싶습니다. 만약 알고도 주장했다면 이런 사람은 신종 친일파 민족 반역자입니다. 우리가 이승만 대통령을 1948년 대한민국의 창건자이며 시조라고 그렇게 해야 되겠습니까? 저는 절대 반대합니다."

독립운동가 우당 이회영 선생의 손자이자 윤석열 대통령의 멘토인 이종찬 광복회장의 8월 3일 자 '대한민국 정체성 선포식' 인사말 일부입니다.

이승만 대통령 기념관 건립에 460억 원의 예산을 책정한 윤석열 대통령님, 당신은 이런 사실을 모르는 역사 문맹입니까? 아니면 신종 친일파 민족 반역자입니까?

광복회장 이종찬의 질문이었습니다.

●

## 내는 뭔데, 니 시다바리가?

| 2023년 8월 17일 |

어제 광주지방법원은 미쓰비시중공업, 일본제철이 배상해야 할 위자료를 정부 측이 대신 갚는 제3자 변제금을 법원에 맡겨 두는 공탁도 할 수 없다고 결정했습니다. 정부의 억지 부리기에 법원이 제동을 건 것입니다.

법원은 "위자료는 정신적 손해에 대한 배상금으로서 가해자에 대한 제재적 기능, 금전적 만족 이외에 피해자가 개인적으로 받은 인격적 모욕 등 불법적이고 부당한 처사에 대하여 피해자를 심리적, 감정적으로 만족시키는 기능도 있다. 가해 기업이 불법 행위 사실 자체를 부인하면서 피해자에 대한 손해 배상 채무를 인정하지 않고 있는 상황에서 신청인이 제3자 변제를 통하여 이 사건 판결금을 변제한 이후 가해 기업에 구상권 행사를 하지 않는다면 가해 기업에 면죄부를 주게 되는 결과"를 발생시키게 된다는 점을 분명히 밝혔습니다.

반성은커녕 강제 징용 자체를 부인하는 일본 가해 기업을 대신

해 반성과 사과의 뜻을 담은 위자료를 한국 정부가 대위 변제한다는 것이 말이 되느냐, 이러다 윤석열 정부가 가해 기업들에게 구상권 행사를 하지 않으면 가해 기업에게 면죄부만 주는 꼴이 된다는 준열한 비판입니다.

하지만 외교부는 받아들이지 못하겠답니다. 기어코 미쓰비시중공업, 일본제철 등 가해 기업 대신 사과하고야 말겠다고 안달이 난 모양새입니다.

영화 〈친구〉에서 장동건은 유오성에게 이렇게 묻습니다. "내는 뭔데, 니 시다바리가?"

오늘 우리는 이렇게 묻습니다. "한국 정부는 뭔데, 일본 밑 닦아 주는 졸개가?"

●

# 국군의 날

| 2023년 10월 2일 |

어제, 10월 1일은 국군의 날입니다. 해방 직후 각 군별 건군 기념일은 모두 달랐습니다. 육군의 날은 처음에는 미군정 아래서 조선국방경비대 1연대가 창설된 1946년 1월 15일이었습니다.

1955년, 육군의 날은 유엔군이 '작전명령 제2호'로 38선 돌파를 공식 승인한 날인 10월 2일로 변경됩니다. 그런데 그 이듬해인 1956년, 육군이 38선 위로 진격한 날짜가 10월 1일이라고 확인된 후 이승만 대통령은 각 군별로 다른 날짜였던 군별 건군 기념일을 10월 1일로 통일하여 국군의 날이라 명합니다.

우리 헌법은 대한민국이 임시정부의 법통을 계승한다고 적시하고 있습니다. 그렇다면 건군 기념일인 국군의 날은 대한민국 임시정부의 군대, 즉 광복군 창설일인 1940년 9월 17일로 지정하는 것이 논리적입니다.

그러나 당시 만주군, 일본군 장교 출신이 절대다수인 군 수뇌부는 '무찌르자 공산당!'을 앞세우며 38선 돌파일을 국군의 날로 만들어 버립니다. 실제 생일이 아니라 옆집 아이 코피 터뜨린 날을 생일로 정한 격입니다. 친일파는 대한민국의 영웅이 될 수 있지만 공산당은 결코 용납할 수 없다는 이 괴이한 논리는 공산당과 싸우는 장교를 육성하는 것만이 육사의 목표라며 홍범도 장군 흉상 철거 사태로 이어지고 있는 것입니다.

강제 징용으로 끌려갔다가 원폭 피해자가 된 재일 동포들을 고국으로 초청해 놓고는 일제의 강제 징용과 피해자들에 대한 일본 정부의 진정성 있는 사과와 배상 책임은 한 마디도 언급하지 않더니, 어제는 검은 선글라스 척 쓰시고 최전방 GOP에서 '북한이 도발하면 1초도 기다리지 말고 응사하라!'고 지시하는 반공 전사 윤석열 대통령님!

기어코 38선 돌파 기념일을 국군의 날로 만들어 버린 그때 그 사람들과 참 많이도 닮으셨다.

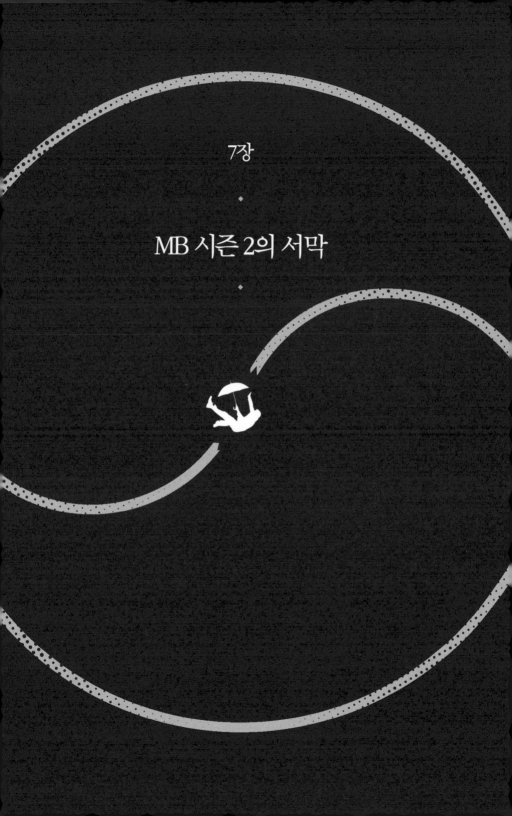

7장

MB 시즌 2의 서막

# MB 시즌 2, 시고 떫은 시즌 2

•

"MB 때가 상당히 쿨하게 처리했던 기억이 나고요."

2019년 10월 국정 감사. 윤석열 검찰총장은 '어느 정부가 그나마 검찰의 중립성을 보장했는가'라는 이철희 의원의 질문에 이렇게 답했습니다. 객관적 사실과 너무 동떨어져 있는 답변이라서 언론에서도 이해할 수 없다는 평가가 주를 이뤘습니다.

MB 때 검찰은 윤석열 대통령이 좋아하는 대통령이라고 종종 칭하는 노무현 전 대통령을 표적 수사하여 죽음에 이르게 했습니다. 뿐만 아닙니다. 제1기 검찰과거사위원회는 KBS 정연주 전 사장 배임 수사, 〈PD수첩〉 수사, 민간인 불법 사찰과 용산 참사, 고 장자연 씨 사건 등을 검찰의 과오로 꼽았습니다. 과오 사건으로 선정한 17건 중 MB 시절이 7건으로 역대 정부 중 가장 많았습니다. 사실상 검찰은 MB의 청부업자였다고 해도 과언이 아닙니다.

그런데 왜 윤석열 대통령은 MB 때를 쿨하다고 평가했을까요? 참 이해하기 어렵습니다. 위계가 분명했기 때문일까요? 지금은 검사 절대 우위의 시대라지만 MB 때는 여전히 정치권력 우위의 시대였습니다. 당시 검찰은 MB 정권이 청부하는 일을 처리하는 대신 다른 영역에서는 광범위한 자율성을 인정받았기 때문은 아닐까 추정해 봅니다.

윤석열 대통령은 MB 사람들을 정권의 전면에 포진시켰습니다. 처음부터 그랬고 점점 더 심해지고 있습니다. 김대기 대통령 비서실장은 MB 청와대 정책실장 출신입니다. 김은혜 홍보수석은 대변인, 김태효 국가안보실 1차장은 대외전략기획관, 추경호 경제부총리 겸 기획재정부장관은 경제금융비서관, 이주호 사회부총리 겸 교육부장관은 교육과학기술부장관, 김영호 통일부장관은 통일비서관, 한화진 환경부장관은 환경비서관, 이동관 방송통신위원장은 대변인 및 홍보수석, 유인촌 문화체육관광부장관은 역시 문화체육관광부장관 출신입니다.

물론 능력 있는 사람이라면 다시 등용될 수 있습니다. 그런데 이명박 대통령이 자서전 《대통령의 시간》에서 언급한 '능력 있는' 인물 중 윤석열 대통령이 중용한 인물은 그다지 많지 않습니다. 심지어 윤석열 대통령이 중용한 인물 중에는 자신이 서울중앙지검장 시절 수사했던 사람들도 있습니다.

MB 사람들은 공공 기관, 공기업 곳곳에도 포진해 있습니다. 참으로 독특한 이력을 가진 한 사람을 꼽는다면 최연혜 한국가스공사 사장입니다. 노무현 정부 시절 코레일 부사장, MB 시절 코레일 사장, 박근혜 정부 시절 국회의원을 역임한 '철도 전문가' 최연혜 씨는 윤석열 대선 캠프에서 '탈원전 대책 및 신재생에너지특별위원장'을 맡더니 한국가스공사 사장에 임명되었습니다. 대단한 생존력입니다. 이동관 방송통신위원장은 윤석열 검찰총장이 '패거리 문화에 물든 검사'라며 분노했던 분입니다.

살펴보건대 MB 시즌 2에 기용된 MB 사람들은 능력과 인품 면에서는 그렇게 출중한 사람이 아닙니다. 하지만 다른 측면에서는 대단히 뛰어난 분들입니다. 바로 권력의 의중을 꿰뚫어 보는 눈과 민첩한 변신이라는 측면에서요. 어떤 면에서 이들은 윤석열 대통령과 닮은꼴입니다.

문재인 정부가 검찰총장 후보자들에 대한 인사 검증을 할 때 검찰 개혁에 가장 원칙적이고 급진적인 의견을 낸 사람은 윤석열 후보였다고 합니다. 본인이 수사하고 구속 기소했던 박근혜 전 대통령을 비롯한 많은 과거 정권 인사들을 사면 복권시키고 아예 대통령실과 내각으로 불러 중용한 사람도 윤석열 대통령입니다. 윤석열 대통령의 이러한 비일관성을 어떻게 이해해야 할까요?

그 키Key는 바로 '힘에 대한 숭배'입니다. 윤석열 대통령은 자신이 힘을 얻을 수 있는 선택을 했을 뿐입니다. MB를 수사해서 내가 힘을 가질 수 있다면, 문재인 정부의 검찰 개혁에 맞장구쳐서 자신이 힘을 가질 수 있다면 거기에 딱 맞는 선택을 한 것입니다. 그러므로 '힘에 대한 숭배'라는 가치관과 선택의 기준을 가진 윤석열 대통령은, 이번에 MB 사람들이 가장 힘이 센 대통령 윤석열의 심기에 딱 맞는 말과 행동을 하는 것을 충분히 이해할 수 있을 것입니다. 이들을 다루는 방법도 잘 안다고 생각하겠지요.

　이러한 선택의 결과는 단순히 MB 시즌 2가 아니라 '출세형 MB 맨', '권력 추구형 MB맨', 기회주의자들의 시즌 2를 만들었습니다. 한 번 변신했던 사람의 두 번째 변신은 훨씬 더 쉽습니다. MB 시즌 2의 이 시고 떫은맛을 누가 더 강렬히 맛보게 될지 상식의 눈을 가진 사람들에게는 뻔히 보입니다. 하여 부탁하건대 윤석열 대통령님, 그 시고 떫은맛을 보게 되시더라도 격분하지는 마시라. 자초위난自招危難(스스로 초래한 위난) 아니겠는가.

●

# 어떤 일을 말씀하시는지

| 2022년 3월 16일 |

'어떤 일을 말씀하시는지…' 외교·안보분과 인수위원으로 김태효 성균관대 교수 임명을 발표하는 자리에서 기자들이 김 인수위원 관련 논란을 알고 있느냐고 질문하자 김은혜 대변인이 내놓은 답변입니다. 아하, 진짜 이렇게 나오신다면 일일이 알려 드릴 수밖에.

김 교수는 '이명박(MB) 정권' 인수위 자문위원을 맡은 것을 시작으로 2012년에는 청와대 대외전략기획관을 지낸 MB 정권의 대북 강경책을 주도한 대표적 '매파'로 통합니다. 2012년 김 대외전략기획관은 한일 군사정보보호협정을 국무회의 심의조차 거치지 않고 처리하려다가 '밀실 협정' 논란이 일자 사퇴했습니다.

같은 해 총선·대선 때는 국군 사이버사령부 요원들로 하여금 4대강 사업을 찬양하고 광우병 쇠고기 집회를 비난하는 온라인 댓글을 달도록 한 댓글 공작에 관여한 혐의로 기소돼 대법원 판결을 앞두고 있습니다. 군이 정권의 지시를 받아 시민을 상대로 심리전을 펼친 국기 문란 사건입니다.

2011년 5월, 그는 남북 비밀 접촉 협상자로 나섰다가 '돈 봉투로 정상회담을 유혹하려 했다'는 북측 반발을 샀습니다. 북한 측에 "천안함, 연평도 사건을 거론하지 않을 테니 제발 정상회담을 위한 비밀 접촉을 갖자"는 말도 했다는 보도 역시 널리 알려져 있습니다.

그는 2001년 7월, 《전략연구》 통권 22호에 '한반도 유사시 재한 일본인의 대피 및 구조 활동은 인도적인 차원에서라도 허용하는 것이 좋을 것'이라고 자위대의 개입을 허용하자는 내용의 글을 싣기도 했습니다.

윤석열 당선자님, 새 정부 외교 안보의 밑그림을 진짜 이분에게 맡기실 생각인가요? 이런 사실을 알고도요? 논공행상도 정도껏 하시라.

●

## 소통왕
| 2022년 3월 28일 |

"여론 조사를 해서 몇 대 몇이라고 하는 건 별 이유가 없고…." 윤석열 당선자가 지난 24일, 인수위 야외 기자실에서 차담회를 하며

'집무실 이전 여론 조사에서 반대가 더 많다'는 취지의 질문에 대해 한 답변입니다. 이어서 윤 당선자는 '여가부 폐지는 그대로 하나'라는 질문에 "공약인데, 그럼"이라고 답했습니다. 제가 확인한 기사들은 모두 이 대목에서 마무리됩니다.

참 의아합니다. 기자들은 왜 더 묻지 않나요? "국민들은 집무실 이전 자체에 대해 반대하기보다는 청와대에 단 하루도 들어가지 않겠다는 이유를 납득하지 못하고 있습니다. 그 이유, 그리고 정확한 비용을 밝혀 주십시오"라고.

"여가부를 폐지하려면 정부조직법을 개정해야 하는데 국회를 설득할 방법은 무엇인가요? 법률 하나도 대통령 마음대로 바꿀 수 없는 국회 상황인데요. 공약 이행을 위해 대통령령을 사용할 계획인가요? 민주당이 검찰의 수사권을 완전히 박탈하는 법안을 발의, 통과시킬 경우 거부권을 행사하실 건가요? 국민 투표 대상으로 생각하는 공약은 있나요?"라는 질문은 왜 하지 않는 건가요?

기자 한 분이 한숨을 폭 쉽니다. 추가 질문이 의미가 없다는 겁니다. 왜? 당선자가 답변을 하지 않으니까요. 당선자가 '김치찌개 언제 끓여 줄 거냐'는 류의 질문에만 답변을 하니까요.

스킨십을 위해 인수위 스태프들과 밥도 같이 먹고 기자들에게 커피도 타 주신다는 윤 당선자님, 스킨십은 원활한 소통을 위한 윤활유일 뿐입니다. 밥 먹고 커피 마시는 것이 소통이라면, 대한민국의 기업체 부장님들은 전부 소통왕일 겁니다. 질문에 답하고 토론하는 것이 소통입니다. 먹방 말고 국방을, 스킨십 말고 소통을, 신장식의 외람된 부탁입니다.

●

# 간담회

| 2022년 3월 29일 |

윤석열 당선자 대통령직 인수위원회가 KBS와 MBC 대주주인 방송문화진흥회(이하 방문진)와 간담회를 추진 중이라고 합니다. 사실 인수위는 KBS와 방문진의 업무 보고를 받을 계획이었다고 합니다. 그러나 방송법에 따라 정부와는 별도의 법인으로 설립된 KBS와 MBC 등 방송사의 업무 보고를 받을 법적 근거가 없자 명칭을 간담회라고 바꾼 것입니다.

윤석열 당선자와 국민의힘은 KBS와 MBC 등 공영 방송이 편향되었다고 하면서 민영화하겠다는 공약을 내놓고 불공정 보도 토론회를 개최하기도 했습니다. 정권을 잡았으니 이제 군기 좀 잡아 보겠다는 뜻으로 읽힙니다.

인수위는 또 다른 간담회도 추진 중입니다. 공수처, 그리고 중앙선거관리위원회입니다. 선관위는 헌법상 정부와 별개의 조직으로서 인수위는 물론이고 정부에도 업무 보고를 할 대상이 아닙니다. 선관위는 간담회를 거부했습니다. 공수처는 내일 간담회를 갖는다고 합니다. 공수처법 제3조는 공수처가 직무를 독립하여 수행하기 위해 대통령, 대통령비서실의 공무원은 수사처의 사무에 관하여 업무 보고나 자료 제출 요구, 지시, 의견 제시, 협의, 그 밖에 직무 수행에 관여하는 일체의 행위를 하여서는 아니 된다고 규정하고 있습니다. 공수처는 윤석열 당선자의 '고발 사주' 의혹과 '법관 사찰 문건 작성' 의혹, '옵티머스 펀드 사기 부실 수사' 의혹에 대해 수사 중이기도 합니다. 간담회를 연다면 그 자체로 공수처법 위반의 소지가 있습니다. 공수처는 불법적 간담회를 당장 중단해야 합니다.

간담회, 정답게 이야기하면서 서로의 의견을 나누는 모임이라는 뜻입니다. 대체 언제부터 간담회에 "옥상으로 따라와!"라는 뜻이 포함된 것인가.

●

## 애국의 길
| 2022년 4월 11일 |


보건복지부 정호영 장관 후보자는 《매일신문》에 '지금처럼 애국하기 쉬운 시절도 없다'는 내용의 칼럼을 게재했습니다. 그리고 '결혼만으로 예비 애국자가 될 수 있고, 출산까지 하면 비로소 애국자의 반열에 오른다', '셋 이상 다산하면 위인으로 대접받아야 한다. 이제 온 국민이 중매쟁이로 나서야 할 때이자 그것이 바로 애국'이라고 주장했습니다. 산업통상자원부 이창양 장관 후보자는 '출산 기피 부담금'을 도입하자는 칼럼을 쓰더니, 저출생 대책을 총괄하는 보건복지부 장관 후보자는 아이들 셋을 나아 애국 위인의 반열에

오르자는 칼럼을 쓰셨습니다.

1차 인선 결과를 보면 윤석열 정부 내각은 60대, 남성, 보수 정권, 고시, 서울대 출신들이 다수인 이른바 '60대 남성 보. 고. 서' 내각이 될 것이 뻔합니다. 이분들이 여기저기 써 댄 칼럼을 보면 여성을 애국하기 위해 아이를 낳아야 하는 출산 기계쯤으로 보는 것은 아닌지 의심할 수밖에 없습니다.

아, 여성 장관 내정자도 있기는 합니다. 여성가족부 김현숙. 이분은 박근혜 청와대의 고용복지수석비서관일 때 비선 노동시장개혁상황실을 운영하면서 예산을 전용하고 야당 정책 비판을 위해 보수 단체 기자 회견을 지시하여 직권 남용, 공무원법 위반 등의 비판 끝에 사직했던 사람입니다.

여럿 임명될 거라던 30대 장관은, 여성은, 협치는, 다양성은, 대체 어느 구석에 내팽개쳐져 있을까요? 애국의 길이 아니라 상식의 내비게이션 먼저 업데이트하셔야 하지 않겠는가.

●

## 퍼블릭 마인드

| 2022년 4월 25일 |

하필, 한덕수 총리 후보자가 통상 관련 업무를 하던 시기에 그 집을 살 수 있는 정도의 거액의 월세를 한꺼번에 낸 AT&T, 엑손모빌 등 외국 기업에 부동산을 임차했던 자료, 하필, 론스타 관련 업무를

하다가 퇴직한 후 론스타를 대리하던 김앤장 법률 사무소에서 19억 여 원을 받고 어떤 일을 했는지 확인할 수 있는 업무 내역, 6억대 고액 월세 계약 및 납세 자료, 토지 및 주택 부동산 거래 내역, 임대 계약서 및 소득세 납부 내역, 배우자 미술품 판매 현황, 벌과금 내역, 출입국 신고 물품 내역, 부동산 및 차량 변동 현황, 한 후보자의 업무 수행 당시 배우자의 해외 동행 사유 등. 국회가 한덕수 총리 후보자에게 요청한 자료 목록입니다.

그러나 한덕수 후보자는 '개인정보 제공 미동의', '사생활 침해 우려', '서류 보존 기간 만료', '영업상 비밀이므로 제출이 불가함'이라는 이유로 국회에 자료를 제출하지 않았습니다. 답안지도 내지 않고 면접만으로 합격시켜 달라는 격입니다. 부정 입학 시도입니다.

물론 개인 한덕수에게 사생활 정보를 요구할 권리를 가진 사람은 아무도 없습니다. 하지만 책임총리를 자임한 한덕수 후보자에게 국회가 '국회의 증언 감정에 관한 법률'에 의해 '공인 한덕수'를 검증하기 위해 요구한 자료를 '개인 한덕수'를 내세워 거부하는 것, 이는 대의 기관이자 입법 기관인 국회를 무시하고 국민을 무시하는 행위입니다.

살피건대, 한덕수 총리 후보자를 비롯해 그가 서명해서 추천했다는 장관 후보자 다수에게는 없는 것이 하나 있고, 있는 것이 하나 있으니, 있는 것은 돈과 가족에 대한 꼼꼼하고도 살뜰한 '프라이빗 마인드'요, 없는 것은 '퍼블릭 마인드', 즉 공인으로서의 마음가짐이다.

●

# 경제고통지수

| 2022년 6월 20일 |

경제고통지수. 국민이 체감하는 경제적 어려움을 가늠하기 위해 미국 브루킹스연구소의 경제학자 아서 오쿤Arthur Okun이 개발한 지표입니다. 일반적으로 소비자 물가 상승률에 실업률을 더한 수치를 사용합니다. 물가는 오르고 실업자가 늘어나니 고통스러울 수밖에.

지난 5월, 우리 국민의 경제고통지수는 '8.4', 실업률은 2013년 이후 최저치인 3.0%였지만 소비자 물가 상승률은 5.4%까지 급등했기 때문입니다. 국제 금융 위기였던 2008년 5월 이후 지금이 가장 고통스러운 시간이라는 뜻입니다.

지난 6월 16일, 정부는 '새 정부 경제 정책 방향' 발표에서 올해 소비자 물가 상승률을 4.7%, 실업률은 3.1%로 예상했습니다. 그렇다면 올해 경제고통지수 전망치는 '7.8', 막막합니다. 이날 윤 대통령은 마무리 발언으로 '저녁 시간이 많이 비어 있으니 기업인들은 언제든 연락 달라'고 했습니다. 저녁이 있는 삶.

어제 오후 정부는 비상경제장관회의를 개최했습니다. 이미 30% 인하한 유류세를 7% 더 인하하겠다고 합니다. 총리도, 대통령도 참석하지 않았습니다. 비상경제장관회의가 열리던 무렵, 윤 대통령은 용산 대통령실 잔디 마당에서 인근 주민들을 초대해 '집들이'를 열었습니다.

한가하다.

●

## 조현오의 길
| 2022년 6월 30일 |

대법원은 오늘 이명박 정부 시절 경찰의 댓글 공작을 지시한 혐의로 조현오 전 경찰청장에게 징역 1년 6개월 확정 판결을 내렸습니다. 조 전 청장은 서울지방경찰청장과 경찰청장으로 재직하던 2010~2012년 정보·보안·홍보 부문 경찰관 1500여 명을 동원해 천안함 사건, 한진중공업 희망 버스, 제주 강정마을 등 사회 현안에 대해 정부나 경찰에 우호적인 댓글 1만 2880개를 게시하게 했습니다.

조 전 청장의 신념에 따른 행위일 수도 있습니다. 하지만 당시 대통령의 눈에 들기 위해 또는 청와대와 협의하여 경찰을 동원했을 가능성 또한 배제할 수 없습니다. 경찰청장으로 진급하기 직전인 서울청장 시절의 활동이 무척 눈부시기 때문입니다.

경찰 대부분이 소위 '치안국' 설치 계획에 명백한 반대 입장을 밝히고 있는데, 이상민 장관이 면접한 경찰청장 후보인 6명의 치안정감들은 입 꾹 다물고 묵언 수행 중입니다. 김광호 서울경찰청장은 장애인 단체의 시위에 대해 "지구 끝까지 찾아가서 사법 처리하겠다"라고 말하더니 어느새 유력 경찰청장 후보로 급부상했습니다.

조현오 전 청장의 심정은 어떨까요? 본인은 감옥에 다시 들어가는데 감옥에서 나오는 MB를 바라보는 심정, 일찌감치 대통령 앞에 일렬종대로 늘어서서 귀 닫고 입 꾹 닫은 경찰청장 후보들을 바라보는 그 심정 말입니다.

조현오의 길은 다시 반복되는가.

●

# 언론의 자유

| 2022년 11월 10일 |

2018년 11월 7일, CNN 백악관 출입 기자 짐 아코스타는 트럼프 대통령의 미국 중간 선거 관련 기자 회견에서 미국으로 향하려는 대규모 중미 출신 이민자 행렬을 막기 위한 군 병력 배치와 러시아의 대선 개입 스캔들과 관련한 질문을 했습니다.

그러자 트럼프 대통령은 답변을 거부하며 "무례하고 끔찍하다"라고 비난했고, 질문을 계속하려는 아코스타 기자에게 마이크를 내려놓을 것을 요구했습니다. 하지만 기자가 이를 거부하고 질문을 이어 가자 백악관은 마이크를 강제로 빼앗으려 했습니다. 트럼프 대통령은 아코스타 기자에게 "당신은 무례하고 끔찍한 사람"이라며 비난을 퍼부었고 기자 회견이 끝난 뒤 아코스타 기자가 백악관 여성 직원과 실랑이를 벌이다가 신체 접촉을 했다는 이유로 출입을 정지시킵니다. CNN은 법원에 제소합니다.

트럼프는 "백악관 출입은 수정헌법 1조 언론의 자유라는 권리에 포함되지 않는다"고 항변했습니다. 하지만 법원은 백악관의 출입 금지 조치를 헌법이 보장하는 언론의 자유를 침해하는 것이라고 판단했고, 아코스타 기자의 출입증은 되살아났습니다.

대통령실은 어제 MBC가 국익을 해친다는 이유로 대통령 전용기 탑승을 금지했습니다. 트럼프의 백악관조차도 기자를 전용기 탑승에서 배제한 적은 없었습니다.

대한민국 헌법 제21조 제1항, 모든 국민은 언론·출판의 자유와 집회·결사의 자유를 가진다.

헌법 제66조 제2항, 대통령은 헌법을 수호할 책무를 진다.

지금 윤석열 대통령은 대한민국 헌법을 수호하고 있는가?

●

## 돌들이 일어나 소리치리라

| 2022년 11월 15일 |

"TBS FM 〈김어준의 뉴스공장〉이 13.1%의 청취율로 한국리서치가 실시하는 '2022년 4라운드 수도권 라디오 청취율 조사'에서 다시 1위를 차지했다. 〈신장식의 신장개업〉은 4.9%로 3분기 연속 저녁 시사 프로그램 1위를 차지했다. 라디오 전체 프로그램 순위도 10계단이나 오른 8위를 기록하며 〈뉴스공장〉에 이어 라디오 시사 프로그램 2위를 차지했다. 출근길 〈뉴스공장〉, 퇴근길 〈신장개업〉은 물론 청취자와 소통하는 예능 프로그램들의 선전으로 TBS FM은 점유

청취율 16.2%를 기록하며 조사 대상 서울, 수도권 라디오 채널 20개 가운데 2위 자리를 지켰다." 오늘 자 한 일간지의 기사입니다.

"TBS에 대한 서울시의 예산 지원을 중단시키는 조례안이 서울시의회 본회의를 통과했습니다. 이로써 오는 2024년 1월 1일부터 서울시의 TBS에 대한 예산 지원이 중단됩니다." 이 글을 쓰기 얼마 전, SBS가 타전한 속보입니다.

"역할을 이제 다해 버린 TBS 미디어재단은 이제 막을 완전히 내리고 새로운 시대 흐름과 서울 여건에 맞는 새로운 방송 재단을 새로 설립하자." 어제 아침, 최호정 서울시의회 국민의힘 대표의원의 인터뷰입니다.

지금 대한민국 공영 방송사들은 세무 조사, 감사, 민영화의 대상, 급기야 폐지의 대상이 되었습니다. 그러나 기억하시라. 방송국을 폐지한다고 나의 입, 언론 노동자들의 입, 국민의 입을 폐지할 수는 없다는 사실을.

누가복음 19장 40절, 예수께서 이르시되 '만일 이 사람들을 침묵하게 한다면 돌들이 일어나 소리치리라!'

●

## 나랑 걷자

| 2022년 11월 18일 |

지난 월요일, 서울시의회가 TBS 지원 폐지 조례를 통과시켰습니

다. 그리고 한 주가 지났습니다. TBS 이강택 대표는 사표를 냈고 이 사회는 오세훈 시장에게 조례안 재의 요구 성명을 발표했습니다. 하지만 지금까지 서울시와 서울시의회는 요지부동입니다. 한숨과 분노가 교차하는 시간, 단골손님들이 보내 주신 문자를 읽어 봅니다.

- 0404: 57살 아저씹니다. TBS에 몸으로라도 힘을 보태고 싶습니다. 정상화될 때까지라도 TBS에 힘이 되고 싶습니다. 시간과 여력이 되는대로 최대한 힘이 되고 싶습니다. 청소, 경비, 주차 도움도 좋고요. 공정하고 상식적인 방송인데 이렇게 무너지게 할 수는 없다고 생각합니다.
- 4756: 정말 화가 나네요. 저는 59세 여성입니다. 힘들게 하루 일하면서 TBS 즐겨 듣고 있는데 지원을 끊으면 방송국 문 닫으라는 건데 촛불 집회 해도 나갈 생각 없었는데 이제부터는 적극적으로 나가야겠네요. 안 그래도 갱년기로 힘든 하루하루 보내는데 덕분에 힘내고 열심히 살고 있고만⋯ 이게 웬 날벼락인가요?
- 3161: 계절이 바뀌니 밤이 길어지네요.

아프고 화가 나도, 아니 아프고 화가 날수록, 더 든든히 먹고, 푹 자고, 좋은 사람을 만나고, 영화도 보고, 새 신발도 사고, 술도 한잔 하기로 합니다. 그렇게 뚜벅뚜벅 걷다 보면 계절은 바뀝니다. 겨울밤이 아무리 길다고 한들 오는 아침을 막을 수 없습니다.

잊지 않고 지켜봐 주십시오. 가끔은 응원도 해 주시고요. 저는 오늘도 뚜벅뚜벅 걸어가 보기로 합니다.

함께 걸으실래요?

●

# 헌법 수호 의무

| 2022년 11월 18일 |

"MBC의 전용기 탑승 배제는 우리 국가 안보의 핵심축인 동맹 관계를 사실과 다른 가짜 뉴스로 이간질하려 악의적인 행태를 보였기 때문에 대통령의 헌법 수호 책임 일환으로 부득이한 조치였다."

대한민국 헌법 제21조

① 모든 국민은 언론·출판의 자유와 집회·결사의 자유를 가진다.

② 언론·출판에 대한 허가나 검열과 집회·결사에 대한 허가는 인정되지 아니한다.

국민이 아는 헌법과 검찰 출신 대통령이 알고 있는 헌법은 다른가.

헌법이 보장하는 기본권인 언론의 자유를 정면으로 부인하면서 헌법 수호를 입에 올리는 대통령,

한심하다.

겨울밤이 아무리 길다고 한들
오는 아침을 막을 수 없습니다.

# 빅 브라더

| 2022년 11월 21일 |

"국회에서 이 새끼들이 승인 안 해 주면 바이든은 쪽팔려서 어떡하나." 저는, 그리고 대한민국 국민 중 적어도 3분의 2 가까이는 이렇게 들었습니다.

하지만 윤석열 대통령은 '하지도 않은 일에 대해 사과하는 일은 국익에 도움이 되지 않는다'고 말합니다. 지난 금요일에는 MBC가 가짜 뉴스로 동맹을 이간질하는 악의적 보도를 했기 때문에 헌법 수호를 위해 MBC 기자를 전용기 탑승에서 배제했다고 말했습니다.

조지 오웰은 소설 《1984》에서 '빅 브라더'가 이끄는 전체주의 국가가 어떻게 인간의 도덕적 자율성을 말살하고 객관적 진리의 가능성을 부정하는지를 보여 줍니다. 진실부 장관Ministry of Truth을 대신하여 사상경찰 오브라이언이 주인공 윈스턴에게 말합니다.

"자네는 진실이 객관적이고 외적인, 그 스스로 존재하는 무엇이라고 믿네. … 그러나 진실은 외부에 있는 것이 아니야. 그것은 인간의 마음 외에는 어디에도 존재하지 않아. 그렇다고 개개인의 마음에 있다는 것은 아니네. 그것은 집단적이고 불멸하는 당, '빅 브라더'의 마음에만 있지. 당이, '빅 브라더'가 진실이라고 말하면 진실이야. … 이 점을 자네는 다시 학습해야 해. 그것은 자기 파괴 행위, 의지적인 노력을 필요로 하네. 2 더하기 2는 5일세. 왜냐하면 '빅 브라

더'가 5가 진실이라고 말했기 때문이지."

윤 대통령은 마침내 '빅 브라더'가 되기로 작정한 것인가. 가소롭다.

●

## 지혜를 구하는 기도

| 2022년 12월 30일 |

진보는 바꿀 수 없는 것이 있다는 사실을 잘 받아들이지 못합니다. 불굴의 의지만 있다면 못 할 일이 없다고 생각합니다. 그러나 바꿀 수 없는 것을 바꾸려는 과도한 투지는 개인을 가치 없이 소진할 뿐만 아니라 종종 고립으로 귀결됩니다. '연대를 구하되 고립을 두려워하지 않는다.' 일본 학생 운동의 정점이었던 전공투의 슬로건입니다. 전공투는 동경제대 야스다 강당 점거 농성으로 스스로 고립되어 자멸했습니다. 이순신 장군은 이길 수 있는 자리에서만 싸웠습니다.

보수는 바꿀 수 있는 것도 바꾸지 않으려고 합니다. 현재에 온전히 만족해서가 아니라 그저 현재가 익숙하기 때문입니다. 현재의 상태를 바꾸면 혹시 나에게 불이익이 생길까 두렵기 때문입니다. 문제는 두려움입니다. 그래서 용기가 필요합니다. 세상이 하냥 과거에 눌어붙어 있다면, 내 삶이 마냥 제자리걸음이라면, 그것은 용기를 내지 못했기 때문입니다. 하여 오늘 저는 기도합니다.

부디,

제게 바꿀 수 없는 것을 받아들이는 평온을 주시고,

바꿀 수 있는 것은 반드시 바꿔 내는 용기를 주시며,

이 두 가지 일을 구별할 수 있는 지혜를 주소서.


저에게,

신장개업 제작진들에게,

TBS 언론 노동자들에게,

단골손님 여러분들께,

이 땅의 시민 여러분 모두에게,

평온과 용기, 그리고 지혜가 함께하기를 기도합니다.

신장식의 오늘이었습니다.

〈신장개업〉이 차린 마지막 시사 밥상은 여기까지입니다. 1월 2일 월요일 저녁 6시 6분에는 〈퇴근길 김혜지입니다〉가 방송됩니다.

단골손님 여러분, 다음에 봬요.


●

## 표현의 자유

| 2023년 1월 16일 |


대한민국 헌법 제21조 제1항은 언론·출판의 자유와 집회·결사의 자유를 보장합니다. 형법 제309조 출판물 등에 의한 명예훼손죄는

공익적 목적이 1도 없이 사람을 비방하기 위해 조작된 가짜 뉴스에만 적용됩니다. 가짜 뉴스가 아닌 국민들의 '의견'은 아예 처벌 대상이 아닙니다.

따라서 윤석열 정부와 여당이 하위법령인 방송심의규정이나 권력의 자의적 판단에 따라 김어준에게, MBC에게 '편파' 딱지를 붙이는 것, 사적 감정을 담아 감사와 세무 조사를 남발하는 것, 돈줄로 노동자의 생존권을 인질 삼는 것, 취재의 자유를 일방적으로 제한하는 것, '날리면'이라고 듣지 않았다는 이유로 박진 외교부장관을 앞세워 MBC를 제소하는 것, 이런 행위는 모두 표현의 자유를 침해하는 것입니다. 윤석열 정부는 표현의 자유에 관한 헌법과 법률의 제정 취지와 가치를 훼손하고 있습니다. 이것은 저의 의견입니다.

저의 이 의견에 허위의 사실이 있나요? 추론 과정이 비합리적이었나요? 부당한 전제가 있나요? 이 의견이 오직 저 개인의 사익만을 위한 것인가요? 그렇다면 언제든 비판하십시오. 그러나 제 의견이 정권에 대한 비판이기 때문에 그 자체로 편파라고 비난하고 을러멘다면, 그것은 표현의 자유 침해라고 하지 않을 수 없습니다.

누구도 저의 입을, 언론의 입을, 우리 국민들의 입을 막을 수 없습니다. 그래서 저는, 저의 모자람과 부족함에도 불구하고 감히 이 자리에 섰습니다. 그리고 그 끝이 어디일지 계속 한번 가 보려고 합니다. 여러분, 같이 걸으실까요?

〈신장식의 뉴스 하이킥〉의 첫날에 전하는, 신장식의 오늘이었습니다.

# 이동관 대외협력특별보좌관

| 2023년 6월 1일 |

그분이 돌아오셨습니다. 대통령실이 방송통신위원장으로 단수 검증 중인 그분. 이명박 정권 청와대 대변인, 홍보수석, 언론특보, 현 대통령실 대외협력특별보좌관 이동관.

여기 다섯 가지 문건이 있습니다. '언론 보도 점검 협조 요청', 'MBC 뉴스 보도 분석', 'MBC 내 좌파 프로 및 진행자 운영 실태', '라디오 시사 프로 편파 방송 실태 및 고려 사항', 'YTN 뉴스 동향'. 출처는 비밀이 해제된 이명박 대통령 기록물, 그리고 정보 공개 청구를 통해 확보한 국정원 내부 문건.

2009년 8월 24일 자 국정원 문건 제목은 'MBC 내 좌파 프로 및 진행자 운영 실태 파악'에 실행된 것으로 정리해 놓은 '좌파 진행자'의 퇴출 과정은 '①비판 언론인을 좌편향으로 몰아 낙인찍고, ②보수지를 동원해 여론을 조작한 다음, ③방송에서 자연스럽게 퇴출'입니다.

2009년 12월 24일 자 국정원 문건 제목은 '라디오 시사 프로 편파 방송 실태 및 고려 사항'. MBC 등 지상파 라디오 방송에서 좌파 프로그램, 좌편향 직원, 출연자를 분류한 다음, 이들을 좌파 낙인-여론 동원-자연스럽게 퇴출을 실행하는 것으로 정리되어 있습니다. 누구의 요청으로 작성한 문건일까요? 이동관 청와대 홍보수석.

"무슨 경위로 이렇게 됐는지 나도 모르겠다. 기억이 안 난다. 더 이상 답변할 게 없다." '언론 장악'은 없었다고 극구 부인하던 그분이 문서가 공개되자 그 경위를 묻는 《뉴스타파》 기자에게 한 말입니다.

꼼꼼한 기획력과 강한 추진력, 그리고 실행-부인-망각 3종 세트까지 완비하시었으니 어찌 윤석열 정부의 방통위원장감이 아니라고 할 수 있겠는가. 이동관 특별보좌관의 앞날에 영광 있으라!

•

## 짜고 치는 고스톱
| 2023년 6월 2일 |

국회는 지난 3월 30일 본회의에서 방송통신위원으로 최민희 씨를 의결했습니다. 하지만 윤 대통령은 지금까지 최 내정자를 임명하지 않았습니다. 최 내정자의 결격 여부를 법제처가 해석해 줘야 한다는 이유입니다. 방통위법 제10조는 '방송, 통신 관련 사업'에 종사했던 자는 방송통신위원이 될 수 없다고 규정하고 있습니다. '방송, 통신 관련 사업'의 범위가 불분명한가? 그래서 법제처의 해석이 필요한가?'라고 생각했습니다.

순진한 생각이었습니다. 방통위법 시행령 제4조는 '방송, 통신 관련 사업자'를 '전기통신사업법상 기간통신사업에 종사하는 자'라고 정확하게 규정하고 있었습니다. 과학기술정보통신부 홈페이지에는 기간통신사업자 명단이 게시되어 있습니다. KT, LG텔레콤,

SK텔레콤 같은 통신사 그리고 케이블TV 방송국 등이 그들입니다.

최 내정자는 과기정통부가 게시한 기간통신사업체에 근무한 적이 없습니다. 추가적인 해석 자체가 필요 없는 단순 명료한 사안입니다. 하지만 방통위 사무처는 무슨 이유인지 최 내정자가 IT 관련 기업과 단체가 모인 협회인 '한국정보산업연합회' 부회장으로 일한 경력이 결격 사유에 해당하는지 법제처에 해석을 요청합니다.

윤석열 전 검찰총장 징계 취소 소송 대리인이자 대통령의 절친 이완규 법제처장은 이 간단한 법률 해석에 몇 달은 걸릴 거라고 답변했습니다. 시간 끌기입니다. 그사이 대통령은 자기 추천 몫으로 법대 동기 이상인 씨를 방통위원으로 임명했고 한상혁 방통위원장을 면직했습니다. 그래서 지금 방통위에는 전체 방통위원 5명 중 여당 몫 2명(김효재, 이상인), 야당 몫 1명만(김현) 남았습니다. 이제 방통위는 아주아주 민주적인 다수결로 대통령 뜻대로 무슨 일이든 할 수 있게 만들어져 버린 것입니다.

짜고 치는 고스톱.

●

## 차기환

| 2023년 8월 9일 |

〈경악! 북한군 광주 5·18 남파 사실로 밝혀져〉 2012년, 그 변호사가 트윗에 인용한 기사 제목입니다. 그 변호사는 계엄군 헬기 사격

을 봤다는 고 조비오 신부의 증언을 유언비어라고 하는 '일베' 글을 공유하며 "진실을 향한 노력은 계속해야 한다"고 했습니다.

'빨간 우의가 백남기 씨를 타격하기 앞서 이미 2명이 백남기 씨 머리를 땅에 강하게 찍은 것으로 보인다. 살해 또는 상해 치사 혐의를 두고 수사해야 한다.' 그 변호사의 2016년 10월 트윗입니다. '빨간 우의'부터 선제 타격 추가 2명까지 모두 일베식 가짜 뉴스, 일베식 음모론입니다.

'안건을 인정할 수 없다. 감히 어떻게 대통령 행적을 조사하냐.' 2015년 세월호 특조위 조사위원이었던 그 변호사가 조사위 회의에서 한 말입니다. 그 변호사는 유민 아빠의 단식 투쟁을 비하하는 '일베' 글을 인용하면서 대통령 면담을 요구하며 청와대로 간 유가족을 향해 '이런 유가족들의 행태는 정말 싫다. 세금 도둑, 정치 집단'이라는 글도 남겼습니다.

감사원은 그 변호사가 KBS 이사로 재직하면서 법인 카드로 본인 휴대폰을 구매하는 등 업무 추진비 448만 7730원을 부정 사용했다고 밝혔습니다.

그 변호사 차기환. 오늘 방송통신위원회는 차기환 변호사를 MBC 대주주 방송문화진흥회의 보궐이사로 선임했습니다. 결원 발생 후 이틀만입니다. 공모도, 심사도 없었습니다. 일베 변호사, 가짜 뉴스 변호사, 삥땅 변호사를 MBC를 좌지우지할 수 있는 방문진 이사로 앉히는 것이 '공영 방송 정상화'를 위해서라고요?

거짓말, 새빨간 거짓말.

# 이동관 청문회

| 2023년 8월 16일 |

　이동관 방송통신위원장 후보자 부인에게 이력서와 2000만 원이 든 쇼핑백을 건넸다는 ㄱ씨의 판결을 소개한 YTN 보도가 있었습니다. 이 후보자는 "현금을 즉시 돌려주고 민정수석실을 통해 이 사실을 신고"했다고 답했습니다. 청문회를 앞두고 그 내역과 증거를 제출하라는 국회의 요구에 이 후보자가 내놓은 답변은 "신고 시점이 오래돼 접수자를 특정하기 어려움"이었습니다.

　재산 형성 의혹 확인 자료인 배우자와 자녀 3명의 골프·호텔 회원권, 증여 내역, 가상 자산과 NFT 보유 현황, ELS 투자 내역과 배당 소득 경위, 종합소득세 상세 신고 내역, 차녀의 미국 거주지 렌트 자금 조달 방법과 장학금 등의 내역은 물론 아들의 학교 폭력 의혹과 관련한 질의에도 이 후보자는 답변을 거부했습니다. 이유는 모두 "사생활 노출 우려." 헌법재판소와 대법원은 공직 후보자는 스스로 자신을 공적인 비판대에 올려놓아 이미 어느 정도 명예 훼손, 사생활 노출 등의 위험성을 감수하고 있다는 '공적 인물론' 법리를 채택하고 있습니다. 공적 검증을 위한 사소한 사생활 노출도 싫다면 공적 인물이 되는 것을 포기하면 됩니다.

　한국장학재단 등 자료 제출을 요구받은 기관들은 이 후보자가 개인 정보 제3자 제공 동의를 하지 않았다는 이유로 자료 제출을 거부했습니다. 개인정보보호위원회 결정 제2020-04-050호, 제2021-107-012호는 인사 청문회 등을 위해 국회가 요구한 자료 제출은 정보 주체의 동의 여부가 아니라 각 기관이 구체적, 개별적으로 결정해야 한다고 명토 박았습니다. 기관들이 이 후보자의 정보 제공 미동의라는 핑계 뒤로 숨는 것은 국회법을 정면으로 위배하는 불법 행위라는 뜻입니다.

핑계 같지 않은 핑계, 불법을 가리는 거짓말로 허위 선동을 일삼아 자유 사회를 교란하는 전체주의 맹종 세력은 과연 누구인가.

●

## 못 준다, 모른다, 거짓말이다

| 2023년 8월 21일 |

이동관 방송통신위원장 후보자 아들의 1학년 담임 선생님은 "2011년 말, 그리고 학교 폭력과 관련해 전학 가기 직전인 2012년 초, 이 후보자의 부인이 두 차례 이상 전화해 아들의 지각 기록을 빼 달라고 요구했다"고 밝혔습니다.

이동관 후보는 사실이 아니라고 했습니다. 하나고등학교는 관련 사실을 확인할 수 있는 생활 기록부 등 관련 자료를 제출하지 않았습니다. 국회가 요구한 자료 대부분은 '못 준다.'

'보고자 이동관'이라는 기재가 분명한 대변인실 문서가 나와도 '모른다', '홍보수석실 요청'이라는 기재가 분명한 국정원 문건이 나

와도 '모른다', 어쨌든 '나는 모른다, 모른다, 모른다.'

'화해는 없었다'라고 증언하는 하나고등학교 교사가 하나, 둘 늘어나도 '다 거짓말이다.' 부인을 통해 청탁했던 사람이 언론에 인터뷰를 해도 '거짓말이다.'

그래도 고분고분하지 않으면 '너 고소! 너 손해 배상 5억!'

이 후보자의 청문회 답변 태도를 모범으로 삼는다면 언론은, 국민들에게 정확한 정보는 '못 준다', 사건의 내막과 본질적 문제 따위는 '모른다', 권력 비판은 모두 '거짓말이다'라고 보도하는 언론이 되어야 합니다.

비판 없이 받아쓰기만 하는 '공산당 기관지'를 만들고 싶어 하는 사람은 과연 누구인가.

●

## 드라마틱한 엑시트

| 2023년 9월 21일 |

〈여성학 A+ 답안지, 뭐라고 썼길래?〉라는 제목의 기사. 기사에 인용된 답안지는 "여성은 '시간×돈'이고, 돈은 모든 문제의 근원이며 결국은 여자가 문제"라는 결론을 내립니다.

〈남자가 여자에게 반하는 이유 베스트 10〉이라는 제목의 기사. 1위 '예쁠 때', 2위는 '아무것도 아닌데 얼굴이 예쁠 때' 등으로 이어진 이 기사의 마지막 문장은 "결론은 하나, 예뻐야".

또 다른 기사들의 제목은 이렇습니다.

〈성형 없이 신체 사이즈를 키우는 법〉

〈민망하구만요 19금〉

모두 김행 기자가 작성하여 인터넷 언론 '위키트리'에 게재한 기사입니다. 여성에 대한 편견과 차별, 성적 대상화가 넘치는 기사들입니다. 김 후보자 측은 '김행 기자' 이름으로 작성된 기사들에 대한 입장을 묻자 "후보자가 직접 쓴 것인지 확인이 안 됐다"고 설명했습니다.

뭐라고요? 확인이 안 된다고요? 왜요? 본인에게 한번 물어보면 끝나는 문제 아닌가요? 혹시라도 다른 사람이 쓴 기사에 이름만 빌려줬다고 해명할 예정인가요? 그런 거라면 일찌감치 접으세요. 기본적인 언론 윤리도, 자격도 없는 후보라는 사실을 자백하는 꼴이 될 테니까요.

김행 후보는 여가부의 존폐를 묻자 '드라마틱한 엑시트Exit', '극적 탈출'이라고 답했습니다. 12·12 군사 쿠데타는 애국심의 발로라고 말하는 국방부장관 후보, 〈전원일기〉 이장님도 은퇴할 연세에 한 번 더 장관 후보가 된 문체부장관 후보, 여성을 성적 대상화하는 여성가족부장관 후보가 만든 대환장 파티.

이 파티에서 드라마틱한 엑시트를 하고 싶은 사람은 바로, 대한민국 국민들이다.

# 벤자민 석렬의 시간은 거꾸로 간다

| 2023년 9월 26일 |

"외국인 관광객 수가 줄었는데 이건 촛불 집회 때문이다." 2008년 7월 7일, 기자 간담회. 정부는 항공료가 올랐기 때문이라고 해명.

"학부모를 왜 이렇게 세뇌를 시켰지?" 2009년 한국예술종합학교 서사창작과 폐지 반대 피켓을 든 학부모에게.

"대동아 전쟁 시 상하이에 임시정부가 나와 있었고…." 2009년 11월 17일, 상하이. '대동아 전쟁'은 일본 극우가 침략 전쟁을 미화할 때 사용하는 단어.

"경복궁 담장 보세요. 사람들이 홀랑 넘을 수 있어요. 그러니까 민비가 시해를 당한 거 아닙니까?" 2011년 7월 22일, 서초구 서울소방학교 강연.

'문화 권력 균형화 전략' 2008년 8월 27일, 청와대 작성. 이 문건에는 '(우파)건전 문화 세력 형성, 좌파 집단 인적 청산, 건전 문화 세력 자금 지원, 좌파 자금줄 차단' 등의 대책이 적시되어 있고 문화부가 중추적인 역할을 하고 청와대와 기업이 역할을 분담하는 추진 체계도 정리되어 있습니다.

2009년 2월에서 7월까지 국가정보원이 작성한 '문화·연예계 정부 비판 세력' 문건. 이후 국정원은 '좌파 연예인 대응 TF'를 구성하여 집행합니다.

2008년 10월 24일, 유인촌 장관은 기자들에게 "사진 찍지 마! XX, 찍지 마!"라며 주먹을 들어 위협했고, 신재민 차관 등이 뜯어 말리자 회의장을 나가면서 "XX, 성질이 뻗쳐 가지고 정말. XX…."이라고 화를 냅니다.

용산극장 개봉작 '벤자민 석렬의 시간은 거꾸로 간다'. 강제 시청 중인 국민들의 심정이야말로, '다시 틀지 마! XX, 틀지 마! XX, 성질이 뻗쳐 가지고 정말, XX.'